内容简介

本书是关于会计和财务基础知识的教材，内容包括财务会计、管理会计和财务管理。财务会计部分主要介绍财务状况、财务业绩和现金流量的计量与报告，有限责任公司会计以及财务报表的分析和解读；管理会计部分主要介绍成本相关性和成本习性、完全成本法、预算；财务管理部分主要介绍资本投资决策、融资和管理营运资本。

本书侧重讨论会计和财务的基础理论和基本概念，关注信息使用者如何利用财务报表所提供的信息提高决策质量。本书适用于非会计或财务专业但需要学习会计和财务入门知识的读者，对于会计或财务专业的学生，本书能够帮助他们学习该领域的基础知识。

作者简介

彼得·阿特里尔（Peter Atrill） 自由学者、作家，曾在欧洲和东南亚工作。曾任普利茅斯大学商学院会计和法律系主任以及商业和管理系主任。

埃迪·麦克雷尼（Eddie McLaney） 普利茅斯大学商学院会计和金融系客座研究员。

译者简介

雷宇 广东财经大学会计学院院长、教授，财政部全国高端会计人才，"广东省高等学校优秀青年教师培养计划"培养对象，广东财经大学"青年教学名师"，ACCA年度优秀专业指导教师。在《管理世界》《会计研究》等期刊发表论文三十多篇，主持国家社会科学基金青年项目、教育部人文社会科学研究青年基金项目等科研项目以及广东省高等教育教学改革项目等多项教研项目，获得广东省教育教学成果奖二等奖、广东省哲学社会科学优秀成果奖二等奖等奖励。

工商管理经典译丛·会计与财务系列

Business Administration Classics

会计与财务基础

Accounting and Finance for Non-Specialists（Eleventh Edition）

［英］ 彼得·阿特里尔（Peter Atrill）
埃迪·麦克雷尼（Eddie McLaney） ｜ 著

雷宇 等｜译

第11版

中国人民大学出版社
·北京·

本书是会计和财务领域的入门书籍，内容包括财务会计、管理会计和财务管理的基本理论和基础知识。本书有两个鲜明特色：

一是在内容上，本书涵盖了财务会计、管理会计和财务管理领域的主要入门知识，既能够为读者提供一个相对完整的专业知识图景，为进一步学习打下基础，同时又让读者免于陷入艰深的理论研究。

二是在表达和形式上，本书浅显易懂，循序渐进，同时提供了大量实例素材，能够提高读者学习思考的兴趣，帮助读者将专业知识与现实问题相结合。

本书适用于非会计或财务专业但需要学习会计和财务入门知识的读者，对于会计或财务专业的学生，本书能够帮助他们掌握该领域的主要基础知识。

翻译版保持了原著的内容和风格，限于篇幅，删除了部分案例和习题。本书可以作为学习会计和财务知识的入门教材使用，也可供对会计和财务感兴趣的读者阅读参考。

感谢中国人民大学出版社引进本书版权，以及对翻译工作的大力支持。限于译者的学识和精力，书中难免存在不足，恳请读者不吝指出。

雷　宇

本书是会计和财务领域的入门书籍。其目标读者是：

■ 非会计或财务专业的学生。比如商业、经济、酒店管理、旅游、工程或者其他专业的学生，可能会在各自专业的一些课程中学习会计和财务的入门知识。对于这些学生，本书提供了关于会计和财务在企业或其他组织中的角色和作用的概述。

■ 对于会计或财务专业的学生，本书介绍了该领域的主要原理，这些原理将为他们的进一步学习打下基础。

本书不关注技术问题，而是侧重于讨论基本原理和基础概念，主要关注信息使用者如何利用财务报表提供的信息提高决策质量。为了突出实践性，书中有很多真实案例和评论，这些案例来源于公司报告、调查数据和其他资料。

本书坚持"开放式学习"的写作风格。每一章中都有大量的业务活动、实务举例和问题，以帮助读者充分理解学习主题。在设置这些问题和任务时，我们试图通过分析和评价不同的概念和技术，来培养批判性思维。为了深入理解这些问题和任务，读者需要从书本之外获取知识，并将当前章节的内容与前面章节的内容联系起来。本书会让读者在阅读时获得互动式的学习体验，并且不断检查学习进度。无论读者是将本书作为课程教学的一部分，还是作为个人学习的参考书，这种方式都很适用，也能让学习变得更加容易。

我们意识到使用本书的大多数读者可能没有学习过会计和财务知识。因此，我们以简洁易懂的风格写作，尽量减少使用专业术语。我们也试着逐步讲解书中的内容。在不可避免地需要用到专业术语时，我们会尽量清晰地解释。所有关键术语都会进行解释，每章末尾还有术语列表。

在第 11 版中，我们采纳了使用前一版教材的学生和老师们提出的建议并进行了改进。比如，根据国际会计准则理事会的最新公告大幅修改了关于会计概念框架的讨论。我们更新和扩充了来自现实生活中的例子，并继续反映关于主要财务报表的最新国际准则。为了帮助理解，我们还增加了更多的练习题和解释性图表。

我们希望本书具有可读性并对你有所帮助。

彼得·阿特里尔

埃迪·麦克雷尼

Contents | **目　录**

第三部分 财务管理 219

第 **1** 章

会计和财务导论

本章概要

　　欢迎来到会计和财务的世界！在本章的开头，我们会介绍这些主题的大致轮廓。首先分析会计与财务的作用，然后明确财务信息的主要使用者。我们将看到会计与财务是如何成为有用的工具，来帮助信息使用者提高其决策质量的。在接下来的章节中，我们通过对各种财务报告（也称财务会计报告）和决策方法进行详细探讨来深入研究财务决策这个主题。

　　对于本书的许多读者来说，会计和财务不是你们学习的重点，你们可能会问："为什么要学习这些内容呢？"因此，在介绍了会计和财务的主要特征之后，我们会进一步讨论为什么理解这些知识对你来说是重要的。

学习目标

　　学习完本章之后，你应该能够：

■ 解释会计和财务的性质和作用；

■ 识别财务信息的主要使用者，并讨论他们的需求；

■ 区分财务会计和管理会计；

■ 解释为什么需要了解会计和财务知识。

1.1　什么是会计和财务？

让我们先试着分别理解会计和财务的目的。**会计**（accounting）与财务信息的收集、分析和传递有关，其最终目的是帮助信息使用者做出更加明智的决策。如果传递的财务信息不能使信息使用者做出更好的决策，就没有必要提供这些信息。在本章的后续内容中，我们会看到谁会使用财务信息，以及这些财务信息对哪些类型的决策有用。

有时，会计给人的印象只是定期编制财务（会计）报告。虽然会计人员确实承担了这一工作，但并不意味着这就是会计的终点。编制这些报告是有原因的，如前所述，会计工作的最终目的是为使用者提供财务信息，以提高其决策的质量。这种会计的决策观不仅是本书的主题，而且贯穿本书始终。

和会计一样，**财务**（finance）或者**财务管理**（financial management）的存在也是为了帮助决策者。它涉及企业资金筹集和使用的方式，这正是企业最核心的问题。从本质上来说，企业从投资者（所有者和债权人）那里筹集资金，然后用这些资金进行投资（投资于设备、房屋、存货等），以创造财富。由于企业通常会长期筹集和投入大量资金，所以融资和投资决策的质量对企业的发展影响深远。

筹集资金的方式多种多样，企业所选择的具体方式应该符合自身需要。了解财务知识有助于确定：

- 融资的主要方式；
- 每种融资方式的成本和收益；
- 每种融资方式的风险；
- 金融市场在提供资金中的作用。

企业一旦筹集到资金就必须以合适的方式进行投资。在选择投资机会时，了解财务知识有助于评估每个投资机会带来的风险和回报。

试图将会计和财务区分开是没有意义的，我们已经看到二者都与财务方面的决策有关。此外，这两个领域之间有很多交叉和联系。例如，财务（会计）报告是筹资和投资决策的主要信息来源。

1.2 会计信息的使用者

要使会计信息有用，会计人员必须清楚信息是为谁准备的，以及信息将用于什么目的。可能有不同群体（通常称为使用者群体）对某个特定组织感兴趣，并且需要做出与该组织有关的决策。对于一个典型的私人企业来说，主要使用者群体如图 1-1 所示。

1.3 会计是一种服务

可以把会计看作是一种服务。图 1-1 中显示的信息使用者群体可被视为"客户"，提供会计（财务）信息可被视为一种服务。可以根据会计信息能否满足他们的需求来判断这种服务对各类

"客户"的价值。

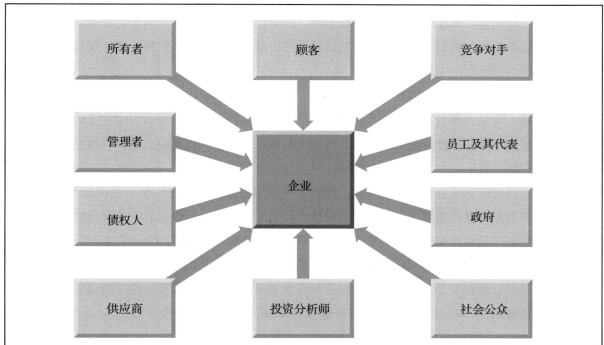

若干使用者群体对与企业相关的会计信息感兴趣，其中的大多数处于企业外部，但与企业利益相关。这里没有列出所有潜在使用者，但列出的这些使用者群体通常被认为是最重要的。

图 1-1　企业会计信息的主要使用者

为了对信息使用者有用，尤其是对投资者和债权人有用，会计信息应当具备一些质量特征。特别是，信息必须是相关的，必须能够如实反映它想要反映的内容。**相关性**（relevance）和**如实反映**（faithful representation）这两个质量特征被认为是会计信息的基本质量特征，需要进一步解释：

■ 相关性。会计信息应当能够发挥作用。也就是说，它应当能够影响信息使用者的决策。要做到这一点，会计信息应该有助于预测未来的事项（例如预测明年的利润），或者有助于验证过去的事项（比如验证去年的利润），或者二者兼具。通过验证过去的事项，信息使用者可以检查他们之前预测的准确性。这反过来也可以帮助他们改进预测的方式。

会计信息要具有相关性，就必须跨越**重要性**（materiality）这一门槛。如果一项信息的遗漏或错误陈述会改变信息使用者的决策，那么它就被认为是重要的。

归根结底，什么信息被认为是重要的是一个职业判断问题。在做出这种判断时，管理者应该考虑信息使用者如何使用这些信息。如果一项信息被认为是不重要的，那么它就不应该包含在会计报告中。这些不重要的信息会带来混乱，同时可能干扰信息使用者解读信息的能力。

■ 如实反映。会计信息必须如实反映它想要反映的内容。为了实现这一点，所提供的信息必须反映已发生事件的实质，而不仅仅是其法律形式。例如，一个制造商以"销售或退回"的方式向零售商提供商品。制造商可能希望将这种协议视为两项单独的交易。也就是说，就商品的销售达成一项合同，就零售商未售出的商品的退货达成另外一项单独的合同。这可能会导致商品交付给零售商时报告了一项销售，即使之后这些商品被退回。然而，其经济实质是，由于之后商品被退回，制造商并没有实现销售。它们只是从制造商处转移给零售商，然后再转移回来。会计报告应当反映这一经济实质，否则就会产生误导。

为了如实反映经济实质，信息应该是完整的。也就是说，它应该包含理解所描述内容需要的一切信息。因此，与某一项目有关的信息通常应包括对其性质的说明、一些适当的数字计量以及对重要事实的必要解释。信息也应该是中立的，这意味着信息的表述和选择应当是没有偏见的。不应试图以影响信息使用者的态度和行为的方式来操纵会计信息。信息还应该没有错误。这并不是说它必须完全准确。会计信息通常包含一些估计，比如未来的销售或成本，这些在当下可能是不准确的。尽管如此，如果能够准确地描述和适当地编制估计数，那么会计估计仍然具有如实反映的特征。

会计信息必须具备相关性和如实反映这两项基本特征才能有用。有些会计信息相关但没有如实反映，或者有些信息如实反映但缺乏相关性，这些会计信息通常都没有什么意义。

如果会计信息既相关又如实反映，同时还具备其他质量特征，那么其有用性会得到加强。这些质量特征包括**可比性**（comparability）、**可验证性**（verifiability）、**及时性**（timeliness）以及**可理解性**（understandability）。我们来详细了解一下这些会计信息质量要求。

■ 可比性。当有多个方案可供选择时，会计信息使用者可能会通过比较来做出决策。他们可能想要比较企业在不同时间的业绩（例如今年的利润和去年的利润进行比较）。他们也可能想要比较类似企业在某一方面的业绩（例如全年实现的销售水平）。为了帮助信息使用者进行比较，企业应该以相同的方式对相似的业务进行处理——无论是不同时间还是不同企业。但对于不同的项目，不应该采用相似的处理方法。信息使用者必须能够发现被比较项目的相似点和不同点。

■ 可验证性。这个质量特征是向使用者提供一个保证，即会计信息如实地描述了它所描述的内容。如果多个独立专家广泛认同会计信息提供了如实反映的信息，那么会计信息就是可验证的。验证可以是直接验证，如检查银行账户余额；也可以是间接验证，如检查用于估算未来成本的基本假设和方法。

■ 及时性。会计信息应当及时提供给信息使用者，以供使用者进行决策。缺乏及时性会削弱信息的有用性。一般来说，会计信息提供得越迟，它的作用就越小。

■ 可理解性。会计信息应当尽可能清晰明了。然而，有些会计信息可能过于复杂，无法以容易理解的形式呈现。但这并不意味着应该忽略这部分信息。如果忽略了这部分信息将导致报告的内容不完整（见本章末尾的参考文献）。

我们看会计报告的方式就像看外文报告。要理解外文报告或者会计报告，我们需要做一些准备。在编制会计报告时，通常假定信息使用者对商业和会计知识有一定的了解，而且也将投入时间研究这些报告。然而，会计人员显然有责任以尽可能让非会计专业人士理解的方式提供信息。

值得注意的是，上述四个质量特征并不能使会计信息从无用变得有用，它们只是增强具备相关性且如实反映特征的信息的有用性。

▊ 1.4 权衡成本和收益

即使一项会计信息可能满足前面描述的所有质量特征，也并不意味着它就应该被收集和报告给信息使用者，还需要考虑一个重要因素。

理论上，只有当提供某一特定会计信息的成本低于使用该信息所带来的收益或价值时，才应该提供该信息。然而，实际上这些成本和收益很难评估。

为了说明确定信息价值的实际问题，假设我们在倒车时不小心撞到了墙上。这导致车子出现了一个凹痕并且掉了漆。我们希望在当地的修理厂修复车身的凹痕并重新喷涂油漆。我们了解到去最近的汽车修理厂需要花费 450 英镑才能修复汽车，但其他汽车修理厂可能会提供更低的价格。如果想要知道其他修理厂的价格，唯一的方法就是让每一家汽车修理厂都检查下车子的损坏程度。去这些修理厂需要耗费汽油并且占用我们的时间。前往每一家汽车修理厂了解价格，所花费的成本是否划算呢？显而易见，如果这些成本低于潜在的收益，那么获得这些信息就是值得的。

要确定修车的价格，我们需要考虑以下几点：

- 我们要去多少家汽车修理厂？
- 前往每一家汽车修理厂的油耗成本是多少？
- 前往每一家汽车修理厂需要多长时间？
- 以什么价格来衡量我们的时间？

在事前评估去每一家汽车修理厂了解修车价格信息所带来的经济效益是很困难的。需要考虑以下几点：

- 我们能获得的最便宜的修车价格是多少？
- 修车价格有多大可能低于 450 英镑？

可以想象，这些问题的答案远远不够明确——到目前为止我们只联系了最近的汽车修理厂。在评估会计信息的价值时，我们也面临着类似的问题。

生成会计信息的成本可能非常高。然而，成本经常是难以量化的。直接成本、付现成本，例如会计人员的工资，很容易量化，但这只是总成本的一部分。还有其他成本，例如信息使用者花费在分析和解释会计信息上的时间成本。

权衡生成会计信息的成本和收益并不是一个容易回答的问题。虽然可以运用一些"科学"的方法来解决这个问题，但通常会涉及很多主观判断。

对会计信息有用性产生影响的质量特征可以总结为图 1-2。

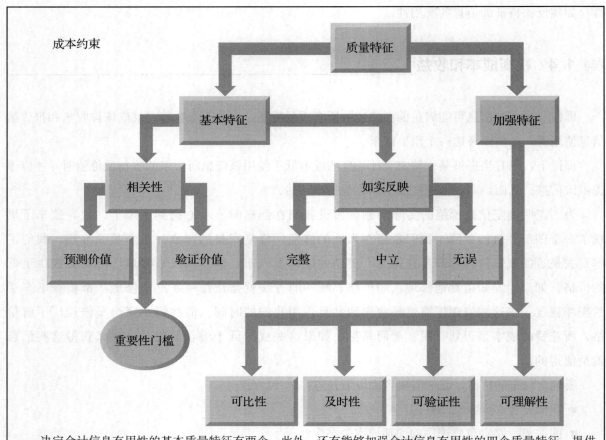

决定会计信息有用性的基本质量特征有两个。此外，还有能够加强会计信息有用性的四个质量特征。提供会计信息的收益应该大于生成这些信息的成本。

图 1-2 影响会计信息有用性的质量特征

■ 1.5 会计信息系统

我们已经看到，会计可以看作为"客户"提供的一种服务。我们还可以把会计看作企业信息系统的一部分。企业内部和外部的信息使用者要对稀缺资源的分配做出决策。为了有效地分配资源，他们需要依据这些财务（会计）信息做出决策。提供这些信息是会计系统的职责。

会计信息系统（accounting information system）应该具备企业所有信息系统共有的特征：

■ 识别和获取相关的信息（在这种情况下是财务信息）；

■ 系统地记录所收集的信息；

■ 分析和解释所收集的信息；

■ 以满足信息使用者需求的方式报告信息。

这些特征之间的关系如图 1-3 所示。

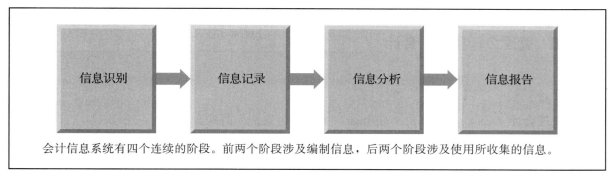

会计信息系统有四个连续的阶段。前两个阶段涉及编制信息，后两个阶段涉及使用所收集的信息。

图 1 - 3 会计信息系统

因为本书强调决策制定，所以我们将主要关注后两个阶段：财务信息的分析和报告。我们将重点关注使用者使用信息的方式，以及信息对使用者的作用，而不是信息被识别和记录的方式。

高效率的会计信息系统是高效率企业的一个重要组成部分。当会计信息系统失灵时，可能会导致灾难性的后果。真实世界 1 - 1 描述了广泛用于编制会计和财务信息的电子表格可能会出现错误，进而导致信息使用者做出糟糕的财务决策的情况。

真实世界 1 - 1

系统错误！

为大型企业提供财务模型和商业预测的 F1F9 公司表示，近 1/5 的大型企业因电子表格中的错误而遭受财务损失。由于 71％ 的英国大型企业一直使用电子表格来进行关键财务决策，电子表格错误可能会带来一场财务灾难。

该公司发布的名为《资本主义的肮脏秘密》的白皮书显示，滥用粗糙的电子表格可能产生深远的影响。用电子表格编制的英国公司账目价值高达 1.9 万亿英镑，英国制造业公司使用电子表格做出定价决策的金额高达 1 700 亿英镑。

YouGov 收集的数据显示，英国每年有 380 亿英镑的私人部门投资决策使用电子表格进行计算。但是，有 16％ 的大公司承认，2014 年在电子表格中发现不准确信息的次数超过 10 次。

电子表格风险专家 Grenville Croll 谈到这些发现时说："电子表格支撑着金融体系的运行，但它们却容易出错。对于高杠杆市场和公司，如果不对使用电子表格进行控制，那么新的'黑天鹅'事件的发生只是时间问题，这将造成灾难性的损失。"

该报告警告，尽管 33％ 的大型企业报告电子表格问题会导致糟糕的决策，但仍有 1/3 的英国大型企业的财务决策者没有接受过任何培训。

资料来源：Burn-Callander, R.（2015）'Stupid errors in spreadsheets could lead to Britain's next corporate disaster', *Daily Telegraph*, 7 April.

1.6 管理会计和财务会计

会计通常有两个不同的分支，它们是：

- **管理会计**（management accounting），力求满足管理人员的会计需要；
- **财务会计**（financial accounting），力求满足本章前面所提到的除管理者之外的其他信息使用者的需要（见图 1-1）。

目标使用者群体的不同导致了这两个会计分支沿着不同的道路发展。它们的主要不同之处如下所述。

- 报告的性质。财务会计报告一般是通用的。虽然它们主要针对企业资金的提供者，如所有者和债权人，但它们也包含对更广泛的使用者和决策制定者有用的财务信息。管理会计报告通常具有特定的目的，它们是为特定的决策和/或特定的管理者而设计的。

- 详细程度。财务会计报告为信息使用者提供一段时期内企业的经营业绩和财务状况概况。信息被整合（加总）在一起，因此通常会忽略细节。然而，管理会计报告通常为管理者提供相当详细的信息，以帮助他们做出特定的经营决策。

- 规范。许多企业的财务会计报告都受到法律和会计规则制定者的约束。这些规范通常要求报告具有标准的内容和格式。但是，管理会计报告不受规章制度的约束，可以依据特定管理者的需要来设计。

- 报告间隔。对于大多数企业来说，财务会计报告按年度提供，一些大型企业每半年报告一次，少数企业可能每季度出一次报告。管理会计报告根据管理人员的需求来提供。例如，销售经理可能需要每日、每周以及每月的销售报告，以便密切监控销售业绩。用于特定目的的报告也可以在必要时编制，例如，投资一台新设备时，需要可行性研究报告。

- 时间导向。财务会计报告反映企业过去一段时期的业绩和财务状况。从本质上讲，它们是在回顾过去。不同的是，管理会计报告通常提供关于企业未来业绩和过去业绩的信息。但是，如果认为财务会计报告不包含对未来的预测，显然是不全面的。有时候，企业会向其他信息使用者发布前瞻性信息，以便筹集资金或者击退不利的收购要约。即使是定期提供以前期间的财务会计报告，也需要对未来做出一些判断（具体见第 3 章）。

- 信息的范围和质量。有两点需要注意。首先，财务会计报告关注可以用货币计量的信息。管理会计也提供这样的报告，但更可能提供包含非财务信息的报告，如存货的实际数量、收到的销售订单数量、推出的新产品数量、每个员工的产量等。其次，财务会计在编制报告时更强调使用客观、可验证的证据。管理会计报告可能会使用客观性和可验证性不强，但管理者需要的信息。

我们可以发现，管理会计比财务会计的限制更少。它可以从各种来源获取信息并使用可靠性程度不同的信息。在评估向管理者提供的信息的价值时，我们只需要考虑这些信息是否提高了决策的质量。

管理会计和财务会计的主要区别概括如图 1-4 所示。

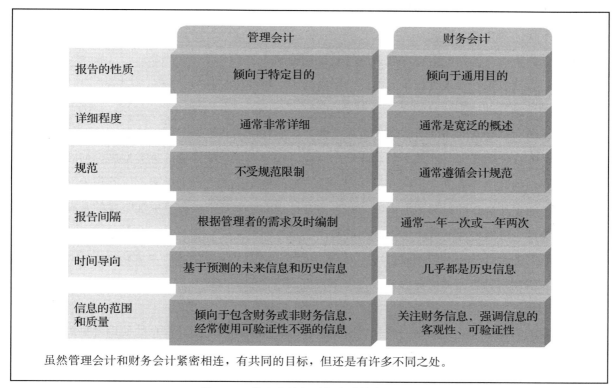

	管理会计	财务会计
报告的性质	倾向于特定目的	倾向于通用目的
详细程度	通常非常详细	通常是宽泛的概述
规范	不受规范限制	通常遵循会计规范
报告间隔	根据管理者的需求及时编制	通常一年一次或一年两次
时间导向	基于预测的未来信息和历史信息	几乎都是历史信息
信息的范围和质量	倾向于包含财务或非财务信息，经常使用可验证性不强的信息	关注财务信息，强调信息的客观性、可验证性

虽然管理会计和财务会计紧密相连，有共同的目标，但还是有许多不同之处。

图 1-4 管理会计与财务会计的主要区别

管理会计与财务会计的区别体现了管理者和其他信息使用者信息需求的不同。虽然二者之间有差异，但也有许多相似之处。

在某种程度上，管理会计和财务会计之间的差异反映了获取财务信息的不同。管理人员对所收到的信息的形式和内容有更多的控制权。而其他信息使用者则不得不依赖管理人员提供的信息，或者是财务报告规范要求必须提供的信息。虽然财务会计报告的范围在日益扩大，但是由于担心失去竞争优势以及信息使用者对预测数据可靠性的担忧，其他信息使用者无法获得与管理人员同等详细和广泛的信息。

1.7 本书的范围

本书会介绍财务会计和管理会计两个主题。接下来的 5 章（第一部分，第 2～6 章）是关于财务会计的，之后的 3 章（第二部分，第 7～9 章）是关于管理会计的。本书的最后一部分（第三部分，第 10～12 章）是关于财务管理的，即与企业筹资和投资活动有关的问题。

1.8 会计的变化

在过去的 40 年里，商业环境变得越来越动荡，竞争越来越激烈。这些变化主要归结为以下原因：

- 客户日益成熟；

- 经济全球化的发展使得国界不再那么重要；

- 技术快速变化；

- 对国内市场（例如电力、水和天然气）放松管制；

- 所有者（股东）要求有竞争力的经济回报的压力日益增长；

- 金融市场波动加剧。

这种新的、更复杂的环境给管理人员和其他会计信息使用者带来了新的挑战。他们的需求发生了变化，财务会计和管理会计都必须对此做出回应。这导致要对报告的信息类型进行彻底的反思。

不断变化的商业环境进一步推动了寻找一个清晰的概念框架或原则框架，以此作为财务会计报告的基础。为了让会计的目标更加清晰，并且为会计规则的发展提供一个更加坚实的基础，人们进行了各种尝试。已经构建的概念框架试图解决以下基本问题：

- 谁是财务会计信息的使用者？

- 应该编制哪种类型的财务会计报告？报告应该包含哪些内容？

- 利润和资产等项目的价值应如何计量？

企业的国际化要求会计准则需要具有国际影响力。不能再假定会计信息的使用者只局限在特定的企业经营地或只熟悉该国的会计准则。因此，各国会计准则越来越趋于统一。

针对一些企业的财务报告不透明、用户难以理解等问题，财务会计报告规则做了很大改进。会计准则的制定者试图确保企业的会计政策更具可比性和更透明，财务报告能够更真实地反映经济的经营现状。

管理会计也在发生变化，其提供的信息更加开放。过去，提供给管理者的信息在很大程度上仅限于在企业内部收集的信息。然而，客户和竞争对手的态度和行为现在已经成为信息收集的对象。越来越多的成功的企业是那些能够取得并保持竞争优势的企业。

为了获得竞争优势，企业变得更加"客户驱动"（即关注满足客户需求）。这导致管理会计所提供的信息包含了更多关于客户和市场的详细信息，例如客户对所提供服务的评价和市场份额。此外，企业也会收集和报告竞争对手的成本和利润信息，这些信息可以作为衡量竞争力的"基准"。

为了在竞争中取得成功，企业必须找到管理成本的方法。现代企业一直非常重视成本，这促进了更先进的成本计算和控制方法的发展。

■ 1.9 了解会计和财务知识的重要性

你可能会问自己："我为什么要学习会计和财务知识？我又没想成为会计！"前面我们了解了会计和财务是什么（这是本章到目前为止的主题），我们已经清楚了会计/财务对企业和其他类型组织的作用，即会计/财务是其管理信息系统的核心部分。根据这一系统提供的信息，管理者做出关于资源配置的决策。这些决策可能涉及以下几个方面：

- 是否继续经营某些业务；
- 是否投资某些项目；
- 是否销售某些产品。

这些决策对与组织相关的所有人都会产生重要影响。

因此，所有打算在管理岗位工作的人都应该对会计和财务的某些重要方面有清晰的认识。这些方面包括：

- 如何阅读和理解财务报告；
- 如何制订财务计划；
- 如何做出投资决策；
- 企业如何融资；
- 成本如何管理。

很多（可能是大部分）学生的职业目标是成为企业的经理——可能是人力资源经理、生产经理、销售经理或者 IT 经理。如果你是这些学生中的一员，那么了解会计和财务知识是非常重要的。几乎可以肯定的是，当你成为一名经理，不论职位高低，你都需要使用财务报告来帮助你履行职责。同样可以肯定的是，你作为一名经理的一部分甚至大部分业绩是依据财务信息和报告来评价的。

作为管理职责的一部分，你可能要帮助企业制定未来的发展规划。这通常包括编制前瞻性财务报告和设定财务目标。如果你不了解财务报告的真正含义和财务信息的可靠程度，你会发现这将成为你的一大劣势。与其他经理一样，你需要决定如何在多个项目之间分配有限的资源。这要求你具备评价不同项目成本和收益的能力。了解会计和财务知识对于完成这种管理任务十分重要。

这并不意味着你必须是一名合格的会计师才能成为高效成功的人力资源、生产、销售或 IT 经理。但是，这却意味着，如果你想成功，你就要掌握会计和财务的基本"常识"。本书就是要教给你这些知识。

1.10　对财富创造的追求

创办企业通常是为了增加所有者的财富。在本书中，我们假定这就是企业的主要目标。这可能会让人感到意外，因为企业可能会追求其他目标以满足其他利益相关者的需求。虽然企业可能会追求其他目标，但创办企业通常是为了增加所有者的财富。在实践中，企业的长期行为与这一目标是一致的。

在市场经济中，竞争非常激烈，不能使所有者的财富增加是会被淘汰的。争夺所有者的投资以及争夺管理者职位，都意味着所有者利益优先。如果管理者不能实现所有者的财富增加，那么所有者有权聘用一个更能满足其需要的管理团队来取代现有的管理团队。

■ 1.11 满足其他利益相关者的需求

上面提到的几点并不意味着企业的其他利益相关者（如员工、客户、供应商、社区等）的需求不重要。实际上正好相反，如果企业希望能够长期生存和繁荣发展，其他利益相关者的需求同样非常重要。例如，如果一家企业无法满足客户需求，客户就会转向另一个供应商，这会导致该企业所有者的财富受损。

同时，也需要重视对财富创造有贡献的其他利益相关者的需求。员工对企业不满意会导致生产效率下降甚至出现罢工的情况，供应商不满意会拒绝提供必要的货物或者将收到的订单推迟供货，社区不满意会取消向企业提供社区资源。在以上每一种情况下，所有者的财富都会受损。

为所有者创造财富不等于最大化企业当年的利润。财富的创造是长期的，它不仅与当年的利润有关，也与未来的利润有关。短期内的偷工减料可能会提高当期利润，但存在降低未来利润的风险。

真实世界1-2提供了一些例子，说明了只关注短期利润而不考虑长期后果是非常危险的。

真实世界 1-2

短期利益，长期问题

多年来，在捍卫资本主义的幌子下，我们一直在降低对它的要求，一直在给我们赖以获得财富的水井"下毒"。我们没有理解价值观对资本主义的重要性。我们已经向这种观点投降，即只要在法律允许的范围内赚尽可能多的钱，就可以获得成功，而不考虑钱是怎么赚的。

30年前，零售商只想尽可能以低价采购到他们想卖的鞋子。生产工人的工作环境与他们无关。然后，新闻头条和抗议活动不断出现。社会开始将改善生产工人的工作环境视为企业的责任。像耐克这样的公司实现了转型，它们意识到它们正在损害自己的品牌。全球采购成为趋势，成功不再简单地定义为以最低价格买进、以最高价格卖出。

今天的金融服务和投资就像30年前的鞋业一样。公众对这场危机的愤怒促使真相大白。以在美国拖车公园项目上向穷人提供巨额贷款组合为例，这些贷款是在没有对借款人进行适当的资格审查的情况下批准的。然后有人认为它们适合通过信用违约掉期等方式进行证券化，但没有人看到这种做法会带来怎样的后果。

每一个决策者都认为像20世纪70年代鞋类采购商那样行事是可以的。价格具有吸引力，这笔交易可以赚钱。需要对此负责吗？无关紧要。这不违法，并且其他人正在用这种方式赚钱。如果所有人都这样做，银行系统会招致什么样的后果？这与我无关。

消费者受到了极大的冲击。我们竟然还认为那些为我们投资的聪明人在风险管理方面比他们在当前危机中的表现更好。他们怎么能如此轻信那些随意放贷的银行家呢？他们居然还认为他们的业绩奖金（至少部分来自他们的储蓄）可以激励更好的业绩？他们怎么可以只考虑一家银行的业绩而完全不考虑这种行事方式对整个银行体系的影响呢？那些代表投资者进行投资的人的受托责任在哪里？

答案是，他们当中很少有人履行受托责任。大多数人都只顾眼前利益，并且认为履行受托责任并不能给他们带来什么好处。受托责任的失败源于同样的心态，正是这样的心态导致了不负责任的放贷。我们又回到了"下毒"的状态：不管整个系统健康与否，只考虑如何快速赚钱。责任意味着要意识到我们的行为可能招致的系统后果。这不是杞人忧天，而是审慎的基石。

资料来源：Goyder, M. (2009) 'How we've poisoned the well of wealth', *Financial Times*, 15 February. © The Financial Times Limited 2009. All Rights Reserved.

1.12 平衡风险和收益

所有决策都与未来相关，财务决策也不例外。然而，关于未来唯一可以肯定的是，我们不能确定将会发生什么。事情可能不会按计划进行，在做财务决策时必须仔细考虑这种风险。

在生活的其他方面，风险和收益往往是相关的。有证据表明，风险与收益的关系如图 1-5 所示。

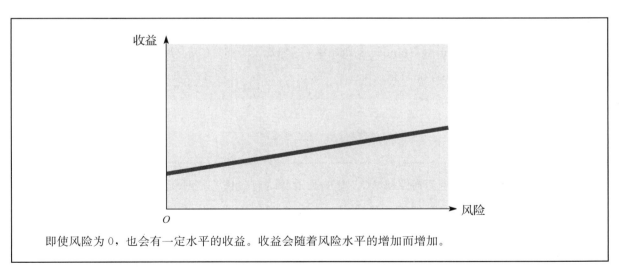

即使风险为 0，也会有一定水平的收益。收益会随着风险水平的增加而增加。

图 1-5　风险与收益的关系

风险和收益的关系对于企业设定财务目标有重要影响。所有者对他们的投资有一个最低收益要求，同时如果要承担风险，那么他们会要求额外的收益；风险越高，要求的收益也越高。管理者必须意识到这一点，并且在制定目标和采取特定行动时在风险和收益之间取得适当的平衡。

然而，21 世纪初银行业的动荡表明，风险与收益之间的平衡并非总能实现。一些银行为了追求更高的收益而承担了过高的风险，结果造成了巨大的损失。它们现在依靠纳税人的资金维持经营。

■ 1.13 非营利组织

　　虽然本书重点讨论的是私人部门企业的会计，然而也有许多的组织存在并不是主要为了追求利润。

　　所有这些组织都需要出于决策目的来编制会计信息。同样，各种信息使用者都需要这些信息来帮助他们做出更好的决策。这些信息使用者群体通常与私人企业的信息使用者相同或相似。他们通常与组织未来的发展利益相关，并会使用会计信息来检查组织的财富是否以与其目标相匹配的方式妥善管理和使用。

关键术语

会计	可验证性	财务	及时性
财务管理	可理解性	相关性	会计信息系统
如实反映	管理会计	重要性	财务会计
可比性			

参考文献

International Accounting Standards Board（IASB）（2018）*Conceptual Framework for Financial Reporting*，IASB，pp. 14 - 20.

复习题

　　1.1　会计有时被称为"商业语言"。你如何看待这种说法？这种说法恰当吗？

　　1.2　确定一所大学的会计信息使用者。不同的信息使用者使用信息的目的是什么？大学的会计信息与私人企业的会计信息在使用方式上有什么区别？

　　1.3　"非营利组织对利润不感兴趣"，这种说法对吗？会计和财务在非营利组织中的作用是否不如在企业中重要？

　　1.4　财务会计报表往往反映过去的事项。当需要预测未来时，财务会计报表提供的信息如何帮助使用者做出决策？

第一部分

财务会计

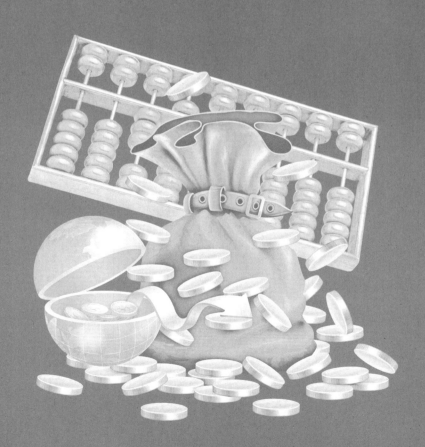

第 **2** 章

计量和报告财务状况

本章概要

在本章开头，我们将概述构成财务会计核心的三种主要财务报表。我们研究这三种财务报表之间的关系，并分析每一种报表如何有助于评估企业整体财务状况和业绩。

在概述之后，我们将对其中一种财务报表——资产负债表——进行更加详细的介绍。我们识别资产负债表的关键要素，并思考它们之间的内在联系。同时，我们也分析在编制资产负债表时所遵循的主要会计惯例或规则。

我们在第 1 章中已经看到，会计信息对于那些试图做出与企业有关的决策的人有帮助。在本章结束时，我们将分析资产负债表在决策中的价值。

学习目标

学习完本章之后，你应该能够：

- 解释三种主要财务报表的性质和目的；

- 编制一份简单的资产负债表，并解释其中包含的信息；

- 讨论编制资产负债表的会计惯例；

- 讨论资产负债表在决策中的作用和局限。

2.1 主要财务报表概述

财务报表的主要目的是揭示企业财务状况和业绩情况。为实现这一目的，企业的会计部门通常会定期编制三种财务报表。这三种财务报表是为了回答下列与某一特定期间有关的问题：

- 发生了哪些现金流动？
- 产生多少财富？
- 企业期末的累计财富是多少？以什么形式存在？

为了解决这些问题，由此产生了单独的财务报表，包括：

- **现金流量表**（statement of cash flows）；
- **利润表**（income statement），又称损益表（profit and loss account）；
- **资产负债表**（balance sheet），又称财务状况表（statement of financial position）。

这些报表共同提供了关于企业财务健康状况的整体图景。

参考一个简单企业的例子或许是学习这些财务报表最好的方法。通过这个案例，我们就能了解到每个财务报表所提供的信息。但值得注意的是，尽管我们是以简单的企业为例，但编制财务报表的原则同样适用于大型、复杂的企业。在后面的章节中我们将经常提到这些原则。

例 2 - 1

保罗失业了，找不到工作，于是他决定创业。随着圣诞节的临近，他决定从当地供应商那里购买一些礼品包装纸，并在当地商业街的拐角处进行售卖。他认为商业街的商店里卖的包装纸价格高得离谱，这就给他提供了一个商机。

他用自己 40 英镑的现金开始创业。星期一，创业的第一天，保罗以 40 英镑的价格购买包装纸，销售了全部包装纸的 3/4，获得了 45 英镑现金。

在星期一，保罗的生意发生了哪些现金流动？

星期一的现金流量表显示了当天的现金流动（即现金流入和现金流出）。

星期一的现金流量表（单位：英镑）	
投入的现金（保罗）	40
销售包装纸收到的现金	45
购买包装纸支付的现金	(40)
现金期末余额	45

上面的报表显示，保罗投入 40 英镑现金。从顾客那里收到 45 英镑现金，花了 40 英镑现金购买包装纸。截至星期一晚上，还剩下 45 英镑现金。请注意，我们采用编制财务报表的标准方法，在括号内显示需要扣除的数字（在本例中为已支付的 40 英镑）。在处理财务报表的各个章节中，我们将始终采用这种方法。

保罗的企业在星期一产生了多少财富（利润）？

利润表能够显示企业在星期一所产生的财富（利润）。交易产生的利润是销售商品（包装纸）

的收入与其成本之间的差额。

星期一的利润表（单位：英镑）	
销售收入	45
销售成本 $\left(40\times\dfrac{3}{4}\right)$	(30)
利润	15

请注意，在计算利润时，只有已售出的包装纸的成本才能与销售收入相配比（从收入中减去），而不是购买包装纸的全部成本。任何未售出的**存货**（inventories 或 stock）将从它未来产生的销售收入中扣除。在本例中，未售出的存货成本是 10 英镑 $\left(40\times\dfrac{1}{4}\right)$。

星期一晚上的累计财富是多少? 以什么形式存在?

为了得到星期一交易结束时的累计财富，我们可以编制资产负债表。表中也列出了星期一结束时所持财富的形式。

星期一晚上的资产负债表（单位：英镑）	
现金（期末余额）	45
存货 $\left(40\times\dfrac{1}{4}\right)$	10
资产总计	55
权益	55

注意资产负债表中出现的**资产**（assets）和**权益**（equity）这两个术语。资产是企业的资源（对企业有价值的东西），这个例子中包括现金和存货。权益这个词用来描述所有者（这里指保罗）在企业的投资或股份。这两个术语将在本章稍后详细讨论。请注意，星期一晚上的权益为 55 英镑。这包含了保罗在创业时投入的 40 英镑，再加上星期一产生的属于所有者的利润 15 英镑。

现在让我们继续看看第二天会发生什么。

例 2-1（续）

星期二，保罗又花了 20 英镑现金买了一些包装纸。他以 48 英镑的价格卖掉了新购入的以及前期库存的全部包装纸。

星期二的现金流量表如下：

星期二的现金流量表（单位：英镑）	
期初余额（星期一晚上）	45
销售包装纸收到的现金	48
购买包装纸支付的现金	（20）
期末余额	73

星期二的利润表如下：

星期二的利润表（单位：英镑）	
销售收入	48
销售成本	（30）
利润	18

星期二晚上的资产负债表如下：

星期二晚上的资产负债表（单位：英镑）	
现金（期末余额）	73
存货	—
资产总计	73
权益	73

可以看到，截至星期二晚上，财富总额已增至73英镑。这比星期一晚上的数字增加了18英镑（73—55），正如利润表中显示的，这就是星期二赚取的利润。

我们可以从例2-1的财务报表中看到，每一份报表都提供了企业财务业绩和财务状况的一部分内容。我们从报告现金流动开始。现金是任何企业有效运行所必需的重要资源。企业需要用现金偿还到期债务以及获取其他资源（如存货）。现金一直被认为是企业的"命脉"。

然而，仅报告现金流动还不足以反映企业的财务健康状况。为了弄清楚企业产生了多少利润，我们需要编制利润表。现金和利润很少会一致，这一点很重要。例如，星期一现金余额增加了5英镑，但利润表中显示产生的利润是15英镑。现金余额之所以没有随着利润的增加而增加，是因为部分财富（10英镑）是以存货的形式持有的。

星期一交易结束时所编制的资产负债表显示了该企业的总财富。企业财富的持有形式多种多样。在保罗的企业中，财富以现金和存货的形式持有。这就意味着，在编制资产负债表时，两种形式的财富都要列示出来。对于大型企业而言，可以持有许多其他形式的财富。例如不动产、设备、汽车等。

我们可以看到，利润表和现金流量表都计量一段时期的流量（分别对应财富和现金），而资产负债表反映某一时点的财务状况。它们的关系如图 2 - 1 所示。

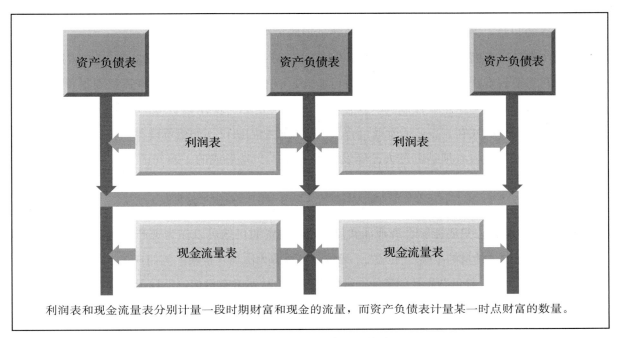

利润表和现金流量表分别计量一段时期财富和现金的流量，而资产负债表计量某一时点财富的数量。

图 2 - 1　主要财务报表之间的关系

我们所讨论的三种财务报表通常被称为企业的**决算表**（final accounts）。

对于财务报表的外部使用者（即除了企业管理人员之外的几乎所有使用者）来说，这些报表通常是面向过去的，因为它们是基于过去事项和交易的相关信息编制的。这有助于提供对过去业绩的反馈，并有助于预测未来业绩的趋势。这些报表也可以使用预测数据编制，来帮助评估可能的未来利润、现金流量等。通常这样做只是出于管理决策的目的。

我们已经对财务报表进行了概述，接下来我们将详细地分析每一种报表。本章其余部分专门讨论资产负债表。

2.2　资产负债表

我们在前面提到过，资产负债表显示企业财富的持有形式以及每种形式财富的数量。它也显示财富的来源。更具体地，资产负债表一方面反映企业的资产，另一方面反映企业的**要求权**（claims）。在深入学习资产负债表之前，我们需要弄清楚这些术语的含义。

（一）资产

资产本质上是企业所持有的资源。但只有具备以下特征时，资源才被作为资产纳入资产负债表。

■ 它必须是一种经济资源。这种资源为企业提供获得潜在经济利益的权利，但这些利益必须不能被其他企业同样获得。以经济学家所称的公共物品为例，这些资源包括道路系统、GPS 卫星或者官方统计数据等。虽然这些资源能够给企业带来经济利益，但其他企业不需要付出多少成本也能获得同样的利益。因此，在会计上，公共物品不能被视为企业的资产。

某特定资源产生的经济利益可能有多种形式，这取决于企业如何使用该资源。值得注意的是，经济资源只需要具有产生经济利益的潜力或可能性，而不需要一定具有，甚至不需要很可能具有。

■ 经济资源必须是由企业控制的。这使企业拥有决定如何使用该资源的排他性权利，以及获得其产生经济利益的权利。企业通常通过合法所有权或合同协议（如租赁设备）获得控制权。

■ 对资源的控制权必须是由过去已经发生的事项或交易形成的。换句话说，企业必须已经对该资源实施了控制（见本章末尾的参考文献）。

■ 经济资源必须能够以货币形式计量。经济资源通常无法精确计量，使用的估计值最终可能被证明是不正确的。但是，只要能够合理地如实反映，经济资源仍然可以作为资产列入资产负债表。然而，在某些情况下，计量的不确定性太大，导致经济资源无法列入报表。例如，某本杂志的名称（比如 *Hello！* 或 *Vogue*）是由杂志社创建的，虽然它对杂志社非常有价值，但计量这一资源是极其困难的，可能不得不做出武断的假设，所以，任何计量方式都不太可能有用。因此，出版物的名称不会作为资产出现在资产负债表上。

请注意，只有当资源满足上述所有特征时才能确认为资产。这将严格限制作为资产列入资产负债表的资源范围。一旦列入资产负债表，资产将继续被确认，直到其经济利益耗尽或被企业处置。图 2-2 以决策树的形式总结了上述讨论。

在企业资产负债表中经常作为资产出现的项目包括：
■ 财产；
■ 厂房和设备；
■ 固定设施和配件；
■ 专利和商标；
■ 应收款项（债务人）；
■ 企业对外的投资。

值得注意的是，资产不一定是有形的，它也可以是能给企业带来潜在利益的无形资产。有实物形态、能被触摸到的资产（如存货）被称为**有形资产**（tangible asset）。没有实物形态但可以产生未来收益的资产（如专利）被称为**无形资产**（intangible asset）。

（二）要求权

要求权是企业向外部组织提供现金或其他形式利益的义务。它通常是由于外部组织向企业提供资产而产生的。针对企业的要求权主要有两种类型。

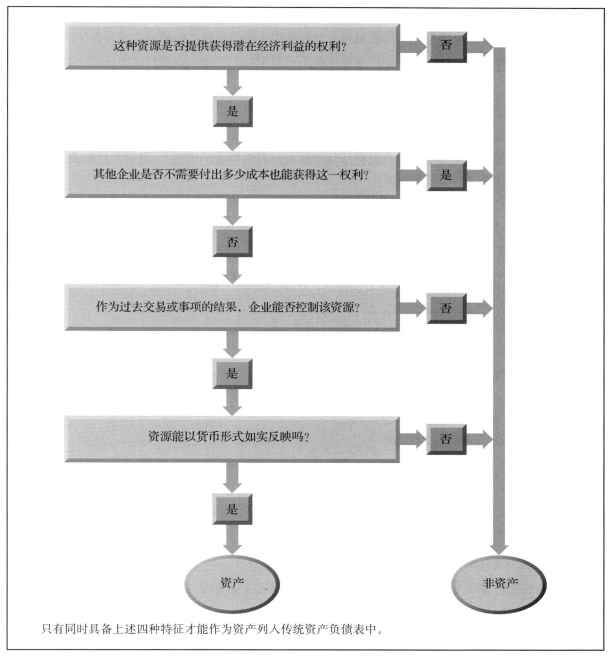

图 2-2 资产负债表中资产的确认

■ 权益。它表示所有者对企业的要求权。这种要求权有时被称为所有者资本。有些人认为很难理解为什么所有者对企业拥有要求权,特别是像保罗这样的独资企业,所有者实际上就是企业。但对于会计而言,企业和所有者之间有明确的区分。企业被认为是与所有者完全分开的,它被视为一个独立的主体,有自己独立的存在方式。这就意味着,当编制财务报表时,它们与企业有关,而不是与所有者相关。从这个角度来看,所有者投入的资金都被视为来自企业外部,在企业资产负债表上显示为对企业的要求权。

■ **负债**（liability）。负债表示除了所有者之外其他外部组织或个人对企业的要求权。负债是由过去的交易或事项导致经济资源（通常是现金）转移出企业的义务。负债通常发生在个人或组织向企业提供商品、服务或贷款时。企业产生负债是不可避免的。因此，在偿付之前，它一直被视为是一项负债。

既然已经确定了资产、权益和负债的含义，我们就可以考虑它们之间的关系了。这种关系非常简单。如果企业要想获得资产，它必须从某处筹集必要的资金。它可以从所有者那里筹集资金，从其他外部组织或个人那里筹集资金，或者从两者那里都筹集资金。例2-2说明了这种关系。

例2-2

杰瑞公司于3月1日成立，成立时在银行存入了20 000英镑。这些资金有一部分来自所有者（6 000英镑），另一部分来自借款（14 000英镑）。以这种方式筹集资金，所有者（权益）和债权人（负债）都对企业拥有要求权。编制资产负债表，将会出现以下内容：

3月1日资产负债表（单位：英镑）	
资产	
银行存款	20 000
资产总计	20 000
权益和负债	
权益	6 000
负债——借款	14 000
权益和负债总计	20 000

我们可以从资产负债表中看出，要求权（权益和负债）总计和资产总计的数额是一样的，即：

资产＝权益＋负债

这个等式永远成立，我们称之为会计恒等式。无论企业资产或者要求权发生什么样的变化，都会在其他地方发生相应的变化，以确保资产负债表一直"平衡"。举例说明，思考杰瑞公司下面的交易：

3月2日 以5 000英镑价格购买汽车，用支票付款。

3月3日 以3 000英镑价格赊购存货（以备出售的商品），一个月之后付款（存货是3月3日购买的，但在4月3日才将货款支付给供应商）。

3月4日 用支票偿还借款2 000英镑。

3月6日 所有者投入资金4 000英镑，存入银行。

资产负债表可以在发生交易的每一天之后编制。这样，我们就可以看到每一笔交易对企业资产和要求权的影响。3月2日的资产负债表如下：

3 月 2 日资产负债表（单位：英镑）	
资产	
银行存款（20 000－5 000）	15 000
汽车	5 000
资产总计	20 000
权益和负债	
权益	6 000
负债——借款	14 000
权益和负债总计	20 000

正如我们所看到的，购买汽车使企业银行存款余额减少 5 000 英镑，同时将一项新资产（汽车）引入资产负债表。资产总额保持不变，只是资产的组合发生了变化。企业要求权保持不变，因为企业的融资方式并未发生变化。

购买存货后，3 月 3 日的资产负债表如下：

3 月 3 日资产负债表（单位：英镑）	
资产	
银行存款	15 000
汽车	5 000
存货	3 000
资产总计	23 000
权益和负债	
权益	6 000
负债——借款	14 000
负债——应付账款	3 000
权益和负债总计	23 000

购买商品将另一种新资产（存货）引入资产负债表。同时，存货尚未付款意味着企业对供应商的负债增加 3 000 英镑，这种负债在资产负债表中称为**应付账款**（trade payable 或 trade creditor）。①

杰瑞公司的例子说明会计恒等式（资产＝权益＋负债）永远成立。它反映了这样一个事实：如果企业想获得更多的资产，它必须要筹集与这些资产成本相等的资金。筹集资金的来源有所有者

---

① 3 月 4 日和 3 月 6 日交易对财务报表的影响，读者可自行计算列示。——译者

（权益），或其他人（负债），或者两者同时提供。这意味着资产总额总是等于权益和负债之和。

需要指出的是，企业通常不会像例子中那样每天都编制资产负债表。我们这样做是为了说明每笔交易对资产负债表的影响。在实践中，资产负债表通常在特定期间结束时编制。企业计量其财务结果的期间通常称为**报告期**（reporting period），有时也称为会计期间或财务期间。

确定报告期的长度需要权衡编制信息的成本和使用信息进行决策的预期收益。实际上，不同企业的报告期有所不同，报告期可能是月度、季度、半年或者一年。对外部报告而言，年度是标准报告期（尽管某些企业，尤其是大型企业，报告频率比这更高）。然而，为了向管理人员进行内部报告，可能会更频繁地（也许是每月）编制财务报表。

■ 2.3 买卖交易的影响

在杰瑞公司的例子中，我们展示了不同类型的交易是如何影响资产负债表的。但还有一种非常重要的交易类型尚未考虑，即买卖交易。为了说明这种类型的交易如何影响资产负债表，让我们回到杰瑞公司的例子。

例 2-2（续）

3月6日杰瑞公司的资产负债表如下：

3月6日资产负债表（单位：英镑）	
资产	
银行存款	17 000
汽车	5 000
存货	3 000
资产总计	25 000
权益和负债	
权益	10 000
负债——借款	12 000
负债——应付账款	3 000
权益和负债总计	25 000

在3月7日，该公司以5 000英镑的价格销售全部存货，并立即收到了客户的支票。在发生这笔交易之后，杰瑞公司3月7日的资产负债表如下：

3月7日资产负债表（单位：英镑）	
资产	
银行存款（17 000＋5 000）	22 000
汽车	5 000
存货（3 000－3 000）	——
资产总计	27 000
权益和负债	
权益（10 000＋（5 000－3 000））	12 000
负债——借款	12 000
负债——应付账款	3 000
权益和负债总计	27 000

我们可以看出，存货（3 000 英镑）现在已经从资产负债表中消失了，但银行存款增加了 5 000 英镑（即存货的售价）。因此，净效应是资产增加了 2 000 英镑（5 000－3 000）。这一增长反映了买卖交易使财富产生了净增长（即利润）。同时请注意，随着资产的增加公司的权益增加了 2 000 英镑。权益的增加反映出这样一个事实，即通过交易或其他经营所产生的财富是属于所有者的收益，将增加他们在企业中的权益份额。

因此，我们可以将会计恒等式拓展如下（假设所有者在此期间没有注入或撤出资金）：

期末资产＝期初权益＋本期利润(或减去本期亏损)＋期末负债

所有者注入或者撤出资金也会影响权益。若所有者撤出 1 500 英镑资金自用，那么权益将减少 1 500 英镑。如果这些提款是现金，则资产负债表中的现金余额将减少 1 500 英镑。

与资产负债表中的所有项目一样，权益的金额是累计的。这意味着，所有者未以提款形式提取的利润仍在企业中，这些留存收益能够使企业扩大经营。

▨ 2.4　资产的分类

在资产负债表中，资产和要求权通常被分为不同的类型。这样做是为了帮助使用者理解报表，因为杂乱无章地列出这些项目可能会让人感到困惑。资产通常分为流动资产和非流动资产。

（一）流动资产

流动资产（current asset）通常是指以短期持有为目的的资产。更确切地说，流动资产应满足以下条件之一：

- 在企业正常营业周期内出售或使用；
- 预计在资产负债表日后一年内出售；
- 以交易为目的持有；
- 是现金或现金等价物，如容易在市场出售的短期投资。

如上所述，一个营业周期就是企业从购买和/或生产产品或者提供服务到从销售中获得现金的这段时间。对于大多数企业来说，营业周期短于一年。（值得注意的是，多数企业的销售都是赊销，即客户在收到货物或获得服务后一段时间内付款。）

最常见的流动资产是存货、**应收账款**（trade receivable）（客户因赊购商品或服务而欠下的款项）和现金。对于销售商品而不是提供服务的企业，存货、应收账款和现金等流动资产是相互关联的。它们在企业内部循环流动，如图 2-3 所示。我们可以看到，现金可以用来购买存货，然后赊销给客户。当客户（应收账款）付款时，企业收到现金，如此循环。

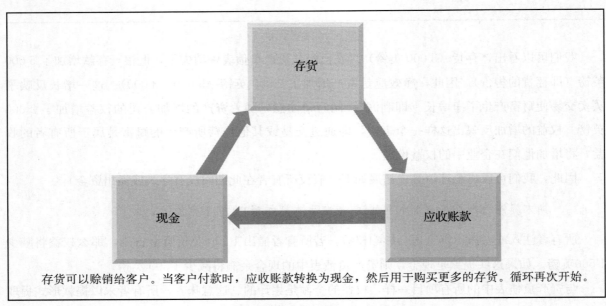

存货可以赊销给客户。当客户付款时，应收账款转换为现金，然后用于购买更多的存货。循环再次开始。

图 2-3　流动资产的循环性质

对于纯服务型企业来说，除了不涉及存货，其他情况与此类似。

（二）非流动资产

非流动资产（non-current asset）是指不符合流动资产定义的资产。它们往往是以长期经营为目的而持有的。非流动资产可以是有形的，也可以是无形的。有形非流动资产通常包括**财产、厂房和设备**（property，plant and equipment）。从现在起我们以这样的方式提到它们。这是一个相当宽泛的术语，包括土地和建筑物、机器、机动车、固定装备和配件等。

区分持续循环的资产（流动资产）和用于长期经营的资产（非流动资产）可能有助于评估所持

有的资产的组合。大多数企业都需要有一定数量的这两种资产才能有效地运营。

某一特定资产的分类方式（即在流动资产和非流动资产之间）可能会根据业务的性质而有所不同，这是因为持有资产的目的各不相同。例如，汽车零售商通常会持有一定数量的汽车以备出售，因此，我们将这些汽车划分为流动资产。然而，当企业购买汽车用于向客户运送商品时（作为其长期经营的一部分），我们将其划分为非流动资产。

■ 2.5 要求权的分类

我们已经知道，要求权通常分为权益（所有者的要求权）和负债（债权人的要求权）。负债又可进一步划分为流动负债和非流动负债。

（一）流动负债

流动负债（current liability）是指短期内需要偿还的负债。更确切地说，它们应该满足以下条件：

- 预期在企业正常营业周期内需偿还；
- 主要是交易导致的；
- 在资产负债表日后一年内到期；
- 没有权利将清偿推迟至资产负债表日后一年以上。

（二）非流动负债

非流动负债（non-current liability）是指不满足流动负债定义的负债。从本质上说，它们是长期负债。

非流动负债转变为流动负债是很常见的。例如，在资产负债表日后 18 个月偿还的借款通常会作为非流动负债出现。然而，这笔借款在下一年年底时将作为流动负债出现在资产负债表中，因为那时它们将在 6 个月后到期偿还。

流动负债和非流动负债的分类有助于突出那些必须尽快履行的财务义务。比较流动负债与流动资产（即现金以及在正常营业周期内将转化为现金的资产）的金额是非常有用的。这将反映企业是否有能力偿还到期债务。

流动负债和非流动负债的分类也有助于突出长期融资总额中通过借款而非权益筹集的比例。若企业依赖长期借款，而不是依靠所有者提供的资金，财务风险就会增加。这是因为借款有定期还本付息的承诺。若企业不能兑现承诺，就会被迫停止交易。因此，在进行长期融资时，长期借款和所有者权益之间的平衡就十分重要。我们将在第 6 章和第 11 章中更加详细地讨论这个问题。

2.6 报表布局

在了解资产和负债的分类之后，现在让我们来考虑一下资产负债表的布局。资产和要求权信息的呈现方式有很多种，我们将学习两种基本的布局方式。第一种是我们之前在杰瑞公司例子中所采用的格式。例 2-3 更全面地展示了这种格式。

例 2-3

布里制造公司
2018 年 3 月 31 日资产负债表（单位：千英镑）

资产	
非流动资产	
财产	45
厂房和设备	30
汽车	19
	94
流动资产	
存货	23
应收账款	18
银行存款	12
	53
资产总计	147
权益和负债	
权益	60
非流动负债	
长期借款	50
流动负债	
应付账款	37
权益和负债总计	147

非流动资产为 94 000 英镑，加上流动资产 53 000 英镑，资产总计为 147 000 英镑。同样，权益为 60 000 英镑，加上非流动负债 50 000 英镑和流动负债 37 000 英镑，权益和负债总计 147 000 英镑。

在例 2-3 中的每一类资产中（非流动资产和流动资产），项目的排列顺序与流动性（变现能力）相反。也就是变现能力最差的资产排在第一位，变现能力最强的资产排在最后。对于非流动资产而言，财产被列在第一位，因为这种资产通常是最难变现的，汽车被列在最后，因为它们通常有一个现成的交易市场。对于流动资产而言，我们已经知道，存货会转化为应收账款，然后应收账款又转化为现金。因此，在流动资产下，存货排在第一位，其次是应收账款，最后是现金。这种资产流动性顺序与采用的布局无关。

注意，除了资产总计之外，报表还列示了非流动资产和流动资产合计。当非流动负债和流动负债不止一项时，也会列示它们的合计数。

例 2-4 与例 2-3 中所示的布局略有不同。

例 2-4

布里制造公司
2018 年 3 月 31 日资产负债表（单位：千英镑）

资产	
非流动资产	
财产	45
厂房和设备	30
汽车	19
	94
流动资产	
存货	23
应收账款	18
银行存款	12
	53
资产总计	147
负债	
非流动负债	
长期借款	(50)
流动负债	
应付账款	(37)
负债总计	(87)
净资产	60
权益	60

我们可以看到，将总负债从总资产中扣除，就得到了净资产的数额，它与权益的数额相等。使用这个格式，会计恒等式被重新排列为：

资产－负债＝权益

这个重新排列的等式强调了这样一个事实，即权益代表了所有者在企业资产中扣除所有负债之后的剩余利益。

图2-4总结了本节讨论的两种布局方式。

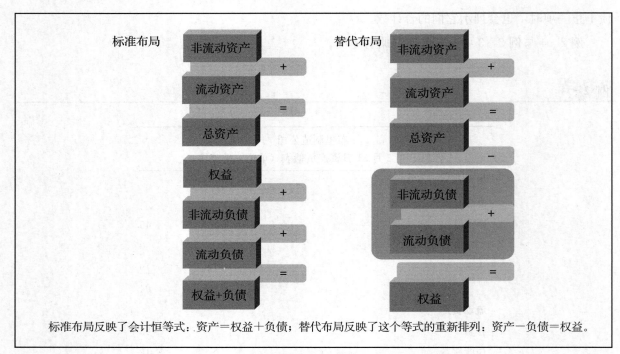

标准布局反映了会计恒等式：资产＝权益＋负债；替代布局反映了这个等式的重新排列：资产－负债＝权益。

图2-4 资产负债表布局

例2-3中所显示的布局在实践中非常常见，本书也使用这种布局。

2.7 及时捕捉瞬间

正如我们所看到的，资产负债表反映了企业在一个特定时点的资产、权益和负债的状况。它被比作一张照片。这张照片"定格"了某个特定的时刻，只代表那个时刻的情况。因此，就算是照片拍摄片刻之前或之后，情况也可能有很大的不同。所以，在审查资产负债表时，确定编制报表的日期是非常重要的。这个信息应显著地显示在报表的标题中，正如例2-4所示。当我们试图评估当前的财务状况时，资产负债表日期越近越有帮助。

企业通常会编制其年度报告期最后一天的资产负债表。在英国，企业可以自由选择报告期的结束日期，一旦选定，通常只有在特殊情况下才能更改。在决定选择哪一天作为报告期结束日时，商业便利性往往是一个决定因素。例如，零售业企业可以选择日历年度开始的某个日期作为报告期结束日（比如 1 月 31 日），因为在那段时间生意较少，员工可以将更多时间用于编制年度报表（如检查持有存货的数量和价值即盘点）。由于生意较少，与一年中的其余时候相比，这段时间零售企业的存货可能会非常低。

▌ 2.8　会计惯例的作用_____

随着时间的推移，会计产生许多惯例或规则。它们被用来解决资产负债表编制者和使用者所面临的实际问题，而不仅仅是反映某些理论思想。在本章前面编制资产负债表时，我们遵循了一些**会计惯例**（accounting convention），尽管它们没有被明确提及。现在我们来确定和讨论使用到的重要惯例。

（一）企业主体惯例

从会计目的来说，企业和其所有者是完全独立且截然不同的，所有者因为其投资而拥有对企业的要求权。**企业主体惯例**（business entity convention）要与可能存在于企业及其所有者之间的法律地位区分开来。对于独资企业和合伙企业而言，企业及其所有者在法律上没有任何区别。然而，对于有限公司来说，公司与其所有者在法律上存在明显的区分（我们将在第 4 章中看到，有限公司被视为独立的法律主体）。就会计而言，这些法律上的区别是无关紧要的，企业主体惯例假设适用于所有企业。

（二）历史成本惯例

历史成本惯例（historic cost convention）认为，资产在资产负债表中显示的价值应该以其历史成本（即取得成本）为基础。使用历史成本意味着计量的可靠性得到最大保障，因为，为特定资产支付的金额通常是一个能被证明的事实。这样能避免或减少对主观判断的依赖，从而能够提高信息在使用者眼中的可信度。然而，一个关键问题是，历史成本所提供的信息可能会与使用者的需求无关。即使是在资产使用期间的早期，历史成本与当前市场价值相比也可能已经过时，在评估当前财务状况时，这可能会产生误导。

许多人认为，资产的当前价值可以提供更真实的财务状况信息，并且与许多决策更相关。然而，以当前价值为基础的计量系统也有其自身的问题。术语"当前价值"可以有不同的定义。它可以被宽泛地定义为资产当前的重置成本或当前可变现价值（售价）。对于同一项目，这两种类型的估值可能会产生不同的结果。此外，广义的术语"重置成本"和"可变现价值"可以有不同的定义。因此，我们必须明确我们希望使用哪种会计方法来衡量当前价值。

以汽车为例，相对于大多数其他类型的资产来说，汽车有一个现成的交易市场，这就意味着可以通过询问经销商来获得汽车的价格。但对于一个定制的设备来说，想要确定其重置成本或者销售价格，可能是非常困难的。

如果资产的当前价值是基于企业管理者的意见确定的，那么它们缺乏可靠性的风险更大。因此，可能需要进行某些形式的独立评估或验证来消除信息使用者的顾虑。

尽管当前价值存在一些问题，但在资产负债表中报告资产时越来越多地使用当前价值。这导致历史成本惯例的重要性在不断下降。现在许多企业在编制财务报表时都是以修正的历史成本为基础的，并越来越强调当前价值的使用。稍后我们将更详细地讨论资产估值问题。

（三）谨慎性惯例

总的来说，**谨慎性惯例**（prudence convention）认为，编制财务报表时应保持谨慎。这是毋庸置疑的，毕竟采用轻率的方法来编制财务报表很难得到认可。但是，谨慎性惯例多年来备受争议，根本原因在于它的适用方式。谨慎性惯例被用来支持倾向于低估财务实力的做法，即低估资产和利润以及高估负债。

支持谨慎性惯例的人认为，低估财务实力比高估财务实力好。高估财务实力可能会误导财务报表使用者做出糟糕的决策。

倾向于低估财务实力是为了抵消管理者过度乐观的影响。但是，正如高估财务实力会导致糟糕的决策一样，低估财务实力也会导致同样的结果。例如，低估财务实力会导致现有的所有者以过低的价格出售自己的企业，贷款人基于扭曲的财务实力状况而拒绝贷款申请等。

低估财务实力的系统性偏差与编制财务报表时需要保持的中立性相冲突。

中立性要求财务报表没有偏见，向使用者同时反映有利或不利的情况。因此，为了适应中立性的概念，必须以不同于前文的方式来解释和使用谨慎性惯例。谨慎性惯例不应被用来为故意低估财务实力的行为提供辩解。

（四）持续经营惯例

根据**持续经营惯例**（going concern convention），除非有相反的证据，否则在编制财务报表时应当假设企业在可预见的未来将持续经营。换句话说，它假定企业没有出售自己的非流动资产的意图或需要。

然而，当企业出现财务困难时可能必须出售非流动资产以偿还债务，许多非流动资产的可变现价值（售价）往往比资产负债表中报告的价值低很多。因此，如果被迫出售资产可能会造成重大损失。但只有在企业的持续经营能力出现问题时，才必须预测这些损失并充分报告出来。

（五）复式记账惯例

复式记账惯例（dual aspect convention）认为每笔交易都会产生两个方面的变动，这些变动都会对资产负债表产生影响。这就意味着，例如，用现金购买电脑会导致一种资产（电脑）增加和另一种资产（现金）减少。同样，偿还借款会导致负债（借款）减少和资产（现金）减少。

对每笔交易进行复式记账可以确保资产负债表继续保持平衡。

图 2-5 总结了影响资产负债表的重要会计惯例。

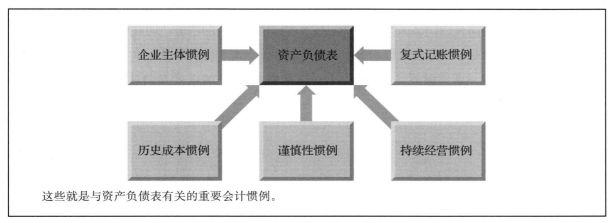

图 2-5　影响资产负债表的重要会计惯例

2.9　货币计量

前面我们学习过，经济资源只有在能够可靠计量的情况下才能作为一项资产列入资产负债表。如果不能做到这一点，企业提供的任何计量都不可能与使用者的需求相关。

企业有许多资源不符合这一计量标准，因此它们被排除在资产负债表之外。

有时候，我们试图计量和报告一些这样的资源，以提供更全面的财务状况，但是这些尝试通常得不到支持。具有高度不确定性的计量会导致报告中产生矛盾的情况，并使信息使用者产生怀疑，这反过来会影响财务报表的完整性和可信度。

现在我们来讨论一些存在计量问题的关键经济资源。

（一）商誉和产品品牌

有些无形非流动资产与有形非流动资产类似，它们有清晰独立的可辨认性，并且取得该资产的成本能够可靠地计量，比如专利、商标、版权和许可证。然而，另一些无形非流动资产则完全不同。它们缺乏清晰独立的可辨认性，表现出混杂的属性，而这些属性是企业本质的一部分。商誉和产品品牌往往是缺乏清晰独立的可辨认性的资产的例子。

商誉（goodwill）这个术语通常涵盖很多属性，如产品质量、员工技能和客户关系。"产品品牌"这一术语也涵盖很多属性，如品牌形象、产品质量、商标等。如果商誉和产品品牌是企业内部产生的，通常很难确定它们的成本或衡量它们当前的市场价值，甚至很难弄清楚它们是否真的存在。因此，它们被排除在资产负债表之外。然而，当这类资产通过"公平交易"取得时，其存在和计量的不确定性问题就得到了解决（公平交易是指在两个互不关联的当事人之间进行的交易）。如果商誉是在企业并购另一家企业时取得的，或者如果企业从另一家企业取得某一特定的产品品牌，这些项目就可以独立辨认并且确定一个价格。在这种情况下，它们被视为收购它们的企业的资产，并列入资产负债表中。

为了确定取得的商誉或产品品牌的价格，必须进行某种形式的估值，这就产生了如何进行估值的问题。通常，估值是基于对持有资产未来收益的估计——这一过程充满困难。尽管如此，仍有企业准备迎接这一挑战。真实世界 2-1 展示了一家企业如何对 2017 年全球十大品牌进行排名和估值。

真实世界 2-1

品牌领导者

Brand Finance 公司每年都会对全球 500 强品牌进行排名和估值。2017 年全球十大品牌排名如下：

排名			品牌价值（百万美元）		
2017 年	2016 年		2017 年	2016 年	
1	2	谷歌	109 470	88 173	AAA＋
2	1	苹果	107 141	145 918	AAA
3	3	亚马逊	106 396	69 642	AA＋
4	6	AT&T	87 016	59 904	AA
5	4	微软	76 265	67 258	AAA
6	7	三星集团	66 218	58 619	AAA－
7	5	威瑞森	65 875	63 116	AAA
8	8	沃尔玛	62 211	53 657	AA
9	17	脸书	61 998	34 002	AAA－
10	13	中国工商银行	47 832	36 334	

资料来源：*Global 500 2017* Brand finance directory www.branddirectory.com Accessed 11 August 2018.

可以看到，美国科技公司在排名中占据主导地位，并且这些品牌的估值是相当惊人的。然而，我们应该带着一些批判的眼光去看待这些估值。不同的品牌评价者对品牌排名和价值的看法有很大差异。

（二）人力资源

人们曾试图用货币来衡量企业的人力资源，但没有取得任何实际的成功。然而，在某些情况下，人力资源需要在资产负债表中计量和报告。职业足球俱乐部通常会出现这种情况。虽然足球俱乐部不能拥有球员，但它们拥有获得球员服务的权利。如果这些权利是通过补偿其他俱乐部（以解除球员与原俱乐部的合同）而获得的，这种情况就是一种公平交易，所支付的金额为计量提供了可靠的基础。这意味着获得服务的权利在会计上可以视为俱乐部的一项资产（当然，假设球员会给俱乐部带来收益）。

（三）货币稳定性

在使用货币作为计量单位时，我们通常没有认识到货币的价值会随着时间而变化。在英国和世界上大部分地区，通货膨胀是一个持续存在的问题。这意味着货币的价值相对于其他资产有所下降。在过去几年中，高通货膨胀率已经对资产负债表产生了影响，因为资产负债表是以历史成本为基础编制的，所以其中反映的资产数字要比采用当前价值时低得多。这几年通货膨胀率相对较低，历史成本和当前价值之间的差异已经不那么明显。尽管如此，这仍然具有重要意义。通货膨胀问题加剧了关于如何在资产负债表中计量资产价值的争论。我们现在来讨论资产估值问题。

▌ 2.10　资产估值

我们在前面看到，在编制资产负债表时，历史成本惯例通常适用于资产的报告。这一点需要进一步解释，因为实际情况要比这复杂一些。世界上大部分地区的大型企业都遵循国际财务报告准则中规定的资产估值规则。现在我们来学习主要的估值规则。

（一）非流动资产

非流动资产的使用年限是有限或不确定的。使用年限有限的非流动资产只能在有限的时间内为企业提供利益，而使用寿命不确定的非流动资产则没有可预见的期限。这两类非流动资产的区别既适用于有形资产，也适用于无形资产。

最初，非流动资产是按历史成本记录的，包括使其达到预定可使用状态所花费的任何金额。

（二）使用寿命有限的非流动资产

由于市场变化、磨损等原因，使用寿命有限的资产的收益会随着时间的推移而耗尽。耗用的金额被称为**折旧**（depreciation）（对于无形非流动资产来说则是**摊销**（amortisation）），必须在持有资产的每个会计报告期内进行计量。我们将在第 3 章对折旧进行详细讲解，我们需要知道，当一项资产折旧时，这必须反映在资产负债表中。

资产自取得以来累计的折旧总额必须从其成本中扣除。这个净额（即资产成本减去累计折旧总额）就是**账面价值**（carrying amount）。它有时也被称为**账面净值**（net book value）或**固定资产净值**（written-down value）。上述情况并未违反历史成本惯例。它只是简单地确认了一个事实，即非流动资产历史成本的一部分已经在为企业带来或者试图带来经济利益的过程中被消耗掉了。

（三）使用寿命不确定的非流动资产

使用寿命不确定的资产所带来的利益可能会随着时间的推移而耗尽，也可能不会。以土地形式存在的财产是寿命不确定的有形非流动资产的一个例子。外购的商誉则是一种使用寿命不确定的无形资产，尽管情况并不总是如此。这些资产不需要在每个报告期内进行常规折旧。

（四）公允价值

所有类型的非流动资产（有形和无形）最初都按成本入账。但是，之后可以允许采用另一种计量方式。在**公允价值**（fair value）能够可靠计量的情况下，非流动资产可以采用公允价值计量。公允价值是基于市场的，它们是在当前市场条件下进行有序交易的出售价格。与成本相比，公允价值给信息使用者提供更新的信息，可能与使用者的需求更相关。它还可能使企业看上去状况更好，因为随着时间的推移，资产（如房产）的价值可能会显著增加。当然，增加资产在资产负债表上的价值并不会使该资产真的更有价值，但这样可能会改变人们对企业的看法。

使用寿命有限的非流动资产重估值上升的一个后果是折旧费用将会增加。这是因为折旧费用是基于资产的新（重估值上升之后的）价值计算的。

一旦非流动资产的价值被重估，重估的频率就成为一个重要问题。在资产负债表上用过时的重估值报告资产，是最糟糕的。这种做法既缺乏历史成本的客观性和可验证性，又缺乏当前价值的现实性。因此，如果要使用公允价值，就应该频繁地对资产的价值进行重估，以确保重估资产的账面价值与资产负债表日的真实公允价值没有重大差异。

当一项财产、厂房或设备（有形资产）以公允价值为基础进行重估时，该特定类别的所有资产的价值都必须重估。因此，重估某些财产而不重估其余财产是不被接受的。虽然这一规则规定了特定资产组在某种程度上的一致性，但它无法改变资产负债表中所列价值的混合性。

无形资产通常不根据公允价值重新估值。这是因为需要一个活跃市场来确定公允价值。而对于大多数无形资产来说，不存在活跃市场。不过，有一些无形资产例外，比如可转让的出租车牌照、钓鱼牌照、生产限额等。

有人认为，最近在会计中强调使用公允价值已经导致谨慎性变得不那么重要了。真实世界 2-2 是从 John Kay 的一篇文章中摘录的，这篇文章解释了为什么会发生这种变化，并对这种变化提出了强烈批评，很值得一读。

真实世界 2-2

这真的不公平！

曾几何时，价值是基于成本的，除非资产的价值已低于其成本，在这种情况下，它们不得不减值。"十鸟在林不如一鸟在手"，即只有当鸟从林中飞出来时，你才用去数它。

然而，就像金融一样，会计变得更聪明，也更糟糕了。20 世纪 80 年代，会计行业已经成为英国毕业生就业的主要领域。求职者中有很多是在金融行业找到了工作，还有一些是在非金融行业找到了工作。由于他们很聪明，许多人升到了高级职位。年轻的会计师更聪明、更贪婪，他们在谨慎方面没受什么教育，在经济学方面受到的教育更好。"公允价值"逐渐取代稳健性（谨慎性）成为指导原则。但是这条通往传统会计的"真实和公允观"的道路，往往会导致与公平相反的结果。

资料来源：Kay，J.（2015）'Playing dice with your money'，*Financial Times*，4 September.

（五）非流动资产减值

所有类型的非流动资产都面临价值大幅下跌的风险。这可能是由市场条件变化、技术过时等原因造成的。在某些情况下，这会导致资产的账面价值高于继续使用或出售该资产可以收回的金额。当这种情况发生时，资产就发生了减值，一般规则是将资产负债表上资产的账面价值减计至可收回金额。如果不这样做，资产的价值将被高估。资产价值减少的金额被称为**减值损失**（impairment loss）。这种资产价值的减少不应与使用寿命有限的资产的常规折旧相混淆。

无形资产、使用寿命不确定的非流动资产，必须在每个报告期末进行减值测试。其他非流动资产也必须在有减值迹象的情况下进行减值测试。

当使用寿命有限的非流动资产发生减值时，该资产未来定期的折旧费用将以新的（较低的）减值后价值为基础计量。

（六）存货

不只是非流动资产存在价值大幅下跌的风险，企业的存货也会因为市场偏好的变化、产品过时、产品变质、产品损坏等原因而发生减值。存货价值下降意味着出售存货所能收回的金额将低于其成本，这种损失必须反映在资产负债表中。因此，若可变现净值（即售价减去任何销售成本）低于所持有存货的历史成本，则应以前者作为计量基础。这再次反映了编制资产负债表时谨慎性的影响。

大型企业的财务报表中通常会披露存货计量的基础。

2.11 满足信息使用者的需求

资产负债表是三种主要财务报表中最古老的一种，它可从以下方面帮助信息使用者。

- 它提供了企业如何融资以及如何运用资金的情况。资产负债表显示了所有者和债权人向企业提供资金的情况，同时也显示了所持有的资产的类型以及在每种资产上的投资。

■ 它可以为评估企业价值提供基础。由于资产负债表列出了各种资产和要求权以及它们的价值，所以它可以为评估企业价值提供一个起点。但是我们之前学习过，会计准则可能要求资产以其历史成本显示，而历史成本可能与当前价值有相当大的差异，并且资产的限制性定义可能会将某些企业资源排除在资产负债表之外。

■ 可以评估资产和要求权之间的关系。研究资产负债表中各项目之间的关系是非常有用的。例如，研究流动资产与流动负债的关系，从这种关系中我们可以看出企业是否有足够的短期资产来偿还即将到期的债务。我们将在第 6 章详细研究资产负债表项目之间的关系。

■ 可以评估业绩。企业在创造财富方面的有效性可以根据其投资所产生的回报进行评估。因此，一段时间内所赚取的利润与所投资净资产的价值之间的关系会对许多信息使用者有所帮助，尤其是所有者和管理者。这种关系也将在第 6 章中详细讨论。

一旦掌握了资产负债表所提供的信息，信息使用者就能更好地做出投资和其他决策。

关键术语

现金流量表	有形资产	利润表
无形资产	资产负债表	负债
存货	应付账款	资产
报告期	权益	流动资产
决算表	非流动资产	要求权
财产、厂房和设备	应收账款	流动负债
非流动负债	折旧	会计惯例
摊销	企业主体惯例	账面价值
历史成本惯例	账面净值	谨慎性惯例
固定资产净值	持续经营惯例	公允价值
复式记账惯例	减值损失	商誉

参考文献

International Accounting Standards Board（IASB）（2018）*Conceptual Framework for Financial Reporting*，IASB，pp. 28-31.

复习题

2.1 一位会计师为企业编制了资产负债表。在该报表中，权益列在负债一侧。这让所有者感到疑惑，他们说："我的权益是我的主要资产，因此应该作为资产显示在资产负债表中。"你将如何向所有者解释这个误解呢？

2.2 "资产负债表显示了企业值多少钱。"你同意这种说法吗？说明原因。

2.3 资产负债表有时被认为是三种主要财务报表中最不重要的一种。你知道这是为什么吗？

2.4 有时候人们试图对企业的"人力资源"进行估值，以便得出能在资产负债表中显示的金额。你认为人力应当作为资产吗？"人力资源"是否符合资产负债表中资产的传统定义？

练习

基础练习

2.1 星期四是保罗创业的第 4 天（见本章前面保罗的企业）。他用 53 英镑现金购买了更多存货。这一天，他以 47 英镑的总额卖出了成本为 33 英镑的存货。

要求：

为保罗的企业编制星期四的三份财务报表。

2.2 假期在游泳时，海伦放在海滩上的信用卡和钱包被偷了。她只剩下放在酒店房间里的 40 英镑，但她的假期还剩下 3 天。她决定去赚钱，来继续她的假期。海伦决定在当地海滩向度假者出售橙汁。第一天，她以每盒 0.5 英镑的价格购买了 80 盒橙汁，并以每盒 0.8 英镑的价格卖出了 70 盒。第二天，她以每盒 0.5 英镑的价格购买了 60 盒橙汁，又以每盒 0.8 英镑的价格卖出了 65 盒。第三天，也就是最后一天，她又以每盒 0.5 英镑的价格购买了 60 盒橙汁。但是由于下雨，导致生意不好，她以每盒 0.8 英镑的价格卖出了 20 盒，剩下所有橙汁以每盒 0.4 英镑的价格卖出。

要求：

为每天的交易编制利润表和现金流量表，并在每天交易结束时编制资产负债表。

提升练习

2.3 Crafty Engineering 公司截至去年 6 月 30 日的资产和要求权如下：

	单位：千英镑
应付账款	86
汽车	38
长期借款（从 Industrial Finance 公司借入）	260
设备和工具	207
短期借款	116
存货	153
财产	320
应收账款	185

要求：

（a）根据所提供的信息，用标准布局格式编制企业截至去年 6 月 30 日的资产负债表。（提示：有一个缺失项目需要推断并填入。）

（b）讨论该财务报表所揭示的重要特征。

第 **3** 章

计量和报告财务业绩

本章概要

　　在本章中，我们将通过学习利润表来继续我们对主要财务报表的研究。我们已经在第 2 章中简单介绍了利润表，现在我们将详细地讨论它。我们将学习如何编制利润表以及它是如何与资产负债表相联系的。我们还将学习在编制利润表时所面临的一些关键计量问题。

学习目标

　　学习完本章之后，你应该能够：

- 讨论利润表的性质和目的；
- 根据相关的财务信息编制利润表，并解释其中包含的信息；
- 讨论在编制利润表时必须考虑的需要确认和计量的主要问题；
- 解释支撑利润表的主要会计惯例。

▓ 3.1 利润表

　　企业存在的主要目的是创造财富或**利润**（profit）。利润表，有时称为损益表，计量和报告企业在某一期间产生了多少利润。因此，对于许多使用者来说，它是一个非常重要的财务报表。

　　为了计算利润，我们必须确定在某一特定期间产生的总**收入**（revenue）。简单来说，收入就是衡量企业日常经营活动产生的经济利益流入的一个指标。这些经济利益会导致资产（例如现金或客户欠公司的款项）增加或者负债减少。不同形式的经营活动产生不同形式的收入。常见的收入形式如下：

- 销售商品收入（例如制造商）；
- 服务收费（例如律师）；
- 会员费（例如俱乐部）；
- 收到的利息（例如投资基金）。

真实世界 3-1 展示了一家顶级足球俱乐部产生的各种形式的收入。

真实世界 3-1

为收入而战

截至 2017 年 5 月 31 日，阿森纳足球俱乐部的会计年度总收入为 3.53 亿英镑。与其他顶级俱乐部一样，它依靠各种形式的收入来维持其成功。图 3-1 显示了该会计年度阿森纳每种收入形式的比例。

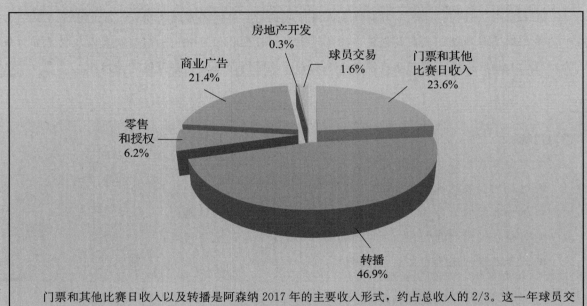

门票和其他比赛日收入以及转播是阿森纳 2017 年的主要收入形式，约占总收入的 2/3。这一年球员交易的收入显得微不足道。

图 3-1　阿森纳截至 2017 年 5 月 31 日的会计年度总收入

资料来源：Arsenal Holdings plc，Statement of Accounts and Annual Report 2016/2017，p. 47.

我们还必须确定每个期间的总**费用**（expense）。费用实际上是收入的对立面，它是一个财务期间经济利益流出的衡量指标。这种流出导致资产（如现金）减少或负债（如欠供应商的款项）增加。费用通常在产生收入的过程中发生，或在试图产生收入的过程中发生。企业的性质同样决定了将要发生的费用类型。一些比较常见的费用类型包括：

- 在相应期间购买或生产可出售商品的成本，称为**销售成本**（cost of sales）或商品销售成本；

- 薪金和工资；

- 租金；

- 机动车运营费用；

- 保险费；

- 印刷和文具；

- 供暖和照明；

- 电话费和邮寄费。

利润表直白地显示了在特定报告期产生的总收入，并从中扣除在产生收入过程中发生的总费用。收入总额和费用总额之间的差额为利润（如果收入超过费用）或亏损（如果费用超过收入）。因此：

当期利润（或亏损）＝当期总收入—在产生该收入过程中发生的总费用

3.2 不同角色

利润表和资产负债表并不是彼此的替代品。相反，它们扮演着不同的角色。资产负债表列示了企业在某一时点所持有的财富，而利润表则关注一段时间内财富的流动（利润）。然而，这两种报表是密切相关的。

利润表将一个报告期期初和期末时的资产负债表联系起来。在一个新的报告期开始时，资产负债表显示了企业期初的财富状况。在报告期结束时，利润表则用来显示该期间所创造的财富。然后，在期末编制资产负债表来显示新的财富状况。它将反映自期初编制资产负债表以来发生的财富变化。

我们在第 2 章看到，利润（或亏损）对资产负债表的影响意味着会计恒等式可以扩展如下：

资产（期末）＝权益（期初余额）＋利润（或—亏损）（当期）＋负债（期末）

假设所有者在此期间不注入或撤出资金。

会计恒等式还可以进一步扩展为：

资产（期末）＝权益（期初余额）＋（销售收入—费用）（当期）＋负债（期末）

理论上，可以通过资产负债表的权益部分来得出收入和费用，从而计算出当期利润（或亏损）。然而，这会相当麻烦。一个更好的解决方案是在权益部分以利润表的形式设置一个"附注"。利润表通过从当期收入中扣除费用，得出需要对资产负债表中的权益数字进行调整的利润（或亏损）。这个利润（或亏损）数字代表了当期交易的净效应。通过这个"附注"，使用者可以看到详细且信息更丰富的业绩情况。

▌ 3.3 利润表布局

利润表的布局根据企业涉及的不同业务类型而有所不同。为了说明利润表，让我们分析一个零售企业（即购买已完工的商品并转售的企业）的例子。

例 3-1 列出了零售企业利润表的典型布局。

例 3-1

Better-Price 商店 截至 2018 年 6 月 30 日的会计年度利润表（单位：英镑）	
销售收入	232 000
销售成本	(154 000)
毛利	78 000
工资和薪金	(24 500)
租金	(14 200)
供暖和照明	(7 500)
电话费和邮寄费	(1 200)
保险费	(1 000)
机动车运营费用	(3 400)
折旧——固定装置和配件	(1 000)
——货车	(600)
营业利润	24 600
利息收入	2 000
借款利息	(1 100)
当期利润	25 500

我们在第 2 章看到，括号用来表示要扣减的项目。会计人员优先使用这个惯例，而不是使用符号"＋"或"－"，本书也采用这种方式。

从例 3-1 中可以发现，我们计算了三种衡量利润的指标。现在让我们依次分析这些指标。

（一）毛利

利润表的第一部分与计算当期**毛利**（gross profit）有关。我们可以看到，销售商品产生的收入是第一个出现的项目，从这个项目中减去当期的销售成本（也称为商品销售成本），就得到了毛利，它代表了买卖商品的利润，不考虑任何与企业相关的其他收入或费用。

（二）营业利润

经营中发生的费用（工资和薪金、租金、保险费等）从毛利中扣除，得到的数字就是**营业利润**（operating profit）。它表示在此期间由企业的正常经营活动所产生的财富。它没有考虑其他活动产生的收益。例 3-1 中的 Better-Price 商店是一家零售商，因此该商家将闲置资金进行投资而获得的利息收入不属于其营业利润的一部分。在计算营业利润时也不考虑企业融资发生的费用。

（三）当期利润

在确定营业利润后，加上所有营业外收入（如利息收入），减去所有应付借款利息，就得到**当期利润**（profit for the period）（或净利润）。所产生的财富的最终衡量指标是归属于所有者的金额，并将计入资产负债表中的权益金额中。它是一个差额，即从销售收入中扣除产生收入过程中发生的所有费用，并考虑营业外收入和费用后的余额。

▌ 3.4 进一步的问题

在列出了编制利润表所涉及的主要原则之后，我们需要进一步考虑一些问题。

（一）销售成本

一段时期的销售成本（或商品销售成本）可以用不同的方法确认。在一些企业中，销售成本是在每笔交易发生时确认的。每一项销售收入都与该销售的相关成本相匹配。许多大型零售商（例如超市）都有销售点（收银台）设备，不仅记录每一笔销售，而且同时获得作为特定销售对象的商品的成本。销售数量少但价值高商品的企业（例如生产定制设备的工程企业）通常也在销售时将销售收入与所售商品的成本相匹配。然而，许多企业（例如小型零售商）可能认为这样做不实用。它们在报告期期末再确认销售成本。

要理解如何计算销售成本，我们必须记住销售成本代表的是当期销售的商品的成本，而不是当期购买的商品的成本。当期购买的部分商品在期末可能留存为存货，它们通常会在下一期间出售。要计算销售成本，我们需要知道当期期初和期末存货余额以及当期购买商品的成本。例 3-2 说明了如何计算销售成本。

例 3-2

例 3-1 中的 Better-Price 商店，年初有价值 40 000 英镑的未售出存货，当年购买的存货成本为 189 000 英镑。年底，商店还有价值 75 000 英镑的未售出存货。

年初存货加上当年购买的商品就是可供转售的全部商品。

	单位：英镑
期初存货	40 000
购买的存货	189 000
可供转售的商品	229 000

期末存货是指可供转售的全部商品在年底未售出的部分。这意味着当年实际销售的商品成本是可供转售的商品总额减去年底剩余的存货。

	单位：英镑
可供转售的商品	229 000
期末存货	(75 000)
销售成本（或商品销售成本）	154 000

这些计算结果有时会呈现在利润表上，如例 3-3 所示。

例 3-3

		单位：英镑
销售收入		232 000
销售成本：		
期初存货	40 000	
购买的存货	189 000	
期末存货	(75 000)	(154 000)
毛利		78 000

这是 Better-Price 商店利润表第一部分（见例 3-1）的扩展版本。我们加入了例 3-2 中提供的关于该年度存货余额和购买商品的补充信息。

（二）费用分类

费用项目的分类通常是一个判断问题。例如，在例 3-1 所示的利润表中，可以将保险费、电话费和邮寄费一起列在一个项目下，比如称为"一般费用"。这种做法通常是基于这一分类对使用者的有用程度。这通常意味着重要的费用项目要单独列示。然而，对于有限责任公司，出于对外报告的目的，会计准则规定了费用项目的分类。这些规定将在第 4 章中讨论。

图 3 - 2 显示了利润表的布局。

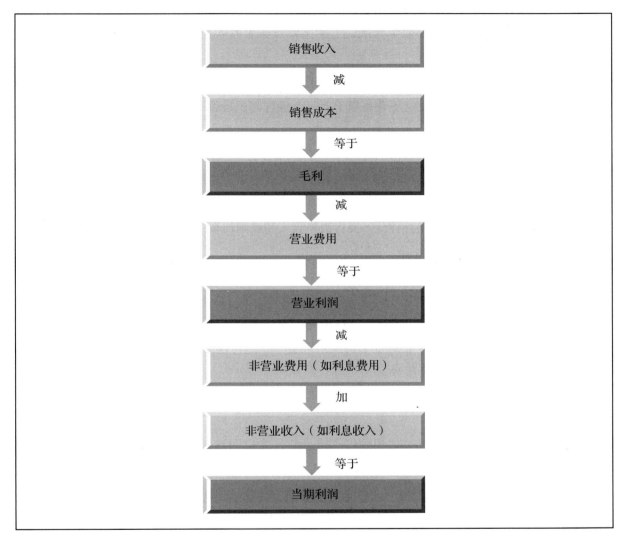

图 3 - 2 利润表布局

▨ 3.5 收入确认

企业因向客户提供商品或服务而收到的金额应确认为收入。当商品或服务的控制权转移给客户时就应该确认收入，在这一时点，企业已经履行了其对客户的义务。判断控制权何时转移，企业应该考虑以下重要迹象，例如：

- 商品实物已转移给客户；
- 企业有权就商品或服务收取款项；
- 客户已经接收了商品或服务；

- 法定所有权已转移给客户；
- 商品所有权上的主要风险和报酬已转移给客户。

如果我们以现金销售的自助商店为例，上述迹象意味着收入通常可以在客户结账时确认。然而，收入确认并不总是那么简单。

收入确认时点可能会对一个期间的收入产生重大影响，进而影响利润。如果赊销交易跨越报告期期末，收入确认时点的选择决定了它是属于前一个报告期还是后一个报告期。

（一）收入确认和现金收款

赊销收入通常在收到现金之前确认。这意味着利润表中显示的销售收入总额可能包含尚未收到现金的销售交易。因此，销售收入总额通常与当期从销售中收到的现金总额不同。对于现金销售（即在商品转移的同时支付现金的销售），报告销售收入和收到现金的时间没有区别。

（二）在某一时段内确认收入

商品或服务的控制权可能会在某一时段内转移给客户，而不是单一的一次性事项。当发生这种情况时，总收入必须在一段时间内确认。这种情况包括：

- 客户在企业履约时享有企业所带来的经济利益——这可能发生在服务合同中，比如会计师事务所为大型企业提供员工薪资服务。
- 企业创建或改进客户持有的资产——这可以发生在建造合同中，比如建筑商承担了零售商所拥有的商店的翻新工作。
- 企业创建了一项具有不可替代用途的资产，并且客户同意为已完成的工作支付款项——这可以适用于特殊订单，比如工程商为制造商生产专用设备。

如果控制权在一段时间内转移，总收入将在合同涵盖的报告期内分摊。换言之，合同总价的一部分将作为每个报告期的收入。为了确定每一期间的收入，我们需要用某种方法来衡量转移商品或服务的进度。

有多种方法可供选择。有些是基于产出，如在完成合同过程中达到的特定“里程碑”，或者已生产或交付的商品数量。有些则是基于投入，如合同消耗的资源，或者花费的人工或机器工时。

基于产出的方法通常可以直接度量向客户转移的商品或服务的价值。而基于投入的方法则不太可能做到这一点。但是，当基于产出的方法不可靠或不可用时，可以选择基于投入的方法。没有唯一正确的方法，要视具体情况而定。

为了说明一种在某一时段内确认收入的方法，我们以建筑商与制造商签订的建造工厂合同为例，该合同要在 3 年内完成。根据合同，建造工厂可以分为以下几个阶段：

- 第一阶段：清理和平整土地并打好地基；
- 第二阶段：筑墙；
- 第三阶段：封顶；

■ 第四阶段：安装窗户并完成所有室内工作。

合同的第一阶段预计将于第一年年末完成，第二、三阶段将于第二年年末完成，第四阶段将于第三年年末完成。

一旦某一特定阶段的履约义务完成，建筑商就可以将约定的合同总价中该阶段所占的比例确认为收入。因此，完成合同的第一阶段后可以将该阶段合同总价的约定比例作为收入报告在第一年的利润表中，以此类推。合同通常会明确规定，在成功完成每一阶段后，客户需要向建筑商支付合同总价的比例。

3.6 费用确认

考虑了收入确认之后，现在我们来讨论费用确认。费用确认依据**配比惯例**（matching convention）。这一惯例规定费用应该与其帮助产生的收入相匹配。换言之，与某一收入项目相关的费用必须计入与该收入相同的报告期。在例 3-2 中，我们看到了这一惯例如何应用在 Better-Price 商店的销售成本上。正确的费用是已售出存货的成本，而不是当期可供销售的存货的全部成本。

运用这一惯例通常意味着当期利润表中报告的一项费用可能与当期为该项目支付的现金不同。报告的费用可能比当期支付的现金多或者少。让我们举两个例子来说明这一点。

（一）当期费用大于当期支付的现金

例 3-4

Domestic 公司是一家销售家用电器的零售商。该公司按销售收入的 2% 向销售人员支付佣金。去年销售总收入达到 300 000 英镑。这意味着去年的销售佣金为 6 000 英镑。然而，到去年年底时，实际支付的销售佣金只有 5 000 英镑。如果企业将这一金额报告为销售佣金费用，那么利润表就没有反映当年的全部费用。这违背了配比惯例，因为与年度收入相关的所有费用没有全部反映在利润表中。处理方式如下：

■ 利润表中的销售佣金费用为已付金额加未付金额（即 5 000+1 000＝6 000 英镑）。

■ 未付金额（1 000 英镑）代表年末未偿还的负债，将计入资产负债表中的**应计费用**（accrued expense）或应计款项。由于该项目必须在 12 个月内支付，因此它属于流动负债。

■ 现金将减少，以反映当期所支付的佣金（5 000 英镑）。

这些处理见图 3-3。

该图说明了例 3-4 的主要观点。我们可以看到，6 000 英镑的销售佣金费用（在利润表中列示）是由一个 5 000 英镑的现金项目和一个 1 000 英镑的应计款项项目组成的。现金项目在现金流量表中列示，应计款项项目则作为年末负债在资产负债表中列示。

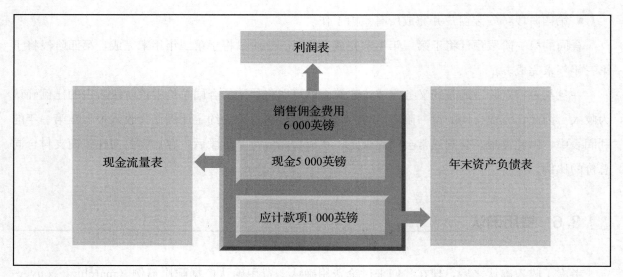

图 3-3 销售佣金的会计处理

原则上，所有费用都应该与相关销售收入的报告期间相匹配。然而，有时很难像销售佣金与销售收入那样精确地将某些费用与销售收入相配比。例如，产生的电费通常不能直接与某一特定的销售相联系。因此，零售商的电费会与时间段相匹配。

例 3-5 解释了这一点。

例 3-5

Domestic 公司在报告期期末只支付了今年前三个季度的电费（总计 1 900 英镑）。这是因为电力公司还没有向 Domestic 公司发出最后一个季度的账单。Domestic 公司今年最后一个季度的账单金额为 500 英镑。这种情况下，未付电费金额处理如下：

■ 利润表中的电费包括已付的金额加上最后一个季度的账单金额（即 1 900 英镑＋500 英镑＝2 400英镑），以涵盖全年的电费。

■ 未付账单的金额（500 英镑）是年末的一项负债，将计入资产负债表的应计费用项目中。由于该项目通常会在 12 个月内支付，因此它属于流动负债。

■ 现金将减少，以反映当期所支付的电费（1 900 英镑）。

这种处理意味着利润表中包含了本年电费的正确金额。它还将显示，在本报告期期末，Domestic 公司欠缴了最后一个季度的电费。以这种方式处理未付金额，反映了该项目的双重影响，并确保了会计恒等式保持平衡。

Domestic 公司可能会在不知道最后一个季度电费欠款金额时就编制了利润表。在这种情况下，通常需要估计账单金额，并按照上面描述的方法使用这一估计金额。

除了电费以外，其他费用也可以按照它们相对应的期间进行配比计算。

（二）当期支付的现金大于当期费用

对于一家企业来说，当年支付的金额比当年的全部费用还要多的情况并不罕见。例 3-6 描述了这种情况的处理方法。

例 3-6

Images 公司是一家广告公司，通常按季度提前支付租金（1 月 1 日、4 月 1 日、7 月 1 日和 10 月 1 日）。在上一报告期的最后一天（12 月 31 日），该公司支付了下个季度的租金 4 000 英镑，这比要求的时间提前了一天。这意味着当年共支付了 5 个季度的租金。如果 Images 公司在利润表中将所有支付的现金作为费用，这将超过当年的全部费用。这违背了配比惯例，因为利润表中出现的金额高于与年度收入相关的费用金额。

要解决这个问题，租金应该这样处理：

■ 在利润表中显示 4 个季度的租金作为正确的费用（4×4 000＝16 000 英镑）。

■ 现金（5×4 000＝20 000 英镑）已经在当年支付。

■ 在资产负债表中显示当季提前支付的租金（4 000 英镑），作为资产项目下的预付费用（提前支付的租金在资产负债表中作为一项流动资产计入**预付费用**（prepaid expense）或预付款项）。

在下一个报告期，这笔预付款项将不再是资产，而是当期利润表中的费用。这是因为预付的租金与下一个期间有关，它会在此期间被"耗用"。这些要点如图 3-4 所示。

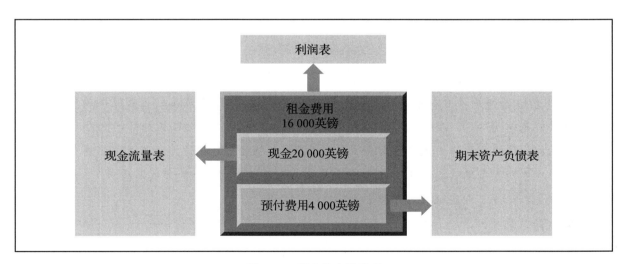

图 3-4　租金的会计处理

该图说明了例 3-6 的主要观点。我们可以看到，16 000 英镑的租金费用（在利润表中列示）是由 4 个季度的租金组成的，每季度的租金为 4 000 英镑。这是与当期有关的金额，并在此期间"耗用"。支付的 20 000 英镑现金（在现金流量表中列示）由当期支付的 5 个季度的现金组成，每季度的租金为 4 000 英镑。最后，12 月 31 日支付的 4 000 英镑的预付款项（在资产负债表中列示），与下一个报告期有关。

实际上，应计款项和预付款项的处理都遵循**重要性惯例**（materiality convention）。这一惯例规定，当涉及的金额不重要时，我们应该只考虑如何处理更为便利。这通常意味着将某一项目作为其首次入账期间的费用来处理，而不是将其与收入严格配比。例如，一家大型企业可能发现，在报告期期末持有价值 2 英镑的未使用的办公用品。企业将其记录为预付款项所花费的时间和精力可能超过其对利润或财务状况计量所产生的微不足道的影响。因此，它可以当作本期的费用，而不计入下一期间。

（三）利润、现金和权责发生制会计

我们已经知道，通常情况下，在一个特定报告期内，收入总额不等于收到的现金总额，费用总额不等于支付的现金总额。因此，当期利润（即总收入减去总费用）通常也不代表当期产生的净现金。这反映了利润和现金流之间的差异。利润是对业绩或生产力的度量，而不是对产生的现金的度量。虽然赚取利润会增加财富，但现金只是持有财富的一种可能形式。

这些观点体现在**权责发生制惯例**（accruals convention）中，即利润是一段时期内收入超过费用的部分，而不是现金收款超过现金付款的部分。在此基础上，基于权责发生制惯例的会计方法通常被称为**权责发生制会计**（accruals accounting）。资产负债表和利润表都是在权责发生制会计基础上编制的。

尽管多年来这种方法一直是所有私营部门组织和许多公共部门组织的标准做法，但英国政府最近才采用权责发生制会计。真实世界 3 - 2 为来自《金融时报》的一篇讨论这一方法变化的文章。

真实世界 3 - 2

看清英国经济

直到 2014 年英国政府才开始使用权责发生制方法来评估国家产出，就像使用国内生产总值（GDP）来衡量那样。在此之前，它是根据现金收入和支出来评估国民经济产出的。

新的权责发生制方法的主要影响是：某些"投资"将会得到确认，而不是依据基于现金的方法简单地在发生年度被视为"费用"。受权责发生制会计影响最大的领域是：

■ 研究和开发，即获取有经济价值的知识；

■ 武器系统支出；

■ 投资于养老计划的现金。

据估计，引入权责发生制会计带来的影响是使 GDP 提高 3.5％～5％。美国在会计方法上的类似变化使其 GDP 增加了 3.5％。

资料来源：Giles，C.（2014）'Accounting rules unravel the mysteries of Britain's economy'，*Financial Times*，23 April.

© The Financial Times Limited 2014. All Rights Reserved.

3.7 折旧

我们进一步分析已经学过的折旧费用。大多数非流动资产不是永久存在的，而是有有限的使用寿命。它们在企业创造收入的过程中最终会被"耗尽"。这种"耗尽"可能与物理磨损有关（比如汽车），也可能与过时淘汰（比如一些不会再使用的 IT 软件）或者仅仅是与时间推移（比如购买的有效期有限的专利）有关。

本质上，折旧试图衡量非流动资产在某一特定期间为产生收入而消耗的那部分成本（或公允价值）。正如我们在第 2 章中看到的，对于无形资产，我们通常把这一费用称为摊销而不是折旧。

（一）计算折旧费用

计算当期的折旧费用，必须考虑以下四个因素：

- 资产的成本（或公允价值）；
- 资产的使用寿命；
- 资产的残值；
- 折旧方法。

1. 资产的成本（或公允价值）

资产的成本包括企业将资产置于预定地点并使其达到预定可使用状态所发生的所有成本。这意味着，除了资产的取得成本外，任何运输成本、安装成本（如安装一台新设备）以及转让法定所有权的法律成本（如购买租赁资产）都要计入资产的总成本。同样，为使一项资产达到预定可使用状态而对其进行改进或改造所发生的任何成本也应计入总成本中。

在第 2 章中，资产的公允价值被定义为在当前市场条件下进行有序交易的出售价格。正如我们学过的，只有在公允价值能够可靠计量时，资产才可以用公允价值重新计量。采用公允价值计量时，折旧费用应基于公允价值，而不是历史成本。

2. 资产的使用寿命

一项非流动资产既有物理寿命，又有经济寿命。物理寿命随着磨损或时间流逝而耗尽。经济寿命取决于技术进步的影响、需求的变化或者企业经营方式的变化。当资产无法与新资产竞争，或者变得与企业的需求无关时，它所提供的经济利益最终会被成本所抵消。一项资产的经济寿命可能比物理寿命短得多。例如，一台计算机可能有 8 年的物理寿命，但只有 3 年的经济寿命。

经济寿命决定了资产用于折旧的预期使用寿命。然而，这通常很难估计，因为技术进步和消费者偏好的变化可能是迅速且不可预测的。

3. 资产的残值

当企业处置一项对其他人仍然有价值的非流动资产时，可能会收到一些付款。这笔款项是该资产的**残值**（residual value）或处置价值。要计算折旧总额，必须从资产的成本（公允价值）中扣除残值。处置时能收到的金额同样难以预测。过去出售同类资产的价格往往是最佳参照。

4. 折旧方法

一旦折旧的金额（即资产的成本或公允价值减去残值）被估计出来，企业就必须选择一种方法将这一折旧金额在涵盖资产使用寿命的各报告期内进行分配。虽然有多种计算折旧的方法，但实践中只有两种方法经常使用。

第一种方法是**直线法**（straight-line method）。这种方法简单地在资产的使用寿命内平均分配折旧金额。换言之，持有资产的每一年的折旧费用相等。

例 3 - 7

为了说明直线法，考虑以下信息：

机器的成本	78 124 英镑
使用寿命结束时的估计残值	2 000 英镑
预计使用年限	4 年

为了计算每年的折旧费用，必须计算折旧总额。它是总成本减去估计的残值：78 124－2 000＝76 124 英镑。每年的折旧费用可以用折旧总额除以资产的预计使用年限（4 年）来计算。计算如下：

$$\frac{76\ 124}{4} = 19\ 031（英镑）$$

这意味着在资产 4 年的使用寿命中，在利润表上列示与该项资产相关的年度折旧费用为每年 19 031 英镑。

只要资产仍然归属于企业，资产的折旧金额将会累计，直到累计折旧金额等于成本减去残值的金额。利润表中每年都会产生折旧费用，使累计折旧金额每年都会增加。这一累计金额要从资产负债表中资产的成本中扣除。例如，在第二年年末，累计折旧为 19 031×2＝38 062 英镑。资产负债表上该资产项目列示如下：

	单位：英镑
机器成本	78 124
累计折旧	(38 062)
	40 062

正如我们在第 2 章所看到的，40 062 英镑的余额被称为该资产的账面价值（有时也被称为固定

资产净值或账面净值）。它表示该资产的成本（或公允价值）中仍需在未来年度计入费用（冲销）的部分加上残值。除非巧合，否则资产的账面价值的金额不等于当前市场价值，二者可能会有很大不同。只有在处置时，资产的账面价值才代表该资产的市场价值。在例 3-7 中，在机器 4 年的使用寿命结束时，账面价值将会是 2 000 英镑——它的估计处置价值。

　　直线法之所以叫直线法，是因为资产在每年年末的账面价值能画成一条直线，如图 3-5 所示。

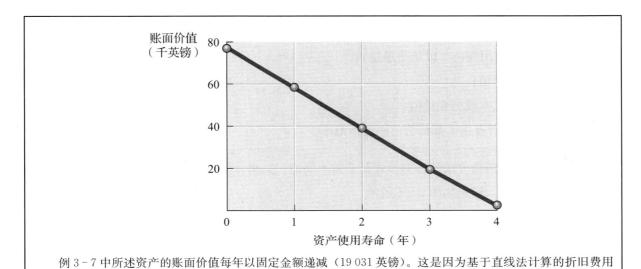

例 3-7 中所述资产的账面价值每年以固定金额递减（19 031 英镑）。这是因为基于直线法计算的折旧费用每年相等。显示在图中，是一条直线。

图 3-5　直线法下账面价值随时间的变化图

　　第二种计算折旧费用的方法是**余额递减法**（reducing-balance method）。这种方法每年对资产的账面价值采用固定的折旧率。这样做的结果是前期的年折旧费用较高，后期的年折旧费用较低。为了解释这种方法，我们继续使用例 3-7 中的信息。用账面价值的固定比例 60% 来确定每年的折旧费用，4 年后，机器的账面价值减少到 2 000 英镑。

　　计算方法如下：

	单位：英镑
机器成本	78 124
第一年折旧费用（成本的 60%*）	(46 874)
账面价值	31 250
第二年折旧费用（账面价值的 60%）	(18 750)
账面价值	12 500
第三年折旧费用（账面价值的 60%）	(7 500)
账面价值	5 000
第四年折旧费用（账面价值的 60%）	(3 000)
残值	2 000

　　* 参考下面方框里的内容，了解如何推导固定折旧率。

推导固定折旧率

要计算适用的固定折旧率，需要使用下列公式：

$$P=\left(1-\sqrt[n]{\dfrac{R}{C}}\right)\times100\%$$

式中：

　　P＝折旧率；

　　n＝资产的使用寿命（以年为单位）；

　　R＝资产的残值；

　　C＝资产的成本或公允价值。

本书中使用的所有例子都将给出固定折旧率。

我们可以看到，两种方法的折旧模式是非常不同的。如果我们用余额递减法把资产的账面价值随时间的变化画出来，结果如图3-6所示。

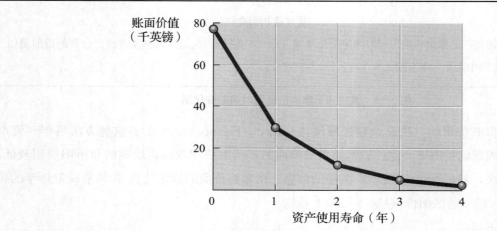

在余额递减法下，例3-7中资产的账面价值在前几年的下降幅度大于后几年。这是因为折旧费用是基于账面价值的固定百分比计算的。

图3-6　余额递减法下账面价值随时间的变化图

实际上，使用不同折旧方法可能不会对利润产生巨大影响。这是因为企业通常有不止一项需要折旧的非流动资产。当企业每年更换一部分资产时，按余额递减法计算的总折旧费用将包含多种费用情形（从高到低），因为资产在其经济寿命的不同阶段会发生不同的折旧。这可能意味着，每年的总折旧费用可能与使用直线法计算得出的总折旧费用没有太大差别。

合适的折旧方法能够反映资产所带来的经济利益的消耗方式。当经济利益在一段时间内平均消耗时（例如建筑物），直线法通常是合适的。当经济利益的消耗随时间减少时（例如失效的某类机器），余额递减法可能更合适。当经济利益的消耗方式不确定时，通常选择直线法。

国际财务报告准则（或国际会计准则）中有关于财产、厂房和设备的折旧的规定。正如我们将在第 5 章中看到的，出台会计准则的目的是缩小会计差异，确保提供给使用者的信息是透明和可比的。相关准则支持所选择的折旧方法应反映经济利益消耗方式的观点，但没有具体规定应使用的方法。准则规定，财产、厂房和设备的使用寿命、折旧方法和残值应该至少每年审查一次，并在适当时做出调整。对于使用寿命有限的无形非流动资产，有一个包含相似规则的单独准则。会计准则规定，在经济利益的消耗方式不确定时，必须选择直线法。

折旧计算方法总结如图 3-7 所示。

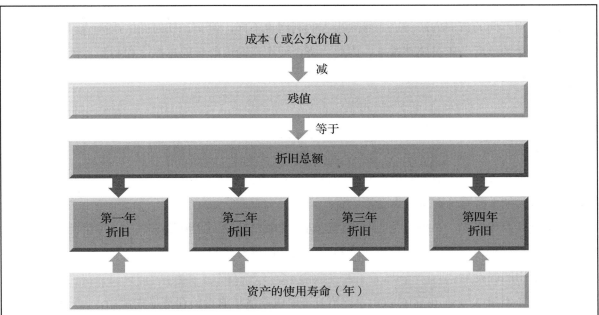

资产的成本（或公允价值）减去残值即为折旧总额，这一金额将在资产的使用寿命（这里是 4 年）内使用适当的折旧方法进行折旧。

图 3-7　计算年度折旧费用

（二）减值与折旧

我们在第 2 章学过，所有非流动资产都应进行减值测试。对于使用寿命有限的非流动资产，如果经减值测试后其账面价值减少，未来报告期的折旧费用应以减值后的价值为基础进行计提。

（三）折旧与资产重置

有些人似乎认为，折旧的目的是在非流动资产使用寿命结束后，为其重置资产提供资金。然而，事实并非如此。前文曾提到，折旧试图将非流动资产的成本或公允价值（减去残值）在其预期使用寿命内进行分摊。在计算当期利润时，会使用报告期的折旧费用。如果利润表中不包含折旧费用，我们就无法正确衡量财务业绩。这与企业是否打算在未来重置资产无关。

当一项资产需要重置时，利润表中的折旧费用并不能确保流动资金是专门为其准备的。尽管折旧费用会减少利润，从而减少股东可能从企业收回的资金，但是企业留存下来的资金可以以与资产重置无关的方式进行投资。

（四）折旧与判断

从我们关于折旧的讨论中可以清楚地看出，会计有时并不像其所描述的那样精确和客观。有些领域需要主观判断。

对资产的残值或处置价值、资产的预期使用寿命、折旧方法做出不同的判断，将导致在资产使用寿命内采用不同的折旧方法，进而导致报告的利润也不同。但是，任何低估或高估的情况都会在资产使用寿命的最后一年被调整过来。因此，资产使用寿命内的折旧总额（和利润总额）不会受到估计误差的影响。

3.8 存货成本核算

存货成本是决定财务业绩和财务状况的重要因素。在报告期内出售的存货成本会影响利润的计算，而在报告期末持有的存货成本会影响资产。

为了计算存货成本，必须对企业存货的流动情况做出假设。这种假设不一定与存货的实际流动情况一致，它只是为衡量企业的财务业绩和财务状况提供有用的计量指标。

三个常用的假设是：

■ **先进先出法**（first in，first out，FIFO），即假设最早取得的存货最先使用；

■ **后进先出法**（last in，first out，LIFO），即假设最后取得的存货最先使用；

■ **加权平均成本法**（weighted average cost，AVCO），这种方法假设存货失去了独立性，都进入了一个"池子"，从这个存货池发出的任何存货都将反映所持存货的加权平均成本。

如果一个期间内存货价格发生了变化，那么存货核算时选择哪种假设就很重要。例3-8提供了一个例子，来说明采用每种假设对企业财务业绩和财务状况的影响。

例3-8

某企业为工厂提供石油，于5月1日开始营业。在第一个月，发生了以下交易：

	重量（吨）	单位成本（英镑）
5月2日购进	10 000	10
5月10日购进	20 000	13
5月18日售出	9 000	

（一）先进先出法（FIFO）

按照先进先出法的假设，5 月 18 日出售的 9 000 吨石油是 5 月 2 日购进的 10 000 吨石油中的。5 月 2 日购进存货的剩余部分（1 000 吨）和 5 月 10 日购进的存货（20 000 吨）是期末存货。因此，我们得出以下结果：

		单位：英镑
销售成本	（9 000 吨，每吨 10 英镑）	90 000
期末存货	（1 000 吨，每吨 10 英镑）	10 000
	（20 000 吨，每吨 13 英镑）	260 000
		270 000

（二）后进先出法（LIFO）

按照后进先出法的假设，5 月 18 日出售的 9 000 吨石油是 5 月 10 日购进的 20 000 吨石油中的。5 月 2 日购进的存货（10 000 吨）和 5 月 10 日购进存货的剩余部分（11 000 吨）是期末存货。因此，我们得出以下结果：

		单位：英镑
销售成本	（9 000 吨，每吨 13 英镑）	117 000
期末存货	（11 000 吨，每吨 13 英镑）	143 000
	（10 000 吨，每吨 10 英镑）	100 000
		243 000

图 3-8 对后进先出法和先进先出法进行了对比。

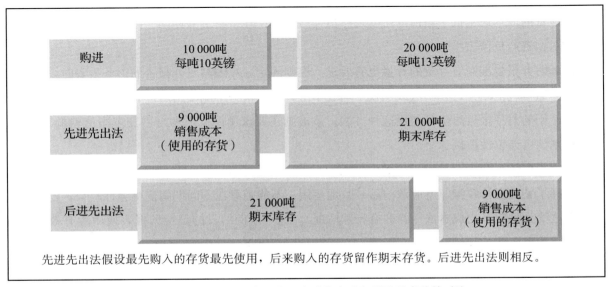

图 3-8 例 3-8 中存货使用先进先出法和后进后出法的对比

（三）加权平均成本法（AVCO）

加权平均成本法假设，新取得的存货失去了独立性。以每批购买的数量为基础，计算一个加权平均成本。然后用加权平均成本来计算商品销售成本和剩余存货成本。这可以简单理解为，将 5 月 2 日和 5 月 10 日购买的存货的成本加在一起，然后除以总吨数，就得到了每吨的加权平均成本，即：

$$平均成本 = \frac{10\ 000 \times 10 + 20\ 000 \times 13}{10\ 000 + 20\ 000} = 12（英镑/吨）$$

销售成本和期末存货价值都是基于每吨的平均成本计算的。因此，我们得出以下结果：

		单位：英镑
销售成本	（9 000 吨，每吨 12 英镑）	108 000
期末存货	（21 000 吨，每吨 12 英镑）	252 000

不同的成本核算假设只对从一个报告期到下一个报告期的报告利润有影响。得到的期末存货数字将结转到下一期，并与下一期的销售收入相匹配。如果成本较低的存货与当期销售收入相匹配，就意味着成本较高的存货将与下一期的销售收入相匹配。因此，在企业的整个生命周期中，总利润是一样的。

（四）存货——进一步的问题

我们在第 2 章学过，谨慎性惯例要求存货以成本与可变现净值孰低的原则进行计量（存货的可变现净值是存货的预计售价减去完成该商品所需的成本以及销售过程中发生的成本）。理论上，这意味着存货的估值方法可能每年都要转换，取决于成本和可变现净值哪个更低。然而，在实践中，持有的存货的成本通常低于当前的可变现净值——尤其是在价格上涨期间。因此，我们通常将成本数字列示在资产负债表中。

国际财务报告准则对存货的计量也有要求。准则规定，在编制对外报告的财务报表时，存货的成本核算通常应使用先进先出法或加权平均成本法。对外报告不能使用后进先出法，但在编制供管理人员使用的财务报表时仍可使用这种方法。该准则还要求遵循"成本与可变现净值孰低"原则，说明准则认可谨慎性惯例。

存货成本核算和折旧是应用**一致性惯例**（consistency convention）的两个例子。该惯例认为，一旦选择了某种会计政策，就应该前后一致地运用。不能随意在不同期间变更会计政策，比如从先进先出法变为加权平均成本法（除非有特殊情况）。这个惯例的目的是帮助报表使用者有效地比较不同期间的财务业绩和经营状况。因此，它支持我们在第 1 章讨论的可比性的质量特征。

在结束这个话题之前，还有最后一点需要说明。使用先进先出法、后进先出法和加权平均成本法核算存货成本适用于可替换的存货。如果不是，比如定制产品，则必须使用单个产品的具体成本。

■ 3.9　应收账款问题

当企业赊销商品或服务时，收入通常会在客户支付欠款之前确认。采用复式记账法记录赊销，增加销售收入时要以相同的金额增加赊销带来的应收账款。

这种销售方式可能存在客户不支付到期欠款的风险。当有理由确信客户不会付款时，所欠金额就被认为是**坏账**（bad debt），在编制财务报表时必须将其考虑在内。

为了提供更真实的财务业绩和经营状况，坏账必须"冲销"。这包括以坏账的金额减少应收账款和增加费用（通过产生一种称为"坏账冲销"的费用）。配比惯例要求坏账的冲销必须与销售收入的确认在同一期间。

注意，当出现坏账时，会计的处理不是直接取消原来的销售。如果这样的话，利润表的信息含量就会降低。将坏账报告为费用在评价管理层业绩时非常有用。

■ 3.10　利润表的用途

利润表可以帮助提供以下信息：

■ 企业在创造财富方面的效率。由于创造财富是大多数企业存在的主要原因，评估创造了多少财富是一个重要问题。利润表列示了当期利润，当期利润通常位于利润表的最后一行。这为所有者提供了一个衡量企业创造了多少财富的指标。毛利和营业利润也是衡量财富创造的有用指标。

■ 利润是如何产生的。利润表除了提供衡量利润的各种指标外，还提供正确理解企业业绩所需的其他信息。它揭示了销售收入的水平和发生的费用的性质和金额，这有助于理解利润是如何产生的。财务业绩分析将在第 6 章进行详细讨论。

📖 关键术语

利润	收入	费用
销售成本	毛利	营业利润
当期利润	配比惯例	应计费用
预付费用	重要性惯例	权责发生制惯例
权责发生制会计	残值	直线法
余额递减法	先进先出法	后进先出法
加权平均成本法	一致性惯例	坏账

复习题

3.1 "虽然利润表是对过去业绩的记录，但对某些费用的计算涉及对未来的估计。"这句话是什么意思？你能举出一些对未来进行估计的例子吗？

3.2 "折旧是一个分配的过程，而不是估值的过程。"你认为这句话是什么意思？

3.3 什么是一致性惯例？这个惯例是否有助于报表使用者在企业之间进行更有效的比较？

3.4 "资产与费用类似。"这句话在哪些方面是正确的？在哪些方面是不正确的？

练习

基础练习

3.1 分别对以下几个观点进行评论。

（a）所有者权益只会随着所有者向企业投入更多现金或撤出部分现金而增加或减少。

（b）应计费用与下一年相关。

（c）除非我们对这项资产计提折旧，否则我们将无法提供重置它的资金。

（d）对工厂建筑物计提折旧是没有意义的，因为它每年都在升值。

中级练习

3.2 假设不涉及期初余额，在下表中填写（a）到（f）的值。

单位：英镑

	相关期间		期末	
	已付/已收	当期费用/收入	预付	应计/递延收入
应付租金	10 000	（a）	1 000	
房产税和保险	5 000	（b）		1 000
一般费用	（c）	6 000	1 000	
应付借款利息	3 000	2 500	（d）	
工资	（e）	9 000		3 000
应收租金	（f）	1 500		1 500

提升练习

3.3 以下是 WW Associates 公司 2016 年 12 月 31 日的资产负债表。

2016 年 12 月 31 日资产负债表（单位：英镑）	
资产	
非流动资产	
机器	25 300
流动资产	
存货	12 200
应收账款	21 300
预付费用（房产税）	400
现金	8 300
	42 200
资产总计	67 500
权益和负债	
权益	
原始资本	25 000
留存收益	23 900
	48 900
流动负债	
应付账款	16 900
应计费用（工资）	1 700
	18 600
权益和负债总计	67 500

2017 年发生了以下交易：

1. 所有者以现金形式撤出了 23 000 英镑的所有者权益。

2. 以每年 20 000 英镑的租金租赁房屋。当年向房屋所有者支付了 25 000 英镑租金。

3. 支付该房屋 2017 年 4 月 1 日至 2018 年 3 月 31 日的房产税 2 000 英镑。

4. 在 2016 年 1 月 1 日以 13 000 英镑购买的某种机器（一项非流动资产）被证实不符合要求。2017 年 1 月 1 日，公司用它部分抵价交换了某种新机器，并支付了 6 000 英镑现金。如果公司不采用以旧换新的方式购买的话，这台新机器的成本是 15 000 英镑。

5. 当年支付的工资总额是 23 800 英镑。年末公司仍欠 860 英镑工资。

6. 支付了当年四个季度的电费，共计 2 700 英镑。

7. 赊购了 143 000 英镑的存货。

8. 用现金购买了 12 000 英镑的存货。

9. 赊销收入合计 211 000 英镑（成本是 127 000 英镑）。

10. 现金销售收入合计 42 000 英镑（成本是 25 000 英镑）。

11. 收到应收账款 198 000 英镑。

12. 支付应付账款 156 000 英镑。

13. 支付货车运营费用 17 500 英镑。

企业对非流动资产采用余额递减法计提折旧，每年的折旧率是 30%。

要求：

编制截至 2017 年 12 月 31 日的会计年度的利润表和当天的资产负债表。

第**4**章

有限责任公司会计

本章概要

英国的大多数企业，无论规模大小，都以有限责任公司的形式经营。目前世界上有超过350万家有限责任公司，它们在大多数商业活动和就业市场中扮演着重要角色。这类企业的经济意义不局限于英国，几乎在世界上所有国家都存在。

在这一章中，我们将学习有限责任公司的主要特点，以及这种形式的企业与独资企业、合伙企业的区别。分析所有者投资的方式，以及有限责任公司如何向其所有者和其他利益相关者负责的规定。我们还会分析有限责任公司如何编制前两章学过的财务报表。

学习目标

学习完本章之后，你应该能够：

- 讨论有限责任公司的性质和融资方式；

- 描述有限责任公司所有者权益的主要特征以及对所有者提取部分权益的限制；

- 讨论旨在保护股东利益的规则框架；

- 解释有限责任公司与独资企业和合伙企业的利润表和资产负债表的详细区别。

4.1 有限责任公司的主要特征

（一）法律特征

我们首先讨论有限责任公司的法律特征。**有限责任公司**（limited company）被描述为一个由法律创造的虚拟的人。这意味着公司拥有很多"真实的"人所拥有的权利和义务。例如，它可以以自己的名义订立合同。它可以起诉其他人（真实的人或者公司），也可以被他们起诉。这与其他类型的企业，如独资企业和合伙企业（即非法人企业）形成了鲜明的对比。在非法人企业中，只有其所有者而非企业自身才能订立合同或者提起诉讼，因为这些企业没有独立的法人资格。

除了根据议会法案或皇家宪章创建的公司之外，所有英国公司都是通过注册创建（或组建）的。为了创建公司，打算创建公司的人（通常称为发起人）需要填写几张简单的表格，并支付少量的注册费。在确保履行了必要的手续后，公司注册处（一个英国政府部门）就在公司注册簿上登记新公司的名称。因此，在英国，创建公司非常容易且成本低廉（大约 100 英镑）。

一家有限责任公司可以只由一个人所有，但大多数有限责任公司拥有不止一个所有者，有些甚至拥有许多所有者。所有者通常被称为成员或股东。公司的所有权通常被划分成若干**股份**（shares），每股大小相等。每个所有者或股东在公司拥有一股或多股股份。大公司往往有非常多的股东。例如，在 2017 年 3 月 31 日，英国电信集团——一家国际通信企业，拥有近 80 万股东，有近 100 亿股股份发行在外。

由于有限责任公司有自己的法人资格，它独立于公司的所有者和管理者。值得强调的是，所有者与公司在法律上的独立，与第 2 章中讨论的企业主体惯例没有关系。这一会计惯例适用于所有类型的企业，包括独资企业和合伙企业。在这些企业中，所有者和企业在法律上没有区别。

有限责任公司与其所有者在法律上的独立导致了有限责任公司具有两个重要特征：永久寿命和有限责任。现在对这些进行说明。

（二）永久寿命

通常假定公司会永久存续。这意味着公司的寿命与公司的所有者或管理者的个人寿命无关。因此，在投资者之间转让公司股份时，有限责任公司不受影响。

虽然有限责任公司在成立之初就假定可以永久存续，但股东或法院都有可能终止公司的存续。这样做时，公司的资产通常会被出售，以偿还负债。清偿负债后剩下的盈余将支付给股东。当公司已经达到了成立的目的，或者股东认为公司没有前途时，股东可以决定结束公司的生命（例如，伦敦奥运会和残奥会组织委员会有限责任公司在成功完成任务后于 2013 年解散）。如果公司没有向债权人偿还欠款，债权人有权向法院申请公司解散或破产，此时法院也可能终止公司的生命。

股东同意终止公司的生命，称为"自愿清算"。真实世界 4-1 描述了公司以这种方式终止的一个例子。

真实世界 4-1

创始人以 1 英镑买下泰坦，Monotub 公司陷入混乱

昨天，几乎没有仪式，也只有少数股东发出一声抗议，泰坦洗衣机的制造商 Monotub 公司成为历史。

在该集团西区总部地下室举行的特别会议上，股东们投票决定公司进入自愿清算程序，并以 1 英镑的价格将公司资产和知识产权出售给创始人 Martin Myerscough。（该公司的股价曾一度达到每股 650 便士。）

唯一强烈的反对来自 Giuliano Gnagnatti，他和其他股东认为，他的投资的缩水速度比羊毛手套在沸水里洗涤时的缩水速度还快。

Gnagnatti 先生是一家线上零售商的总经理，他持有 100 000 股 Monotub 公司的股票。他把出售 Monotub 公司描述为送给 Myerscough 先生的"免费礼物"。Monotub 公司的董事长 Ian Green 否认了这种说法。他说，最近有一个 60 000 英镑的报价来收购这家陷入困境的公司，但该报价不提供债务担保，而债务总额达到了 750 000 英镑。这台绰号为"泰坦尼克号"的洗衣机悄无声息地成为历史，与它在许多厨房里的优秀表现形成强烈对比。

泰坦洗衣机的容量更大，滚筒可拆卸，最初被誉为洗衣机行业"白色家电的伟大希望"。但是它在旋转时总是会突然停下，发出巨响，动静很大，这导致泰坦陷入困境。

总结泰坦洗衣机的失败，Green 先生说："很明显，这台机器有一些革命性的突破，但无法回避的事实是，这台机器有缺陷，不应该带着这些缺陷上市。"

一贯直言不讳的 Myerscough 先生承诺向公司注资 250 000 英镑，并且每卖出一台机器就向 Monotub 的股东支付 4 英镑。他就自己对泰坦的计划不予置评，也拒绝透露他的支持者是谁。但是……他确实说过他打算"带领泰坦向前推进"。

资料来源：Urquhart, L. (2003) 'Monotub Industries in a spin as founder gets Titan for £1', *Financial Times*, 23 January.

© The Financial Times Limited 2003. All Rights Reserved.

（三）有限责任

因为公司本身是法人，所以必须对自己的债务和损失承担责任。这意味着，一旦股东为购买的股份付了钱，他们就履行了对公司以及对公司债权人的义务。因此，股东可以以他们为购买股份而支付或承诺支付的金额为限承担有限的损失。这对潜在股东来说非常重要，因为他们知道，作为企业的所有者，他们可能损失的金额是有限的。

独资企业所有者或合伙企业合伙人的处境则完全相反。他们无法将自己的资产与投入企业的资产区分开来。如果独资企业或合伙企业的负债超过了资产，法律规定未得到清偿的债权人有权要求独资企业所有者或合伙企业合伙人用自己的资产（而非企业的资产）来偿还。因此，独资企业所有者或合伙企业合伙人可能会失去一切——房子、汽车等。

虽然**有限责任**（limited liability）有利于权益资金的提供者（股东），但是对企业的其他利益相关者来说却并非如此。如果股东投入的金额不足以偿还公司的所有未偿还债务，有限责任允许股东免除这些债务。因此，个人或企业可能会谨慎地与有限责任公司签订合同。对于规模较小、不太成熟的公司来说，这可能是一个突出的问题。供应商可能会要求有限责任公司在其交付商品或提供服务之前就支付现金。或者，他们可能会在要求主要股东提供个人担保，承诺债务将得到偿还的情况下才允许赊购。在后一种情况下，供应商通过要求个人承担责任来规避公司的有限责任风险。规模更大、更成熟的公司更容易获得供应商的信任。

（四）法律保障

为了保护准备与有限责任公司打交道的个人和企业，政府规定了各种保障措施。其中包括要求在公司名称中标明有限责任性质。这可以提醒潜在的供应商和债权人注意潜在的风险。

另一项保障措施是对股东从公司提取权益的能力加以限制。

最后，有限责任公司必须提供年度财务报表（利润表、资产负债表和现金流量表），并向公众公开。这意味着任何感兴趣的人都可以对公司的财务业绩和经营状况有所了解。前两种报表的形式和内容将在本章后续内容中进行详细讨论，现金流量表将在第 5 章中讨论。

（五）公众和私人公司

公司在公司注册处注册时，必须注册为公众公司或者私人公司。二者的主要区别在于，**公众有限责任公司**（public limited company）可以向公众出售其股份，而**私人有限责任公司**（private limited company）则不能。公众有限责任公司的名称中必须有"公众有限责任公司"或其缩写"plc"的字样，以向所有利益相关者表明其身份。对于私人有限责任公司，"有限"或"Ltd"字样必须作为其公司名称的一部分出现。

私人有限责任公司往往是规模较小的企业，其所有权被分给相对较少的股东，他们通常关系较近，比如家庭成员。私人有限责任公司的数量远多于公众有限责任公司。截至 2017 年 3 月 31 日，在现有的 3 648 478 家英国公司中，绝大多数是私人有限责任公司。公众有限责任公司不到 7 000 家，仅占总数的 0.2%。

因为公众有限责任公司往往比私人有限责任公司规模大，所以它们的经济地位通常更重要。在银行、保险、炼油和食品零售等行业，它们完全占据主导地位。虽然也有一些大型私人有限责任公司，但许多私人有限责任公司只不过是一人企业经营的工具。

（六）税费

有限责任公司与其所有者在法律上相互独立的另一个后果是，公司必须就其利润和利得向税务机关纳税。这就导致了有限责任公司的财务报表要报告税费。税费在利润表上列示。特定年度的税费是根据该年的利润计算的。对许多公司来说，当年只需要缴付 50% 的税款，剩下的 50% 作为流动负债列示在年末资产负债表上。这将在本章后面进行说明。

公司要根据其利润和利得缴纳**企业所得税**（corporation tax）。它是对公司的应纳税利润征收的税，该利润可能与利润表上列示的利润不同。这是因为税法不会在所有方面都遵循会计准则。但一般来说，应税利润和会计利润是非常接近的。企业所得税的税率往往随时间而变化。2017—2018 年，英国的企业所得税税率为 19%。

有限责任公司的税费与独资企业和合伙企业的税费形成鲜明对比。独资企业和合伙企业不是对企业征税，而是向其所有者征税。这意味着，税费将不会在非法人企业的财务报表中列示，因为这是所有者和税务机关之间的事。

4.2 证券交易所的作用

伦敦证券交易所（London Stock Exchange）是公众公司重要的一级和二级资本市场。作为一级市场，它的功能是使公司能够筹集新的资金。作为二级市场，它的功能是方便投资者出售他们的证券（包括股票和贷款票据）。我们已经看到，公司的股票可能会由一个所有者转让给另一个所有者。一些投资者希望出售其股票，其他投资者希望购买这些股票，于是催生了一个正式的股票买卖市场。

只有特定公司（上市公司）的股票才能在伦敦证券交易所交易。截至 2017 年 9 月，有 900 多家英国公司上市，只占所有英国公司（公众公司和私人公司）的 1/3 900、公众有限责任公司的 1/7。然而，其中许多上市公司规模庞大。几乎所有"家喻户晓"的英国公司（例如 Tesco、Next、英国电信、沃达丰、英国石油等）都是上市公司。

4.3 管理公司

有限责任公司具有法人资格，但它不是一个能够对业务做出决策和计划并对企业实施控制的人。这些管理任务必须由人来承担。公司的最高管理层是董事会。

股东选举**董事**（directors）代表他们管理公司的日常事务。法律规定，私人有限责任公司必须至少有一名董事，而公众有限责任公司必须至少有两名董事。在小公司中，董事会可能是唯一的管理层，由所有股东组成。在大公司中，董事会可能由数千名股东中的 10 余名组成。事实上，董事甚至不一定是股东，尽管他们通常是股东。典型的大公司董事会之下可能有许多级管理人员。

近年来，**公司治理**（corporate governance）问题引发了许多争论。这个术语用来描述公司管理和控制的方式。公司治理问题很重要，因为对于大公司来说，那些拥有公司的人（即股东）通常与公司的日常控制是分离的。股东聘请董事为其管理公司。鉴于此，似乎有理由认为，股东利益最大化原则将指导董事的决策。然而，现实中的情况并非总是如此。董事们可能更关心追求自己的利益，比如增加自己的工资和津贴（比如昂贵的汽车、海外访问等），以及提高自己工作的稳定性和地位。因此，股东的利益和董事的利益之间可能会产生冲突。

当董事以牺牲股东利益为代价追求自己的利益时，这对股东来说显然是一个问题。对于整个社会来说，这也可能是一个问题。

如果股东担心资金可能管理不善，他们将不愿投资。资金短缺意味着公司会减少投资，也可能意味着融资成本增加，因为企业会为稀缺的资金竞争。因此，缺乏对股东的关注可能会对公司的业绩产生深远影响，进而影响经济的健康发展。

为了避免这些问题，大多数有竞争力的市场经济体都制定了规则框架来帮助监管和控制董事的行为。这些规则通常基于三个指导原则：

- 披露。这是良好的公司治理的核心。充分和及时地披露可以帮助股东判断董事的表现。如果表现不能令人满意，将反映在股票价格中。董事应做出改变，以确保其重新获得股东的信任。

- 责任。这包括规定董事的职责和建立适当的监督程序。在英国，公司法要求董事的行为必须符合股东利益最大化原则。这意味着，他们绝不能试图利用自己的地位和知识以损害股东利益为代价来获取利益。该法还要求大型公司的年度财务报表要接受独立审计。独立审计的目的是增强董事编制的财务报表的可信度。我们将在本章后续内容中更详细地讨论这一点。

- 公平。董事不应从股东无法获得的"内部"信息中获益。因此，法律和证券交易所都限制了董事买卖公司股票的能力。这意味着，例如，董事不能在公告年度利润或宣布重大事件（如并购计划）之前买卖股票。

这些原则如图 4-1 所示。

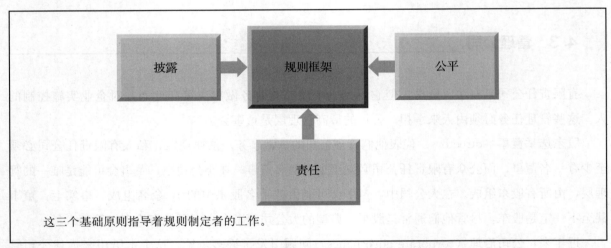

这三个基础原则指导着规则制定者的工作。

图 4-1　规则框架的基础原则

强化规则框架

多年来，旨在保护股东的规则数量大幅增加，这是为了应对公司治理程序中的薄弱环节。这些薄弱环节已经通过一些事件暴露出来，比如企业倒闭和欺诈、董事薪酬过高以及一些财务报表被"篡改"以误导股东。

然而，许多人认为，股东必须为这些薄弱环节承担部分责任。并不是所有大公司的股东都是持有少数股份的个人投资者。事实上，按市值计算，伦敦证券交易所上市的股票的所有权主要由保险公司、银行和养老基金等投资机构持有。它们通常规模庞大，拥有所投资公司的大量股份。这些机构投资者雇用专业人员来管理它们在不同公司的股票投资组合。有人质疑，尽管大型机构股东规模大且具有专业知识，但它们在公司治理事务中并不是很积极，因此对董事的监督很少。然而，情况似乎正在改变。越来越多的证据表明，机构投资者对其持股公司的公司治理正变得更加积极主动。

4.4　英国公司治理准则

近年来，为解决公司治理不善的问题，各方都做出了切实的努力。这催生了一项最佳实践准则——**英国公司治理准则**（UK Corporate Governance Code）。这一准则规定了一系列支持其施行的原则。

该准则得到伦敦证券交易所的支持。这意味着在伦敦证券交易所上市的公司需要遵守准则的要求，或者必须向它们的股东充分解释为什么没有遵守准则，否则可能会导致公司股票被暂停交易。

该准则提高了股东可以获得的信息的质量，加强了对董事权力的审查，并大幅提高了公司事务的透明度。然而，规则只能解决部分问题。许多不良企业行为源于不良的企业文化。只有改变这种文化——企业内部的共同价值观、信念和原则，才能产生积极的变化。

规则制定者必须努力在保护股东和培养董事的企业家精神之间取得平衡，过于严格的规则可能会扼杀这种精神，达到适当的平衡是非常困难的。一些人认为，英国公司治理未能做到这一点，它过于关注规则和服从。

4.5　有限责任公司融资

（一）权益（所有者的要求权）

独资企业的权益通常包含在资产负债表的一个数字中。对于有限责任公司来说，这通常有点复杂，尽管适用的原则是一样的。有限责任公司的权益分为股本（例如原始投资）和**储备**（reserves）（即利润和利得），也有可能有不止一种类型的股本和储备。因此，在股本和储备的基本划分中，很可能还有进一步的细分。这看起来可能很复杂，但我们将很快分析这些细分的原因，所有这些都将变得更加清楚。

（二）基本划分

当公司成立时，那些采取措施组建它的人（发起人）将决定从潜在股东那里筹集多少资金来购置经营公司必要的资产。例 4 - 1 说明了这一点。

例 4 - 1

几个朋友决定成立一家公司经营办公室清洁业务。他们估计公司需要 50 000 英镑才能获得必要的资产。他们于 2017 年 3 月 31 日筹集了现金，用于购买公司股票，股票的**名义价值**（nominal value）或**票面价值**（par value）为每股 1 英镑。

此时公司的资产负债表为：

2017 年 3 月 31 日资产负债表（单位：英镑）	
净资产（全部为现金）	50 000
权益	
股本	
50 000 股，每股 1 英镑	50 000

公司现在购买必要的非流动资产（真空吸尘器等）和存货（清洁材料），并开始经营。在第一年里，公司的利润是 10 000 英镑。根据定义，这意味着权益增加 10 000 英镑。在这一年里，股东（所有者）没有撤资，所以年底资产负债表如下所示：

2018 年 3 月 31 日资产负债表（单位：英镑）	
净资产（各种资产减去负债*）	60 000
权益	
股本	
50 000 股，每股 1 英镑	50 000
储备（收入储备）	10 000
权益总计	60 000

* 我们在第 2 章学过，资产＝权益＋负债。这可以写为资产－负债＝权益。

利润显示在储备中，称为**收入储备**（revenue reserve），因为它来自收入（销售）。请注意，我们不能简单地将利润与股本合并，我们必须将这两个金额分开（以满足公司法的要求）。其原因是，法律对股东所能提取的最大权益（例如，以**股利**（dividend）的形式）有限制。这是根据收入储备的金额来定义的，所以分别列示是有必要的。我们将在本章后续内容中讨论为什么会有这个限制，以及它是如何发挥作用的。

（三）股本

1. 普通股

普通股（ordinary shares）是企业的基本所有权单位。它们由公司发行，通常被称为权益。普通股股东是主要的风险承担者，因为只有在其他要求权得到满足后他们才能分享公司的利润。但是，他们可能受益的金额没有上限。普通股股东可以得到的潜在回报反映了他们准备承担的风险。由于普通股股东承担了大部分风险，所以权力通常掌握在他们手中。一般情况下，只有普通股股东才能对影响公司的事项进行投票，例如董事的任命。

这种股票的名义价值由创办公司的人自行决定。例如，如果最初的股本是 50 000 英镑，它可以分成两股，每股 25 000 英镑；也可以分成 500 万股，每股 1 便士；还可以是任何其他组合，共计 50 000 英镑。所有股票必须具有相等的价值。

在实践中，正常情况下股票的最大名义价值是 1 英镑。每股 25 便士和 50 便士的股票可能是最常见的。我们前面提到的英国电信集团的股票，其名义价值是每股 5 便士（尽管它们在 2017 年 10 月 24 日的市场价值是每股 273.5 便士）。

2. 优先股

除了普通股，一些公司还发行**优先股**（preference shares）。这种股票保证如果支付股利，优先股股东将有权优先获得派发的股利（有上限）。这个上限通常被定义为优先股名义价值的固定百分比。例如，如果一家公司发行 100 万股优先股，每股 1 英镑，股利率为 6%，这意味着优先股股东有权获得该公司在某一年支付的任何股利的前 60 000 英镑（即 100 万英镑的 6%）。超过 60 000 英镑的部分归普通股股东所有。

公司还可以发行其他类型的股票——也许有些股票有特殊的条件，但在实践中，除了普通股和优先股外，很少能找到其他股票，甚至优先股也不是很常见。一家公司可能有不同类型的股票，其持有人有不同的权利，但在每一类中，所有股票都必须平等对待。不同类别股东的权利，以及公司的其他事项，都包含在该公司的一套规则中，即公司章程。这些规则的副本必须送交公司注册处，供公众查阅。

3. 改变股票的名义价值

正如我们已经看到的，一家新公司的发起人可能会自己选择股票的名义（票面）价值。这个值不是永久不变的，之后股东可以决定改变股票名义价值的大小。

假设一家公司拥有 100 万股普通股，每股 1 英镑，股东决定将名义价值改为 0.50 英镑，换句话说，将名义价值减半。为了保持股本的总名义价值不变，公司要向每位股东发行他们之前持有的两倍数量的股票，每股股票的名义价值是之前的一半，这样一来，每位股东还是持有相同的总名义价值。这个过程被称为股票**分割**（splitting）。相反，减少股票数量，增加每股名义价值，被称为股票**合并**（consolidating）。分割或合并之后，每个股东对公司资产的所有权比例与之前完全相同，所以这一过程对所持有股票的总价值不会产生影响。

分割和合并都可能有助于使股票更有市场价值。分割可以避免股价过高，而合并可以避免股价过低。投资者似乎都不喜欢这两种极端情况。此外，一些证券交易所不允许股票以过低的价格交易。

真实世界 4-2 提供了一个著名零售商决定进行股票分割的例子。

真实世界 4-2

股票分割

JD 体育时尚公司（JD Sports Fashion）在向英国人出售运动鞋和足球套件方面做得很好，该公司提议在今年的股价达到创纪录的高点后进行股票分割。这家零售商创建于 1981 年，当时在英格兰西北部的贝里开了一家专卖店，现在已有 80 多家分店。该集团表示，股价已经上升到了一个适合进行分割的水平，股票分割可以提高普通股的流动性。

11 月 24 日，公司召开了一次大会，决定将现有的每股 1.25 便士的普通股分为 5 股每股 0.25 便士的新普通股。董事会在一份声明中表示：董事会认为，这一股票分割计划将把公司的股价降低到一个处理起来更有效率的水平，并且可以提高公司股票的流动性和可销售性。

资料来源：Extract from Thomas，N.（2016）'JD Sports proposes share split to improve liquidity'，*Financial Times*，1 November.

（四）储备

股东权益由股本和储备组成。如前所述，储备是公司已经取得的利润和利得，它仍然构成股东权益的一部分。过去的利润和利得也可能不再是权益的一部分，一个原因是它们已经被分配给了股东（以股利等形式）。另一个原因是，储备会因为公司可能遭受的亏损而减少。正如利润会增加权益一样，亏损会减少权益。

储备可以分为收入储备和**资本储备**（capital reserves）。在例 4-1 中，我们学过了收入储备。我们应该记得，这种储备代表公司留存的交易利润以及处置非流动资产的利得。这种储备经常被称为留存收益，是英国公司最大的新融资来源。资本储备产生的原因主要有两个：

- 以高于其名义价值的价格发行股票（例如，以 1.50 英镑的价格发行名义价值 1 英镑的股票）；
- 非流动资产（向上）重估值。

如果公司以高于名义价值的价格发行股票，英国法律要求发行价格超过名义价值的部分要单独列示。

具体如例 4-2 所示。

例 4-2

根据未来的前景，一家公司的净资产价值 150 万英镑。公司目前有 100 万股普通股，每股名义价值 1 英镑。该公司希望再筹集 60 万英镑现金用于扩张，并决定通过发行新股票来筹集这些资金。

如果以每股 1 英镑的价格发行（即 60 万股），股票总数将是：

$$100+60=160(万股)$$

它们的总价值是现有净资产的价值加上新注入的现金：

$$150+60=210(万英镑)$$

这意味着新发行后每股的价值将是：

$$\frac{210}{160}=1.312\ 5(英镑)$$

当前每股股票的价值为：

$$\frac{150}{100}=1.50(英镑)$$

原股东将损失：

$$1.50-1.312\ 5=0.187\ 5(英镑/股)$$

新股东将获利：

$$1.312\ 5-1.0=0.312\ 5(英镑/股)$$

毫无疑问，新股东对这一结果感到高兴，原股东则不会。

可以通过以每股 1.50 英镑的价格发行新股使例 4-2 中描述的两类股东之间的情况更加公平。在这种情况下，只需要发行 40 万股，就可以筹集 60 万英镑。每股 1.50 英镑中有 1 英镑是名义价值，包含在资产负债表的股本中（合计 40 万英镑）。剩下的 0.50 英镑是股本溢价，将作为资本储备列入**股本溢价账户**（share premium account）（合计 20 万英镑）。

不知道为什么英国公司法坚持区分名义股票价值和溢价。在其他一些对公司有类似法律规定的国家（如美国），则没有这种区分。相反，发行股票的总价值在公司资产负债表上以一个综合指标列示。

（五）红股

公司总是可以把各种形式的储备（不管它们是资本还是收入）转化为股本。这包括将所需的金额从有关储备转入股本，然后分配适当数量的新股给现有的股东。在这种转换中产生的新股被称为**红股**（bonus shares）。例 4-3 说明了红股是如何发放的。

例 4-3

公司某一时点的资产负债表如下：

资产负债表（单位：英镑）	
净资产（各种资产减去负债）	128 000
权益	
股本	
50 000 股，每股 1 英镑	50 000
储备	78 000
权益总计	128 000

董事会决定，公司将为现有股东发行新的股票，每个股东目前持有的每一股股票都将获得一股新股。新股发行后的资产负债表如下：

资产负债表（单位：英镑）	
净资产（各种资产减去负债）	128 000
权益	
股本	
100 000 股，每股 1 英镑（50 000＋50 000）	100 000
储备（78 000－50 000）	28 000
权益总计	128 000

我们可以看到，储备减少了 50 000 英镑，而股本增加了相同的金额。新发行的 5 万股普通股（每股 1 英镑）的股票证明将发放给现有股东，以完成交易。这些股票是从储备中产生的。

发放红股只是将权益的一部分（储备）转入了另一部分（股本）。该交易对公司的资产或负债没有影响，因此对股东的财富没有影响。

请注意，发放红股和股票分割是不一样的。股票分割不会影响储备。

（六）股本术语

在结束我们对股本的详细讨论之前，澄清一些公司财务报表中使用的股票术语可能会对学习和理解本部分内容有所帮助。

已经发行给股东的股本称为**已发行股本**（issued share capital）或**已配售股本**（allotted share capital）。有时候，但不是很常见，公司可能不要求股东在股票发行时支付全部应支付金额。这可能发生在公司不需要一次性获得全部资金的情况下。公司通常会要求在发行时支付部分金额，在之后分期支付剩余金额，直到全部付清，此时股票被称为**付讫股票**（fully paid shares）。总发行价中被催缴的部分称为**催缴股本**（called-up share capital）。已被催缴和支付的部分称为**实缴股本**（paid-up share capital）。

4.6　借款

大多数公司将借款作为通过发行股票和利润留存进行资金筹集的补充。公司借款一般是长期的，可能是 10 年期的合同。债权人可能是银行和其他专业的贷款融资提供者，如养老基金和保险公司。

通常，长期借款以公司的资产作为担保。如果公司未能按照合同付款，债权人有权没收并出售作为担保物的资产，用收到的现金来弥补公司的欠款。私人购买房屋或公寓时的抵押贷款是担保贷款一个非常常见的例子。

公司的长期融资来源如图 4-2 所示。

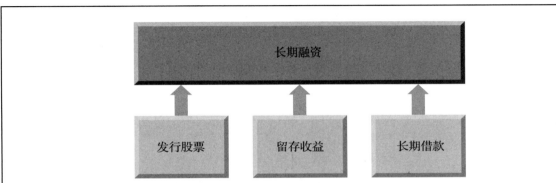

公司从三个来源获得长期融资：发行股票、留存收益和长期借款。对于一家典型的公司来说，前两种融资（合称权益融资）的总和超过了第三种融资。在大多数年份，留存收益通常超过其他两种融资的数额。

图 4-2　典型有限责任公司的长期融资来源

在股东提供的资金（权益）和借款之间取得适当的平衡对公司的繁荣和稳定至关重要。这个问题将在第 6 章和第 11 章中进行探讨。

4.7　提取权益

正如我们所看到的，法律规定公司要在资产负债表中区分股东权益中可以提取的部分和不能提取的部分。可以提取的部分包括因交易产生的利润和处置非流动资产产生的利润，它在资产负债表中以收入储备列示。如前所述，股东通常通过股利的方式进行提取。

不能提取的部分包括股本加上股东购买公司股票产生的利润，以及公司持有的资产向上重估值产生的利润。它在资产负债表中以股本和资本储备列示。股东权益中可以提取的部分和不能提取的部分如图 4-3 所示。

有限责任公司股权融资总额由股本、资本储备和收入储备组成。只有收入储备（来自已实现的利润和利得）可以用于支付股利或股票回购。换句话说，最大的合法提取金额是收入储备的金额。

图4-3　股东权益各部分的可提取性

真实世界4-3描述了一家公司是如何违反权益提取规则的。

真实世界4-3

糟　糕！

Betfair公司承认，它违反会计准则向投资者返还了8 000万英镑。这一令人尴尬的违规行为发生在2011年、2012年和2013年，2013年之后才被发现。Betfair公司在股利和股票回购上支付的金额超出了法律允许的范围。

Betfair公司于2011年6月宣布首次派发股利，部分原因是为了安抚那些自6个月前股票发行以来股票价值缩水一半的投资者。该公司在2011、2012和2013会计年度支付了3 000万英镑股利，还回购了5 000万英镑的股票。然而，这些支付并不符合公司已实现利润和可分配储备定义规则的变化。

Betfair公司在其最新的年度报告中说，"由于英格兰和威尔士特许会计师协会（ICAEW）2010年10月发布的技术指南发生了某些变化，公司没有足够的可分配储备进行股利分配，因此公司不会向股东支付这些储备。"

目前已进行契约投票以确保投资者无须偿还这些股利，公司将在9月召开的年度股东大会上批准取消受回购影响的普通股。

资料来源：Mance，H.（2014）'Betfair admits to £80m payouts mistake'，*Financial Times*，3 August.
© The Financial Times Limited 2014. All Rights Reserved.

法律没有具体规定某一公司股东权益中不能提取的部分应该有多大。然而，为了给潜在的债权

人和赊购供应商留下好印象，这部分越大越好。那些考虑与公司进行交易的人必须能够从公司的资产负债表中看到它的价值。

现在我们通过一个例子，说明这种保护债权人的做法。

例 4 - 4

公司某一特定日期的资产负债表如下：

资产负债表（单位：英镑）	
资产总计	43 000
权益	
股本	
20 000 股，每股 1 英镑	20 000
储备（收入）	23 000
权益总计	43 000

一家银行向该公司提供 25 000 英镑长期贷款。如果发放了贷款，资产负债表如下：

资产负债表（贷款后）（单位：英镑）	
资产总计（43 000＋25 000）	68 000
权益	
股本	
20 000 股，每股 1 英镑	20 000
储备（收入）	23 000
	43 000
非流动负债	
借款——银行借款	25 000
权益和负债总计	68 000

目前的状况是，公司资产的账面价值总额为 68 000 英镑，可以满足银行 25 000 英镑的要求权。然而，该公司可以完全合法地提取股东权益中等于收入储备（23 000 英镑）的那一部分（通过股利）。提取后的资产负债表如下：

资产负债表（单位：英镑）	
资产总计（68 000－23 000）	45 000
权益	
股本	
20 000 股，每股 1 英镑	20 000
储备（收入（23 000－23 000））	——
	20 000
非流动负债	
借款——银行借款	25 000
权益和负债总计	45 000

这使银行处于不利地位，因为现在公司资产的账面价值总额为 45 000 英镑，而其要满足银行 25 000 英镑的要求权。请注意，借款金额（银行贷款）与总资产之间的差额等于权益（股本和储备）总额。因此，权益代表了债权人和供应商的安全边际。股东可以提取的权益金额越大，债权人和供应商的潜在安全边际就越小。

4.8 主要财务报表

有限责任公司的财务报表本质上与独资或合伙企业的财务报表是一样的。但是在细节上有一些不同，我们现在进行分析。例 4 - 5 给出了有限责任公司的利润表和资产负债表。

例 4 - 5

Da Silva 公众有限责任公司
截至 2017 年 12 月 31 日的年度利润表（单位：百万英镑）

销售收入	840
销售成本	（520）
毛利	320
工资和薪金	（98）
供暖和照明	（18）
租金	（24）
机动车运营费用	（20）
保险费	（4）
印刷和文具	（12）
折旧	（45）
审计费	（4）
营业利润	95
利息费用	（10）
税前利润	85
税费	（24）
当期利润	61

2017 年 12 月 31 日资产负债表（单位：百万英镑）	
资产	
非流动资产	
财产、厂房和设备	203
无形资产	100
	303
流动资产	
存货	65
应收账款	112
现金	36
	213
资产总计	516
权益和负债	
权益	
普通股（每股 0.50 英镑）	200
股本溢价	30
其他储备	50
留存收益	25
	305
非流动负债	
借款	100
流动负债	
应付账款	99
税费	12
	111
权益和负债总计	516

现在，我们浏览这些报表，找出有限责任公司所独有的部分。

（一）利润表

利润表中需要仔细分析的要点如下。

1. 利润

我们可以看到，在计算营业利润之后，还列示了两个进一步的利润指标。

- 第一个是**税前利润**（profit before taxation）。从营业利润中扣除利息费用就得到这个数字。

对于独资企业或合伙企业，利润表到这里就结束了。

■ 第二个利润指标是报告期（通常是一年）的利润。由于公司是一个独立的法律主体，它有义务对产生的利润纳税（称为公司所得税）。这个利润指标代表了股东可以支配的金额。

2. 审计费

超过一定规模的有限责任公司，其财务报表必须由独立的会计师事务所审计，并为此付费。如前所述，审计的目的是提高财务报表的可信度。虽然独资企业和合伙企业的财务报表也可以接受审计，但这样做的相对较少。因此，审计费在有限责任公司的利润表中最常见。

有限责任公司的利润表要点如图4-4所示。

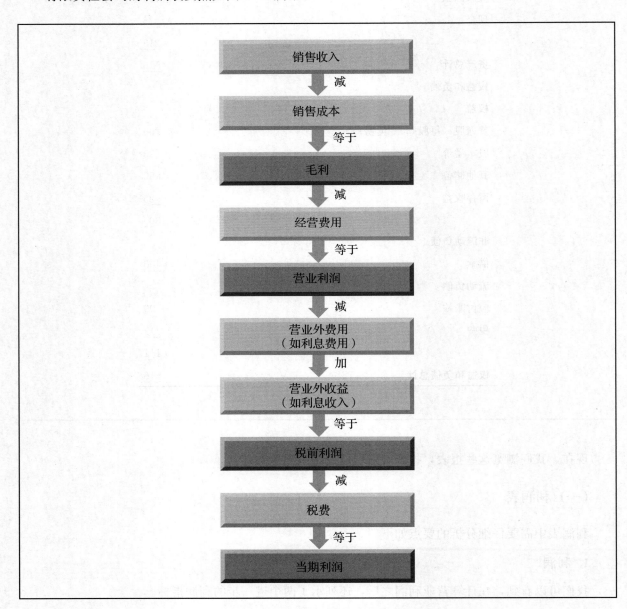

图4-4 有限责任公司的利润表要点

（二）资产负债表

资产负债表中需要仔细分析的要点如下。

1. 税费

列入流动负债的税费，金额是 2017 年所得税的 50％，即利润表中税费（2 400 万英镑）的 50％（1 200 万英镑）。另外 50％（1 200 万英镑）已经支付。未付的 50％将在资产负债表日后不久支付。这些付款日期由法律规定。

2. 其他储备

其他储备包括资产负债表中未单独列出的任何储备。它可能包括一般储备，通常是交易利润转入的。这些利润转入这一单独的储备中，用于公司再投资。没有必要为此目的设置单独的储备项目。交易利润不分配，仍会增加公司的留存收益。还不完全清楚为什么董事决定将利润转入一般储备，因为利润是收入储备的一部分，因此仍然可以用于分配股利。

当然，资产负债表上列示的留存收益也是一种储备，但是其名称中没有出现"储备"的字样。

4.9　股利

我们已经看到，股利是公司股东从公司提取的资金。股利用资产（几乎总是现金）支付，它来源于收入储备。在编制资产负债表时应当将股利从这些储备（通常是留存收益）中扣除。股东通常获得年度股利，可能包括两部分。"中期"股利可以在一年中间支付，"期末"股利则在年度结束后不久支付。

当年董事已经宣告但尚未支付的股利应当作为负债列入资产负债表。然而，要将其确认为负债，这些股利必须在年度结束日之前获得适当的授权。这通常意味着股东必须在年度结束日之前批准该股利，这在实践中相对少见。

大公司在股利支付方面往往有清晰和一致的政策。股利政策的任何变化都会对利益产生重要影响，股东通常会将这些变化理解为董事们对公司未来前景看法的信号。例如，股利增加可能是公司前景光明的信号，更高的股利是董事们对公司有信心的有力证据。

4.10　附加财务报表

在下面这一部分，我们将关注两张新的财务报表。遵守国际财务报告准则的公司必须提供这些报表。我们将在本章后续部分分析这些准则的性质和作用。

（一）综合收益表

综合收益表（statement of comprehensive income）将传统利润表扩展到包含影响股东权益的某些其他利得和损失。它可以是单一报表的形式，也可以是两张单独的报表，即利润表（如例 4 - 4 所示）和综合收益表。

这张新报表试图克服传统利润表的缺点。从广义上讲，传统利润表列示了当期所有已实现的利得和损失。它也列示了一些未实现的损失。然而，仍未实现的利得和一些损失（因为资产仍被持有）往往不会被列入利润表，而是直接转入了储备。我们在前面的章节中看到过一个未实现利得的例子。

到目前为止尚未提到未实现利得或损失，有一个例子是国外经营成果折算为英国货币时产生的汇兑差异。折算产生的任何利得或损失都绕过利润表，直接计入货币折算储备。

传统会计的一个缺点是，没有一个强有力的原则，用来准确地确定哪些应该、哪些不应该被纳入利润表中。一方面，非流动资产减值导致的损失通常出现在利润表上；另一方面，将资产的账面价值折算成外币（因为该资产由海外分部持有）导致的损失不会出现在利润表上。原则上，这两类损失没有明显差异，但会计处理上的差异在传统会计实务中根深蒂固。

综合收益表包含了一个期间的所有利得和损失，因此也包含未实现利得和任何剩余的未实现损失。它扩展了传统利润表，将这些项目直接列在当年利润指标之下。综合收益表的说明如例 4 - 6 所示。

例 4 - 6

Malik 公众有限责任公司 截至 2018 年 7 月 31 日的年度综合收益表（单位：百万英镑）	
销售收入	97.2
销售成本	(59.1)
毛利	38.1
其他收益	3.5
销售费用	(16.5)
管理费用	(11.2)
其他费用	(2.4)
营业利润	11.5
财务费用	(1.8)
税前利润	9.7
税费	(2.4)
当期利润	7.3
其他综合收益	
财产、厂房和设备重估值	6.6
国外业务外币折算差额	4.0
其他综合收益税	(2.6)
税后年度其他综合收入	8.0
年度综合收益总额	15.3

这个例子采用单一报表的方法来报告综合收益。另一种方法是采用两张报表的形式，就是简单

地将显示的信息分成两个单独的部分。利润表是第一张报表，从销售收入开始，以当期利润结束。综合收益表是第二张报表，从当期利润开始，以年度综合收益总额结束。

（二）权益变动表

权益变动表（statement of changes in equity）旨在帮助信息使用者了解这一期间股本和储备发生的变动。它将这些项目期初时的数字和期末时的数字进行了调节。该表全面展示此期间的综合收益总额对股本和储备的影响以及当期股票发行和购买的影响。该期间股利的影响也可以在这张报表中列示，尽管股利可以在附注中列示。

为了了解权益变动表是如何编制的，我们来看例 4 - 7。

例 4 - 7

2017 年 1 月 1 日，Miro 公众有限责任公司拥有以下权益：

Miro 公众有限责任公司（单位：百万英镑）	
股本（1 英镑普通股）	100
重估值储备	20
折算储备	40
留存收益	150
权益总计	310

2017 年，该公司从日常业务中获得了 4 200 万英镑的当期利润，并报告了 1.2 亿英镑的财产、厂房和设备向上重估值（税后净额，当未实现利得实现时需要纳税）。该公司还报告了 1 000 万英镑的国外经营外汇折算差额损失。为了加强财务状况，公司在本年度以 0.40 英镑的溢价发行了 5 000 万股普通股。当年的股利是 2 700 万英镑。

2017 年的这些信息可以在权益变动表中列示如下：

截至 2017 年 12 月 31 日的年度权益变动表（单位：百万英镑）						
	股本	股本溢价	重估值储备	折算储备	留存收益	合计
2017 年 1 月 1 日余额	100	—	20	40	150	310
2017 年权益变动						
发行普通股（注 1）	50	20	—	—	—	70
股利（注 2）	—	—	—	—	(27)	(27)
年度综合收益总额（注 3）	—	—	120	(10)	42	152
2017 年 12 月 31 日余额	150	20	140	30	165	505

注：

1. 股本溢价转入特定储备。

2. 在权益变动表中列示股利。股利要从留存收益中扣除，或者在财务报表附注中列示股利。

3. 综合收益的每个组成部分对股东权益各个部分的影响必须单独披露。国外经营转换的利得或损失的重估值分别分配到一个特定的储备中。当期利润计入留存收益。

4.11　董事的会计责任

对于规模较大的公司，所有股东都参与公司管理是不现实的，他们任命董事代表他们管理公司。所有权与日常控制权的分离使得董事要对管理公司资产的受托责任做出说明和解释。为了满足这一需要，董事必须编制财务报表，公允地反映企业财务状况和经营业绩。这包括选择适当的会计政策，做出合理的会计估计，并在编制报表时遵守相关会计规则。为了避免财务报表中出现错报（无论是欺诈还是错误），还必须保持适当的内部控制制度。

公司的每个股东都有权收到董事编制的财务报表副本。公司还必须向公司注册处送交一份副本，供公众查阅。在证券交易所上市的公司还有义务在其网站上公布财务报表。

4.12　会计规则的必要性

董事们编制和公布财务报表的义务推动建立关于财务报表形式和内容的规则框架。没有规则，会产生很大的风险。肆无忌惮的董事可能会采用不能真实反映公司财务健康状况的会计政策和做法。还有一个更大的风险是，不同时间或者不同企业的财务报表将无法进行比较。会计规则可以缩小差异，减少会计方法的多变。这将有助于确保不同的企业以类似的方式处理类似的交易。

会计规则应有助于增强人们对财务报表质量的信心。这将使公司更容易从投资者那里筹集资金，并与客户和供应商建立更牢固的关系。然而，我们必须实事求是地看待通过监管可以实现的目标。即使是在高度管制的环境中，操纵和隐瞒的问题仍会发生。然而，通过制定会计规则应该会使这些问题变少。

企业之间的可比性问题也仍然可能发生。会计不是一门精确的科学。即使在受管制的环境中，也必须进行估计和判断。不同的人做出的估计和判断可能不一样。此外，没有两家企业是完全相同的。因此，不同的会计政策可能会被用来应对不同的情况。

4.13　会计规则的来源

近年来，企业国际化和金融市场一体化的趋势日益明显。这推动了国际会计规则的协调。一套共同的规则可以帮助信息使用者比较不同国家公司的财务健康状况。它还可以减轻国际化公司编制财务报表的负担。不再需要编制不同的财务报表来遵守公司经营所在国的规则。

国际会计准则理事会（IASB）是一个独立机构，处于迈向协调进程的前沿。该理事会设在英国，致力于制定一套高质量、全球公认的会计规则。其目的是确保财务报表中信息的透明度和可比性。这些规则被称为**国际会计准则**（International Accounting Standard，IAS）或**国际财务报告准**

则（International Financial Reporting Standard，IFRS），它们涉及以下关键问题：

- 应该披露哪些信息；
- 应该如何提供信息；
- 应该如何估值资产；
- 应该如何计量利润。

多年来，国际会计准则理事会的影响力逐步扩大并且更具权威性。目前，几乎所有主要经济体都采用了国际财务报告准则，或设定了采用的时间线，或与国际财务报告准则趋同（最值得注意的例外是美国）。在英国，国际会计准则理事会的影响仅限于上市公司；非上市的英国公司也可以选择采用国际财务报告准则。

公司法也要求英国公司遵循一些规则。这些规则涉及公司治理问题，超出了国际财务报告准则要求的范围。例如，要求在公布的财务报表中披露董事薪酬的细节。此外，金融行为监管局（FCA）作为英国（证券交易所）的上市监管机构，制定了针对在证券交易所上市公司的监管规则。其中要求公司除年度财务报表外，还要公布一套简明的中期（半年）财务报表。

图 4-5 列出了前文讨论的证券交易所上市公司会计规则的主要来源。

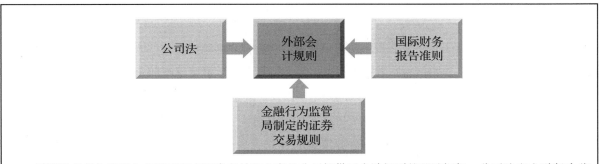

国际财务报告准则为几乎所有在证券交易所上市的公司提供了会计规则的基础框架。公司法和金融行为监管局的监管规定扩充了这些规则。

图 4-5　在伦敦证券交易所上市的英国公众有限责任公司外部会计规则的来源

4.14　审计师的作用

股东必须选出一名有资格并且独立的人，或者更常见的是由一家公司担任**审计师**（auditors）。审计师的主要职责是对财务报表是否按照要求编制发表意见，即对财务报表是否真实和公允地反映了公司的经营业绩、财务状况和现金流量发表意见。为了形成这一意见，审计师必须仔细检查财务报表及其所依据的证据，包括检查所遵循的会计准则、做出的会计估计和公司内部控制制度的稳健性。审计师的意见必须连同财务报表一起送交至股东和公司注册处。

股东、董事和审计师之间的关系如图 4-6 所示。这表明，股东任命董事在公司的日常运作中代表他们行事。然后，董事必须每年向股东"说明"公司的经营业绩、财务状况和现金流量。股东选择审计师，审计师审计之后向股东报告。

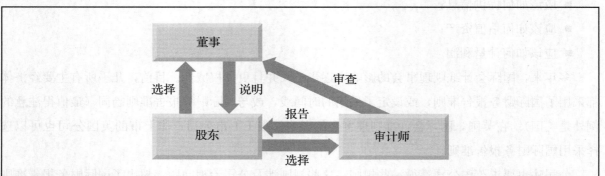

董事由股东任命，代表股东管理公司。董事必须每年通过财务报表向股东报告公司的经营业绩、财务状况和现金流量。为了使股东对报表更加信赖，股东还任命审计师对报告进行审计，并就其可靠性发表意见。

图 4－6　股东、董事和审计师之间的关系

4.15　管理层评论

企业的组织结构、经营制度和融资方法十分复杂。财务报表必须反映这些方面，才能如实反映财务状况和经营业绩。然而，这可能意味着财务报表也会变得复杂。了解更清晰的企业财务状况，管理层评论很有用。叙述性报告可以提供对财务结果的评论，以及了解企业财务健康状况所需的进一步信息。

在英国，管理层评论已经成为财务报告格式的一部分。下面我们分析两份叙述性报告，即董事报告和战略报告，这两份报告是对主要财务报表的补充。

（一）董事报告

董事必须在每个会计年度向股东提交一份报告。**董事报告**（directors' report）的内容由法律规定，包括当年的经营业绩和财务状况、企业和社会的未来前景等方面。对于大公司，报告必须涵盖以下事项：

- 在本报告期担任董事的人员姓名；
- 建议的股利；
- 员工参与公司事务的情况；
- 残疾人雇佣和培训；
- 上年年末以来影响公司的重要事项；
- 企业的未来发展；
- 研究和开发活动。

除了披露上述信息外，董事报告还必须包含一项声明，即董事没有隐瞒审计师出具审计报告所需的任何信息。还必须有一项声明，说明董事已采取措施，确保审计师了解了所有相关信息。审计师无须对董事报告进行审计。然而，他们要审查报告中的信息是否与已审财务报表中的信息一致。

（二）战略报告

直到最近，董事报告的一个重要内容是业务审查。它提供了大量叙述性信息，以帮助评估企业的经营业绩和财务状况。为了更加突出这项内容，已将其独立出来，放入**战略报告**（strategic report）中。战略报告的总体目标是帮助股东了解董事在促进公司成功方面的表现。除了最小的公司之外，所有公司的董事都有法律义务对企业在一年中的发展和业绩以及业务状况进行细致和全面的分析。报告还必须描述公司面临的主要风险和不确定性。

证券交易所上市公司编制的战略报告必须比其他公司披露更多的信息。图 4-7 总结了战略报告的主要特征。

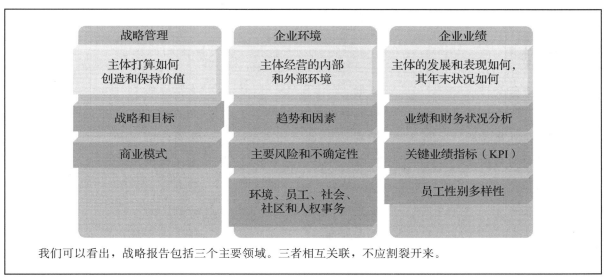

我们可以看出，战略报告包括三个主要领域。三者相互关联，不应割裂开来。

图 4-7　战略报告

资料来源：Financial Reporting Council（2014）*Guidance on the Strategic Report*，June，p. 20.

4.16　创造性会计

尽管会计规则激增，并强制要求独立审计，但是对财务报表质量的担忧仍时常出现。有时，董事们采用特定的会计政策，或者构造特定的交易，将企业的财务状况描绘成他们希望报表使用者看到的样子，而不是真实和公允地反映财务状况和经营业绩。以这种方式歪曲企业的经营业绩和财务状况被称为**创造性会计**（creative accounting），它对会计规则制定者和整个社会带来了一个重大问题。

（一）创造性会计方法

肆无忌惮的董事可以通过多种方式操纵财务报表。然而，这些方法通常采用新的或非正统的做法来报告财务报表的关键要素，如收入、费用、资产和负债。它们还可能需要使用复杂或模糊的交易，试图隐藏背后的经济实质。所进行的操纵可能是为了歪曲规则或打破规则。

许多创造性会计方法都是为了夸大一段时间的收入。这些方法往往涉及提前确认销售收入或者报告没有实际发生的销售交易。

（二）创造性会计与经济增长

多年前，出现了一波创造性会计丑闻，尤其是在美国，也涉及欧洲。然而，这波浪潮似乎已经平息。不同监管机构采取的行动意味着现在公司的行为受到更严格的控制。公司治理程序得到加强，财务报告规则更严格。对于那些想尝试的人来说，创造性会计现在更冒险和困难。然而，它永远不会完全消失，未来可能会发生另一波创造性会计丑闻。最近的一波浪潮正值经济强劲增长时期，在经济繁荣时，投资者和审计师的警惕性降低。因此，操纵数字的诱惑变得更大。然而，要使这种诱惑成为现实，需要一种薄弱的企业文化。

📚 关键术语

有限责任公司	股份	有限责任
公众有限责任公司	私人有限责任公司	企业所得税
伦敦证券交易所	董事	公司治理
英国公司治理准则	储备	名义价值
票面价值	收入储备	股利
普通股	优先股	分割
合并	资本储备	股本溢价账户
红股	已发行股本	已配售股本
付讫股票	催缴股本	实缴股本
税前利润	综合收益表	权益变动表
国际会计准则	国际财务报告准则	审计师
董事报告	战略报告	创造性会计

📚 复习题

4.1 我们为什么需要会计规则？你能想到一些反对使用会计规则的论点吗？

4.2 几个人打算成立一家公司，以开展新业务。在决定成立私人有限责任公司或者公众有限责任公司时，他们应该考虑哪些因素？

4.3　你认为公司的审计师应该编制财务报表吗？为什么？

4.4　与下列证券相比，优先股的主要特征有哪些？

（a）普通股；

（b）贷款票据。

📚 练习

基础练习

4.1　对下面这段话进行评论：

有限责任公司可以对它们要偿付的债务金额设定一个限制。它们往往有现金储备和股本，它们可以利用这些储备向股东支付股利。一些公司有优先股和普通股，优先股给予股利保证。一些公司的股票可以在证券交易所买卖。股东出售他们的股票为公司提供了一个有用的新融资来源。

中级练习

4.2　以下信息摘自 I. Ching 公众有限责任公司截至 2017 年 12 月 31 日的年度财务报表。

	单位：百万英镑
财务费用	40
销售成本	460
销售费用	110
销售收入	943
管理费用	212
其他费用	25
财产、厂房和设备重估值利得	20
国外经营外币折算损失	15
当年所得税	24
综合收益其他组成部分的税费	1

要求：编制截至 2017 年 12 月 31 日年度的综合收益表。

提升练习

4.3　以下是 Chips 有限责任公司的一套财务报表草稿。

Chips 有限责任公司
截至 2018 年 6 月 30 日的年度利润表（单位：千英镑）

销售收入	1 850
销售成本	（1 040）
毛利	810
折旧	（220）
其他经营成本	（375）
营业利润	215
利息费用	（35）
税前利润	180
税费	（60）
当期利润	120

2018 年 6 月 30 日资产负债表（单位：千英镑）

	成本	折旧	
资产			
非流动资产			
财产、厂房和设备			
建筑物	800	（112）	688
厂房和设备	650	（367）	283
机动车	102	（53）	49
	1 552	（532）	1 020
流动资产			
存货			950
应收账款			420
银行存款			16
			1 386
资产总计			2 406
权益和负债			
权益			
普通股（每股 1 英镑），付讫			800
年初储备			248
当期利润			120
			1 168
非流动负债			
借款（担保 10％ 贷款票据）			700
流动负债			
应付账款			361
其他应付款			117
税费			60
			538
权益和负债总计			2 406

有以下补充信息：

1. 未包括 2018 年 6 月 29 日收到的 23 000 英镑货物的采购发票。这意味着利润表中的销售成本被低估了。

2. 2018 年 6 月 30 日以 2 000 英镑的价格出售了一辆成本为 8 000 英镑、折旧为 5 000 英镑的机动车，对方用支票付款。这笔交易没有包括在公司的记录里。

3. 机动车未计提折旧。年度折旧率是年底成本的 20％。

4. 2018 年 7 月 1 日发生的 16 000 英镑赊销被错误地列入了财务报表。这个项目的销售成本是正确的。

5. 未支付 2018 年 6 月 30 日到期的担保贷款的半年期利息。

6. 税率是税前报告利润的 30％。假设它在年底后不久全额支付。

要求：

根据上述信息，编制修订后的财务报表。

第 **5** 章

计量和报告现金流量

本章概要

本章学习在第 2 章中确定的第一种主要财务报表：现金流量表。现金流量表报告一段时期内现金的流动情况以及这些流动对企业现金状况的影响。它是一种重要的财务报表，因为现金对企业的生存至关重要。没有现金，企业就无法经营。

在本章中，我们将看到现金流量表是如何编制的，以及如何解释它所包含的信息。我们还将看到为什么利润表无法识别和解释现金流，为什么有必要编制专门的报表。

之所以在了解有限责任公司之后学习现金流量表，是因为学习该报表的格式要先理解这种企业类型。大多数大型有限责任公司被要求向股东和其他信息使用者提供现金流量表作为其年度财务报告的一部分。

学习目标

学习完本章之后，你应该能够：

- 讨论现金对企业的重要性；
- 解释现金流量表的性质，并讨论它如何有助于识别现金流问题；
- 编制现金流量表；
- 解释现金流量表。

5.1　现金流量表

现金流量表较晚才成为需要公布的年度财务报表。以前公司只需要公布利润表和资产负债表。普遍的观点是，信息使用者需要的全部财务信息都包含在这两种报表中。该观点可能是基于这样的假设：如果一家企业能够盈利，那么它也将拥有充裕的现金。虽然从长期来看这可能是正确的，但在中短期内却未必如此。

正如我们在本书第 3 章中看到的，利润表列示了当期的收入和费用，而不是现金的流入和流出。这意味着代表该期间收入与费用之差的利润（或亏损）可能与该期间产生的现金之间几乎没有关系。

为了说明这一点，让我们举一个企业销售产品产生收入的例子，这会导致财富增加，并反映在利润表中。但是，如果以赊销的方式销售，则没有现金转手——至少在交易的时候没有。此时，财富的增加反映在另一项资产上：应收账款增加。此外，如果销售的是存货，企业就会因为存货的减少而损失财富。这意味着在销售过程中发生的费用，也将在利润表中列示。不过在销售时没有现金转手。由于这些原因，在一段时期内利润和现金很少同时产生。

从目前的情况来看，很明显利润表并不是帮助我们了解现金随时间变动情况的报表。我们需要一份专门的财务报表。

5.2　为什么现金如此重要？

为什么现金如此重要？这是一个有价值的问题。从某种意义上说，它只是企业运行所需的一种资产。因此，它与存货或非流动资产没有区别。

现金的重要性在于人们在清算要求权时通常只接受现金。如果企业想雇用员工，就必须用现金支付工资。如果要购买一项新的非流动资产，通常必须用现金支付给卖方（可能在短暂的信用期之后）。当企业面临困境时，缺乏现金来偿还负债是迫使它们倒闭的真正原因。现金对企业生存和利用商机至关重要。正是这些因素使现金成为企业非常重要的资产。在经济低迷时期，产生现金的能力变得更加重要。银行对于放贷变得更加谨慎，现金流不充足的企业往往很难获得融资。

真实世界 5-1 来自"连续企业家"Luke Johnson 的一篇文章。他密切参与了将 Pizza Express 从一家仅有 12 家餐厅的企业发展到有 250 多家餐厅的过程。与此同时，Pizza Express 的股价从 40 便士涨到了 9 英镑以上。在这篇文章中，他强调了现金流在企业管理中的重要性。

真实世界 5-1

现金为王

　　明智的企业家知道利润不一定是现金。但许多创始人从未理解这个重要的会计事实。现金流量预测表比利润表更重要。缺乏流动性可能会置公司于死地，但是如果一家公司有足够的现金，就算它出现数年的账面亏损，也能生存下去。令人惊讶的是，尽管多年来发生了许多备受瞩目的灾难，但是金融记者、基金经理、分析师、银行家和公司董事仍然专注于账户中的错误数字。

　　资料来源：Johnson, L.（2013）'The most dangerous unforced errors', *Financial Times*，9 July.
© The Financial Times Limited 2013. All Rights Reserved.

5.3　现金流量表的主要特征

　　现金流量表总结了一段时间内企业现金（和现金等价物）的流入和流出。为了帮助信息使用者理解，这些现金流被分为几类（例如，与非流动资产投资有关的现金流量）。每个类别中的现金流入和流出加在一起，可以得到该类别的合计金额。这些合计金额显示在现金流量表中，把它们加总，即为该期间现金（和现金等价物）的净增加或净减少。

　　在详细描述如何编制和列示现金流量表时，我们遵循国际会计准则第 7 号"现金流量表"的要求。

5.4　现金和现金等价物的定义

　　国际会计准则第 7 号将现金定义为手中的纸币和硬币，以及在银行和类似机构中可以随时使用的存款。现金等价物是短期、流动性强的投资，可以很容易地转换为已知金额的现金。它们的价值变动风险很小。图 5-1 以决策图的形式阐述了现金等价物的定义。

5.5　主要财务报表之间的关系

　　现金流量表与利润表和资产负债表一样，是一种主要的财务报表。这三种报表之间的关系如图 5-2 所示。资产负债表列示了企业在某一特定时点的各种资产（包括现金）和要求权（包括股东权益）。现金流量表和利润表解释了资产负债表中的项目在一段时期内的变化。现金流量表解释了现金的变化；利润表解释了由交易业务引起的权益变化。

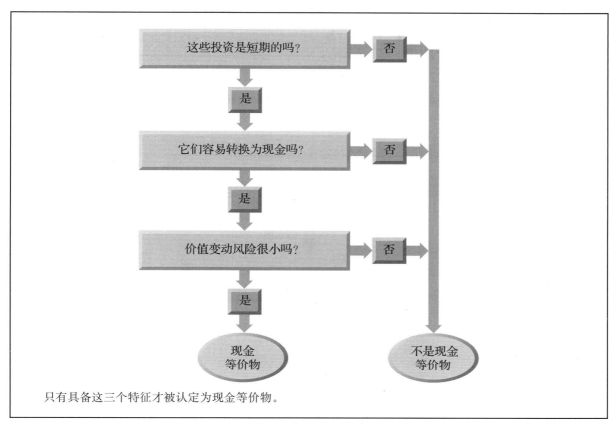

只有具备这三个特征才被认定为现金等价物。

图 5 - 1 识别现金等价物的决策图

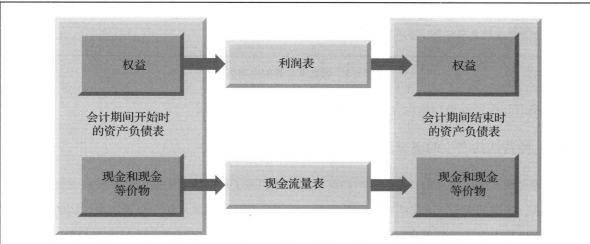

资产负债表显示了特定时点企业资产和要求权之间的关系。利润表解释了在两份资产负债表之间的一段时间内，由于交易业务，资产负债表中的权益数字是如何发生变化的。现金流量表也反映报告期发生的变化，它解释了现金（和现金等价物）余额在两份连续资产负债表之间的变化。

图 5 - 2 资产负债表、利润表和现金流量表之间的关系

5.6 现金流量表的布局

如前所述，企业的现金流被划分为不同的类别。各种类别的现金流及其在现金流量表中的呈现方式见图 5-3。

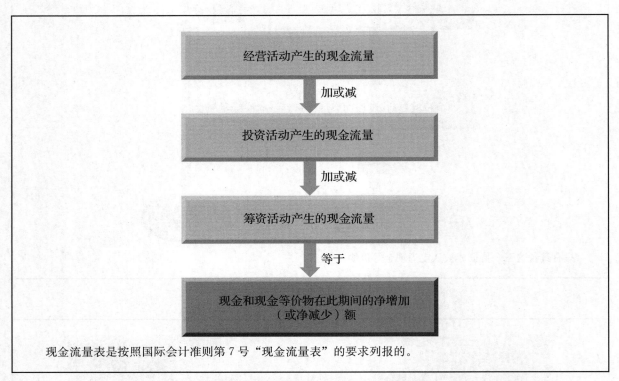

现金流量表是按照国际会计准则第 7 号"现金流量表"的要求列报的。

图 5-3 现金流量表的标准列报

现在我们分析每种类别的现金流量。

（一）经营活动产生的现金流量

此类现金流入和流出是由日常经营活动产生的，并扣除了这些活动中支付的税费和融资（权益和借款）成本。当期的现金流入是当期从应收账款（赊销客户结清账款）和现金销售中收到的金额。当期的现金流出是为存货、营业费用（如租金和工资）、企业所得税、利息和股利支付的金额。

请注意，现金流量表中的某一期间的现金流入和流出不等于该期间的收入和费用。同样地，现金流量表中的税费和股利是当期实际支付的税费和股利。许多公司分四次缴纳年度所得税。其中两次在当年缴纳，另外两次在下一年缴纳。因此，每年年底，有一半的税款已经缴纳，剩下的一半仍未缴纳，并将在下一年缴纳。这意味着一年中缴纳的税款通常等于上一年所得税的一半加上当年所得税的一半，合计金额应当出现在当年的现金流量表中。

（二）投资活动产生的现金流量

投资活动产生的现金流量包括取得非流动资产的现金流出和处置非流动资产的现金流入。除财产、厂房和设备等项目外，非流动资产还可能包括贷款或持有其他企业的股份等。

这种类别的现金流量还包括接受金融投资（贷款和股票）产生的现金流入。

根据国际会计准则第 7 号，董事可以选择将收到的利息和股利归类为经营活动产生的现金流量。当这些项目出现在利润计算过程中时，可采用这种替代处理方法。但在本章，我们将把它们包括在投资活动产生的现金流量中。

（三）筹资活动产生的现金流量

筹资活动产生的现金流量是与企业长期融资有关的现金流入和流出。

根据国际会计准则第 7 号，董事可以选择将企业支付的利息和股利作为筹资活动产生的现金流出。另外一种方法是将其列入经营活动产生的现金流量，因为它们是筹资的一项成本。但是，本章我们不使用这种替代处理方法。

无论选择哪种利息和股利（支付的和收到的）处理方式，都应该一致地应用。

（四）现金和现金等价物的净增加或净减少额

现金流量表上显示的最终合计额是该期间现金和现金等价物的净增加或净减少额。这个金额可以从上面提到的三类现金流量总额中推导出来。

我们马上会看到，在提供给股东和其他信息使用者的现金流量表中列示了每个大标题下的详细信息。

5.7　现金流量的正常方向

每一类活动对企业现金和现金等价物的影响如图 5-4 所示。箭头表示的是一家典型盈利企业在一个报告期内现金流量的正常方向。

正常情况下，经营活动提供正的现金流量，因此会增加企业的现金资源。对于大多数英国企业而言，日常经营产生的现金（扣除税费、利息和股利）是最重要的新融资来源。

投资活动通常会产生负的净现金流。这是因为许多非流动资产因为磨损或者过时而需要被替换。企业也可能扩大其资产规模。当然，非流动资产可能会被出售，从而产生正的现金流。然而，净现金流量通常为负，因为购建新资产支付的现金远远超过出售旧资产收到的现金。

筹资活动产生的现金流量可能为正或者为负，这取决于当时的筹资策略。然而，由于企业寻求扩张，筹资活动往往导致现金流入而不是现金流出。

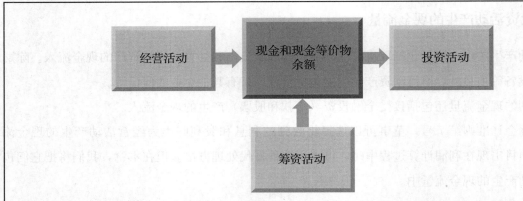

企业各种活动对现金和现金等价物的总额都有不同的影响，可能是正向影响（增加总额），也可能是负向影响（减少总额）。一段时期内现金和现金等价物的净增加或净减少额是考虑了每项活动影响（现金流入或现金流出）的总和。

请注意，箭头的方向表示每项活动现金流的正常方向。在某些情况下，这些箭头的方向可能相反。

图 5 - 4　现金流量表图示

在结束本节之前，我们看一下真实世界 5 - 2。它解释了为何近年来许多美国企业的现金流出超过了经营活动产生的现金流量。这一现象使得借款需求增加。它还指出，现金流出往往不是出于再投资的目的。

真实世界 5 - 2

花钱，花钱，花钱!

美国公司现金充裕。关于这件事，没有什么好消息，也没有什么大秘密。多年以来的历史最低利率促使公司增加借款。但是，新的进展是投资者开始更详细地询问公司用现金做了什么。他们开始反对过度借贷。2015 年，过度借贷增长最明显，并且伴随着盈利增长乏力，甚至在许多情况下盈利转为负增长，这使得公司债务的急剧增加看起来难以维持。

这个问题最令人震惊的例证是将净债务的年度变化与利息、所得税、折旧和摊销前利润（EBITDA）的年度变化进行比较。EBITDA 是企业可用以偿债的经营活动产生的现金流量的一个不错的近似值。如图 5 - 5 所示，债务在 2015 年中增长了近 30%，用以偿债的现金流量却略有下降。

法国兴业银行（Société Générale）的 Andrew Lapthorne 表示，事实是"美国公司似乎支出太多（超过其总经营活动产生的现金流量的 35%，是 20 多年来数据中最大的赤字），并且正在利用债务发行弥补差额"。在 2015 年，盈利和现金流量的下降加剧了这个问题，并使其成为投资者最关注的问题。

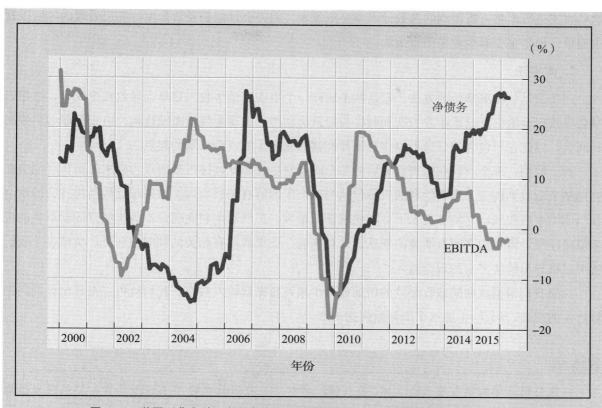

（%）

净债务

EBITDA

年份

图 5-5　美国（非金融）企业净债务与经营活动产生的现金流量的年度变化

另一个问题是这些债务的用途。正如在危机后的几年里多次指出的那样，它通常没有用于资本支出（财产、厂房和设备），而资本支出或许有望提振经济。相反，它被用于支付股利、回购股票或收购其他公司。

资料来源：Authers, J. （2016）'Alarm over corporate debt and stalled earnings'，*Financial Times*，27 April.

5.8　编制现金流量表

（一）推导经营活动产生的现金流量净额

如我们所见，现金流量表中的第一个类别是经营活动产生的现金流量。有两种方法可以得到这个数据：**直接法**（direct method）和**间接法**（indirect method）。

1. 直接法

直接法需要对该期间的现金日记账进行分析，识别与经营活动有关的所有支出和收入。然后对这些收支进行汇总，将得到的总数计入现金流量表。因为会计记录通常是由计算机处理的，所以这很简单。但是很少有企业采用直接法。

2. 间接法

间接法是一种更常见的方法。它是基于这样一个事实：销售收入迟早会导致现金流入，费用迟早会导致现金流出。这意味着当期利润将与经营活动产生的现金流量净额挂钩。由于企业必须编制利润表，因此它所包含的信息可以作为推导经营活动产生的现金流量的起点。

对于赊销，现金收款在销售完成后的某个时点发生。因此，接近当前报告期末的销售可能会在当期结束后收到现金。当期的利润表将包括当期产生的所有销售收入。如果与这些销售有关的现金在当期结束后收到，它将被列入下一期的现金流量表。虽然当期利润通常不等于经营活动产生的现金流量净额，但它们之间有明显的联系。这意味着，如果我们有相关的利润表和资产负债表，我们就可以推导出销售产生的现金流入。

如果我们根据该期间应收账款的增加或减少来调整销售收入数字，我们就可以推导出该期间销售产生的现金。例5-1展示了如何做到这一点。

例5-1

一家公司当年的销售收入为3 400万英镑。年初的应收账款总额为400万英镑，但到年末已增至500万英镑。

基本上，应收账款数额由销售收入和现金收款决定。应收账款在赊销发生时增加，在从赊销客户处收款时减少。如果一年中的销售收入和现金收款相等，那么年初和年末的应收账款数字也应相等。由于应收账款数字增加，这肯定意味着收到的现金少于销售收入。实际上，来自销售的现金收入肯定是3 300万英镑（3 400—（500—400））。

我们可以说，销售业务使得3 400万英镑的资产流入了企业。如果应收账款增加了100万英镑，那么现金就增加了3 300万英镑。

对于计算营业利润时要考虑的几乎所有项目，上述观点都适用。主要的例外是折旧，这一费用通常与同一时期的现金变动无关。

通过以上方法我们可以获取当年的税前利润（即税前息后利润），在此基础上加回为计算该利润而扣除的折旧和利息费用，并根据存货、应收账款、其他应收款、应付账款、其他应付款的变动进行调整。然后，继续扣除在报告期内支付的税款、借款利息和股利，将得到经营活动产生的现金流量净额。

例5-2

Dido公司去年财务报表的相关信息如下：

	单位：百万英镑
税前利润（扣除利息后）	122
计入税前利润的折旧费用	34
利息费用	6
年初：	
存货	15
应收账款	24
应付账款	18
年末：	
存货	17
应收账款	21
应付账款	19

去年的付款情况如下：

	单位：百万英镑
支付的税费	32
支付的利息	5
支付的股利	9

经营活动产生的现金流量推导如下：

	单位：百万英镑
税前利润（扣除利息后）	122
折旧费用	34
利息费用	6
存货的增加（17 — 15）	(2)
应收账款的减少（21—24）	3
应付账款的增加（19— 18）	1
经营活动产生的现金流量	164
支付的利息	(5)
支付的税费	(32)
支付的股利	(9)
经营活动产生的现金流量净额	118

我们可以看到，交易产生的**营运资本***（working capital）（即流动资产减去流动负债）净增加 1.62 亿英镑（122＋34＋6）。其中存货增加 200 万英镑。应收账款产生的现金收款大于销售收入。同样，应付账款产生的现金付款小于赊购的商品和服务。二者都对现金有有利影响。因此，在这一年中，现金增加了 1.64 亿英镑。考虑了利息、税费和股利付款之后，经营活动产生的现金流量净额为 1.18 亿英镑（流入）。

需要注意的是，我们需要用折旧和利息费用来调整税前利润（扣除利息后），从而得到 EBITDA。

﹡营运资本是一个在会计和金融领域中广泛使用的术语，而不仅仅是在现金流量表中使用。我们将在后面的章节中多次提到它。

我们应该清楚，为什么在计算经营活动产生的现金流量开始时加回一个利息金额，之后又减去一个利息金额。原因是，第一个加固的利息金额是报告期的利息费用，而第二个减去的是在此期间用现金支付的利息。它们的金额可能不同，就像例 5-2 中的情况。

图 5-6 总结了计算经营活动产生的现金流量净额的间接法。

确定经营活动产生的现金流量净额，首先，要将折旧和利息费用加回税前利润。其次，调整存货、应收账款、应付账款的增加或减少。最后，扣除为利息、税费和股利支付的现金。

图 5-6　推导经营活动产生的现金流量净额的间接法

﹡注意，股利也可以包括在"筹资活动产生的现金流量"项目下。

在继续分析现金流量表的其他方面之前，有必要强调一个重点。我们可以从税前利润推导出经营活动产生的现金流量净额，但是不能得出这两个数字大体一致的结论。一般情况下，从利润数字推导出经营活动产生的现金流量的调整规模很大。

（二）计算现金流量表的其他部分

计算投资和筹资活动产生的现金流量比推导经营活动产生的现金流量净额要容易得多。它主要涉及比较期初和期末的资产负债表，以发现该期间的非流动资产、非流动负债和权益的变化。我们通过例 5-3 了解如何编制一个完整的现金流量表。

例 5-3

Torbryan 公司截至 2017 年 12 月 31 日的年度利润表以及 2016 年 12 月 31 日和 2017 年 12 月 31 日的资产负债表如下：

截至 2017 年 12 月 31 日的年度利润表（单位：百万英镑）	
销售收入	576
销售成本	(307)
毛利	269
销售费用	(44)
管理费用	(26)
营业利润	199
利息收入	17
利息费用	(23)
税前利润	193
税费	(46)
当期利润	147

2016 年 12 月 31 日和 2017 年 12 月 31 日资产负债表（单位：百万英镑）		
	2016 年	**2017 年**
资产		
非流动资产		
财产、厂房和设备		
土地和建筑物	241	241
厂房和机器	309	325
	550	566

续表

	2016 年	2017 年
流动资产		
存货	44	41
应收账款	<u>121</u>	<u>139</u>
	165	180
资产总计	715	746
权益和负债		
权益		
催缴普通股股本	150	200
股本溢价	——	40
留存收益	<u>26</u>	<u>123</u>
	176	363
非流动负债	——	——
借款——贷款票据	<u>400</u>	<u>250</u>
流动负债		
借款（所有银行透支）	68	56
应付账款	55	54
税费	<u>16</u>	<u>23</u>
	139	133
权益和负债总计	715	746

2017 年，企业花费了 9 500 万英镑购建额外的厂房和机器。没有取得或处置其他非流动资产。当年支付普通股股利 5 000 万英镑。当年的利息收入和利息费用分别等于其现金流入和流出。已按名义价值（票面价值）赎回了 1.5 亿英镑的贷款票据。

现金流量表为：

截至 2017 年 12 月 31 日的年度现金流量表（单位：百万英镑）	
经营活动产生的现金流量	
税前利润（扣除利息后）（注 1）	193
调整：	
折旧费用（注 2）	79
利息收入（注 3）	(17)
利息费用（注 4）	23
应收账款的增加（139—121）	(18)
应付账款的减少（55—54）	(1)

续表

存货的减少（44－41）	3
经营活动产生的现金流入	262
支付的利息	(23)
支付的税费（注 5）	(39)
支付的股利	(50)
经营活动产生的现金流量净额	150
投资活动产生的现金流量	
取得有形非流动资产支付的现金	(95)
收到的利息（注 3）	17
投资活动使用的现金净额	(78)
筹资活动产生的现金流量	
偿还贷款票据	(150)
发行普通股（注 6）	90
筹资活动使用的现金净额	(60)
现金和现金等价物净增加额	12

要了解这与企业年初和年末现金之间的关系，提供如下调节过程会很有用：

截至 2017 年 12 月 31 日年度的现金和现金等价物分析（单位：百万英镑）	
2017 年 1 月 1 日的透支余额（注 7）	(68)
现金流量净额	12
2017 年 12 月 31 日的透支余额	(56)

注：

1. 直接从当年利润表中取得。

2. 由于没有任何处置，折旧费用必定是当年年初和年末厂房和机器（非流动资产）价值之差，并按增加的成本进行调整。

单位：百万英镑

2017 年 1 月 1 日账面价值	309
增加	95
	404
折旧（余额数字）	(79)
2017 年 12 月 31 日账面价值	325

3. 在计算利润表中税前利润时加入的利息收入必须扣除，因为它不是经营活动的一部分，而是投资活动的一部分。利息收入产生的现金流入出现在投资活动现金流量项目下。

4. 利息费用必须加回利润数据中。我们之后扣除当年用现金支付的利息。在本例中，两个数字是相同的。

5. 许多公司分期支付税款：在报告年度支付 50%，下一年支付 50%。因此，2017 年支付的税款是 2016 年所得税的一半（即 2016 年底在流动负债中出现的数字）加上 2017 年税款的一半（16＋46×1/2＝39）。得出截至 2017 年 12 月 31 日的年度内已支付金额的最简单方法是：

	单位：百万英镑
年初欠的税款（取自 2016 年 12 月 31 日的资产负债表）	16
当年的税费（取自利润表）	<u>46</u>
	62
年末欠的税款（取自 2017 年 12 月 31 日的资产负债表）	(23)
当年缴纳的税款	39

这遵循以下逻辑：年初企业欠的税款，加上当年的应缴税款，减去期末欠的税款，得到的数字就是当年已支付的税款。

6. 发行股票筹集了 9 000 万英镑，其中有 5 000 万英镑进入了资产负债表的股本，4 000 万英镑计入股本溢价。

7. 没有"现金等价物"，只有现金（尽管为负数）。

5.9　现金流量表告诉我们什么？

现金流量表告诉我们企业在某一期间是如何产生和使用现金的，这是非常有用的信息。跟踪企业一段时期现金的来源和使用可能会发现规律，可以帮助所有者评估企业未来可能的现金流动。

观察例 5-3 中 Torbryan 公司的现金流量表，可以看到以下内容：

■ 经营活动产生的现金流量净额看起来很大，比当年的利润要大得多（考虑了支付的股利之后）。这可能是因为折旧在计算利润时会扣除。

■ 营运资本吸收了一些现金，这可能表明当年业务（销售收入）有所增加。但是，由于我们只有一年的利润表，因此无法确定这种情况是否已经发生。

■ 投资活动产生了现金净流出，这非常常见。许多类型的非流动资产寿命有限，需要更换。当年的支出与折旧费用并没有不符，对于有非流动资产定期更换计划的企业，这是可以预期的。

■ 偿还借款导致了大量现金流出，但部分被发行股票的现金流入所抵消。这很可能代表着融资策略的改变。

关键术语

直接法	间接法	营运资本

复习题

5.1　对于除服务业之外的典型企业来说，其资源主要是存货。存货比现金要多出约 50%。但是并不要求企业编制"存货流量表"。为什么现金比存货更重要？

5.2　推导经营活动产生的现金流量的直接法和间接法有什么区别？从财务报表外部使用者

的角度来看，你能看出使用间接法而不是直接法的优点吗？

5.3 依次分析现金流量表的每一类现金，你期望现金流量的方向是什么？解释你的答案。

（a）经营活动产生的现金流量。

（b）投资活动产生的现金流量。

（c）筹资活动产生的现金流量。

5.4 "利润应该几乎等于某一期间的现金流量净额。"你同意这一说法吗？说明理由。

练习

基础练习

5.1 以下事项最终将如何影响现金的金额？

（a）存货水平增加。

（b）发行普通股。

（c）用普通股发放红股。

（d）冲销部分存货的价值。

（e）一个主要股东出售大量企业股票。

（f）非流动资产折旧。

中级练习

5.2 Torrent 公司截至 2017 年 12 月 31 日的年度利润表以及 2016 年 12 月 31 日和 2017 年 12 月 31 日的资产负债表如下：

截至 2017 年 12 月 31 日的年度利润表（单位：百万英镑）	
销售收入	623
销售成本	（353）
毛利	270
销售费用	（44）
管理费用	（30）
营业利润	196
利息费用	（26）
税前利润	170
税费	（36）
当期利润	134

2016 年 12 月 31 日和 2017 年 12 月 31 日资产负债表（单位：百万英镑）		
	2016 年	**2017 年**
资产		
非流动资产		
财产、厂房和设备		
土地和建筑物	310	310
厂房和机器	325	314
	635	624
流动资产		
存货	41	35
应收账款	139	145
	180	180
资产总计	815	804
权益和负债		
权益		
催缴普通股股本	200	300
股本溢价	40	—
重估值储备	69	9
留存收益	123	197
	432	506
非流动负债		
借款——贷款票据	250	150
流动负债		
借款（所有银行透支）	56	89
应付账款	54	41
税费	23	18
	133	148
权益和负债总计	815	804

　　2017 年，企业花费了 6 700 万英镑购建额外的厂房和机器。没有取得或处置其他非流动资产。

　　本年度没有发行股票。利息费用与现金流出金额相等。支付 6 000 万英镑股利。

要求：

为 Torrent 公司编制截至 2017 年 12 月 31 日的年度现金流量表。

提升练习

5.3 Blackstone 公司的下列财务报表是一套简化的公开账户。Blackstone 公司是一家工程企业，在 2013 年开发了一系列新产品。这些产品目前占其销售收入的 60%。

截至 3 月 31 日的年度利润表（单位：百万英镑）		
	2017 年	**2018 年**
销售收入	7 003	11 205
销售成本	(3 748)	(5 809)
毛利	3 255	5 396
营业费用	(2 205)	(3 087)
营业利润	1 050	2 309
利息费用（注 1）	(216)	(456)
税前利润	834	1 853
税费	(210)	(390)
当期利润	624	1 463

3 月 31 日资产负债表（单位：百万英镑）		
	2017 年	**2018 年**
资产		
非流动资产		
财产、厂房和设备（注 2）	4 300	7 535
无形资产（注 3）	—	700
	4 300	8 235
流动资产		
存货	1 209	2 410
应收账款	641	1 173
银行存款	123	—
	1 973	3 583
资产总计	6 273	11 818

3 月 31 日资产负债表（单位：百万英镑）

	2017 年	2018 年
权益和负债		
权益	1 800	1 800
股本溢价	600	600
资本储备	352	352
留存收益	685	1 748
	3 437	4 500
非流动负债		
借款——银行借款（2021 年偿还）	1 800	3 800
流动负债		
应付账款	931	1 507
税费	105	195
借款（所有银行透支）	—	1 816
	1 036	3 518
权益和负债总计	6 273	11 818

注：

1. 每年的利息费用和其现金流出相等。

2. 本年财产、厂房和设备的变动情况如下：

单位：百万英镑

	土地和建筑物	工厂和机械	固定装置和配件	总计
成本				
2017 年 4 月 1 日	4 500	3 850	2 120	10 470
增加	—	2 970	1 608	4 578
处置	—	(365)	(216)	(581)
2018 年 3 月 31 日	4 500	6 455	3 512	14 467
折旧				
2017 年 4 月 1 日	1 275	3 080	1 815	6 170
年度费用	225	745	281	1 251
处置	—	(305)	(184)	(489)
2018 年 3 月 31 日	1 500	3 520	1 912	6 932
账面价值				
2018 年 3 月 31 日	3 000	2 935	1 600	7 535

3. 无形资产是本年度收购另一家工程企业产生的商誉金额（已支付）。

4. 在截至 2018 年 3 月 31 日的年度中，出售非流动资产的收益达 5 400 万英镑。

5. 2017 年支付的普通股股利为 3 亿英镑，2018 年支付的普通股股利为 4 亿英镑。

要求：

为 Blackstone 公司编制一份截至 2018 年 3 月 31 日的年度现金流量表。

（提示：处置非流动资产的损失（赤字）可以简单视为一个额外的折旧金额，在编制现金流量表时按折旧处理。）

第**6**章

分析和解读财务报表

本章概要

　　在本章中，我们来分析和解读第 2 章和第 3 章讨论过的财务报表。我们将看到如何使用财务（或会计）比率帮助评估企业的财务业绩和经营状况。我们还将研究在应用财务比率时遇到的问题。

　　财务比率可以用来检查不同方面的财务健康状况，被外部使用者（比如股东、债权人和管理者）广泛使用。它们对管理者做出各种决策很有帮助，比如利润规划、营运资本管理和财务结构等。

学习目标

学习完本章之后，你应该能够：

- 识别用来分析财务报表的主要比率类型；
- 计算评估企业财务业绩和经营状况的关键比率；
- 解释计算比率的重要性；
- 讨论比率作为财务分析工具的局限性。

6.1　财务比率

　　财务比率提供一种快速且相对简单的方法来评估企业的财务健康状况。比率通常简单地将出现在财务报表中一个数字与另一个数字关联起来（例如，将营业利润与销售收入相关联），或者可能是与企业的一些资源关联起来（例如，每一位员工创造的营业利润）。

在比较不同企业的财务健康状况时财务比率非常有帮助。不同企业的经营规模可能存在差异，所以直接比较每家企业的营业利润可能会产生误导。通过将营业利润与其他指标（比如已动用资本）相关联，规模的问题将会被消除。这意味着，通过使用这一简单的指标，一家营业利润为10 000 英镑、已动用资本为 100 000 英镑的企业，可以与营业利润为 80 000 英镑、已动用资本为1 000 000 的规模更大的企业进行比较。小企业的营业利润与已动用资本比率为 10%（10 000/100 000×100%），大企业的营业利润与已动用资本比率为 8%（80 000/1 000 000×100%）。这些财务比率可以直接比较，而营业利润这种绝对数字的比较可能没有意义。通过使用财务比率消除规模差异也可以用于比较同一企业在不同期间的业绩。

计算少量的财务比率，通常就可以建立起一幅揭示企业财务业绩和经营状况的图像。因此，财务比率被对企业和企业业绩感兴趣的人们广泛使用也就不足为奇了。财务比率计算起来并不难，但可能很难解释。

财务比率帮助我们确定存在的问题，而不能提供解决办法。它们可以帮助突出企业的财务优势和劣势，但是无法解释为什么存在这些优势或劣势，或者为什么发生某些改变。它们是进一步分析的起点，只有详细的调查才能揭示潜在的原因。

财务比率有多种表达形式，比如百分数或者比例。某一财务比率的表达方式取决于信息使用者的需求。尽管可以计算大量的财务比率，但是对特定的使用者来说，只有少数几个基于关键关系的财务比率对其有帮助。很多可以从财务报表中计算得出的财务比率（例如应付租金与流动资产比率）可能不会被考虑，因为二者之间通常没有任何明确或有意义的关系。

没有适用于财务报表的通用财务比率列表，许多财务比率也没有一种标准的计算方式。财务比率的选择及其计算在实践中有很多变化。因此，重要的是在比较时保持计算方式的一致性。我们要讨论的财务比率非常受欢迎，大概是因为它们对决策是有用的。

▊ 6.2　财务比率的类型

财务比率可以分为几类，每个类别都与财务业绩或经营状况的某个方面相关。以下大致的分类为解释财务比率的性质提供了有用的基础。

■ 盈利能力。一般而言，企业存在的主要目的是为其所有者创造财富。盈利能力比率反映了这一目的的实现程度。它们通常为利润相对于财务报表中其他关键指标或者相对于一些企业资源的比例。

■ 效率。财务比率可以用于衡量特定企业资源（如存货）的使用效率。这些比率也被称为活动比率。

■ 流动性。有足够的流动资源来偿还即将到期的债务（即必须近期将偿还的欠款）对于企业的生存来说至关重要。流动性比率反映流动资源与近期将要偿付金额之间的关系。

■ 财务杠杆。这类比率反映企业所有者提供的资金与债权人提供的资金之间的关系。这种关系很重要，因为它对企业的风险水平有重要影响。财务杠杆比率有助于揭示企业贷款融资的使用程度，以及企业因此承担的风险。

■ 投资。这种比率可以供不参与管理企业的股东使用，以评估他们的股份带来的回报（例如利润和股利）。

这些比率试图反映企业的财务健康状况的五个关键方面，总结如图 6-1 所示。

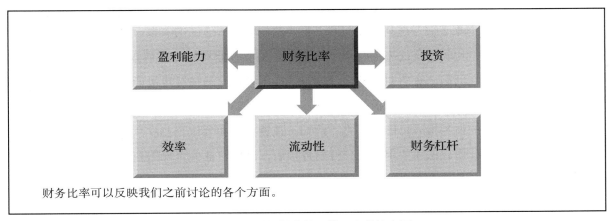

财务比率可以反映我们之前讨论的各个方面。

图 6-1　财务健康状况的五个关键方面

分析人员必须清楚目标使用者是谁，以及他们为什么需要这些信息。不同的财务报表使用者可能有不同的信息需求，这将影响他们认为有用的比率。例如，股东可能对与其投资有关的风险回报感兴趣。因此，他们可能对盈利能力、投资以及财务杠杆比率特别感兴趣。长期债权人可能会关心企业的长期生存能力，为了做出评估，他们可能对盈利能力和财务杠杆比率感兴趣。短期债权人（例如赊销商品和服务的供应商）可能对企业的短期偿债能力感兴趣，因此，他们更关注流动性指标。

6.3　比较的必要性

仅仅计算财务比率不会为我们提供太多关于企业财务业绩或经营状况的信息。例如，如果某个财务比率表明一家零售企业每平方米的面积可以产生 100 英镑的销售收入，仅依靠这一信息无法判断业绩好坏。只有将该比率与某个"基准"进行比较时，才能解释和评价这一信息。

现在我们依次分析三种基准。

（一）过去期间

通过将计算出的财务比率与以前期间的相同比率进行比较，可以判断业绩是否改善或者恶化。正如我们将在本章后续内容中看到的那样，追踪特定指标随时间的变化（例如 5 年或 10 年），对于判断其可能的发展趋势是很有用的。然而，比较不同时期的财务比率也可能存在问题，尤其是在所比较期间的交易情况有很大差异时。还有一个问题是，只比较一家企业在不同时期的业绩，经营效率低下的问题可能不会很明显地暴露出来。例如，某企业的人均销售收入比上一期间增长了 10%，第一次看到这个结果似乎很令人满意。但是事实可能并非如此，相似企业的人均销售收入同期可能增长了 50%，或者基期的人均销售收入比该企业好得多。还可能存在的问题是通货膨胀扭曲了财务比率的计算依据。通货膨胀可能导致高估利润、低估资产，这将在本章的后面部分进行讨论。

（二）相似企业

在竞争环境中，企业必须考虑其业绩与同一行业其他企业的业绩的关系。业绩表现更好的企业才有能力存续。因此，比较特定比率的一个有用基础是相似企业在同一时期该比率所达到的水平。然而，这个基础仍存在问题。竞争对手的会计期末可能不同，交易情况也可能不同，还可能有不同的会计政策（例如计算折旧或存货估值的方法不同），这可能对报告利润和资产价值产生重要影响。最后，获取竞争对手的财务报表可能很困难。例如，独资企业和合伙企业没有义务向公众提供财务报表。对于有限责任公司，法律要求它们公开财务报表。然而，业务多元的企业可能无法提供足够详细的活动信息用于与其他企业进行比较。

（三）计划业绩

财务比率可以用于与管理层之前制定的目标进行比较。将实际业绩与计划业绩进行比较是评估业绩实现情况的有用方法。计划业绩通常是管理者评估企业业绩最有效的基准，然而，如果要使计划业绩具有可比性，计划业绩必须基于现实的假设。

可以为企业活动的各个方面制定计划比率或目标比率。在制定这些比率时，通常要考虑过去的业绩和其他企业的业绩。但是，这并不意味着企业应该试图达到这些业绩水平。或许这二者都无法提供一个适当的目标。

我们应该知道，企业之外的人通常无法获取企业的计划。对于这些人来说，过去的业绩和其他相似企业的业绩，是企业可能会提供的唯一的实践基准。

6.4 计算比率

解释财务比率的最佳方法是举例。例 6-1 提供了一套财务报表，我们可以通过财务报表计算重要的比率。

例 6-1

以下财务报表与经营地毯批发业务的 Alexis 公司有关。

3 月 31 日的资产负债表（单位：百万英镑）		
	2017 年	**2018 年**
资产		
非流动资产		
财产、厂房和设备（成本减去折旧）		
土地和建筑物	381	427
固定装置和配件	129	160
	510	587
流动资产		
存货	300	406
应收账款	240	273
银行存款	4	—
	544	679
资产总计	1 054	1 266
权益和负债		
权益		
普通股（每股 0.50 英镑）（注 1）	300	300
留存收益	263	234
	563	534
非流动负债		
借款——9％贷款票据（已担保）	200	300
流动负债		
应付账款	261	354
税费	30	2
短期借款（所有银行透支）	—	76
	291	432
权益和负债总计	1 054	1 266

截至 3 月 31 日的年度利润表（单位：百万英镑）		
	2017 年	**2018 年**
销售收入（注 2）	2 240	2 681
销售成本（注 3）	(1 745)	(2 272)
毛利	495	409
营业费用	(252)	(362)

续表

	2017 年	2018 年
营业利润	243	47
利息费用	(18)	(32)
税前利润	225	15
税费	(60)	(4)
当期利润	165	11

注：

1. 2017 年和 2018 年报告期末，公司股票的市场价分别为每股 2.50 英镑和每股 1.50 英镑。

2. 所有销售和采购都采用信用方式（即赊销和赊购）。

3. 销售成本数据分析如下：

单位：百万英镑

	2017 年	2018 年
期初存货	241	300
采购（注 2）	1 804	2 378
	2 045	2 678
期末存货	(300)	(406)
销售成本	1 745	2 272

4. 截至 2016 年 4 月 1 日，应收账款为 2.23 亿英镑，应付账款为 1.83 亿英镑。

5. 每年支付给股东的股利为 4 000 万英镑。

6. 截至 2017 年 3 月 31 日该公司共雇用 13 995 名员工，截至 2018 年 3 月 31 日该公司共雇用 18 623 名员工。

7. 公司在 2018 年通过建立一座新仓库和分销中心扩大了产能。

8. 截至 2016 年 4 月 1 日，权益总额为 4.38 亿英镑，权益和非流动负债总额为 6.38 亿英镑。

6.5 简要概述

在我们开始仔细分析 Alexis 公司（见例 6-1）的财务比率之前，有必要快速看一下财务报表中提供的信息。这样可以发现财务比率无法识别的一些问题，也可以找出一些有助于我们解释这些比率的要点。从资产欠债表开始，应注意以下几点：

■ 非流动资产增加。非流动资产增加了约 15%（从 5.10 亿英镑增加到 5.87 亿英镑）。注 7 中提到了一座新仓库和分销中心，这可能占新增非流动资产投资的很大一部分。我们不知道这个新设施是何时建立的，但是 2018 年已经建好了。如果是这样，那么 2018 年增加的收入或者节约的成本可能不会产生太多收益。销售收入实际增长了约 20%（从 22.40 亿英镑到 26.81 亿英镑），高于非流动资产的增长。

■ 营运资本的组成部分大幅增加。2017—2018 年，存货增加了约 35%，应收账款增加了约 14%，应付账款增加了约 36%。这些项目均大幅增长，尤其是存货和应付账款（它们是有关联的，因为所有存货都是赊购的，见注 2）。

■ 现金余额减少。2017—2018 年，从有 400 万英镑现金余额（银行存款）变为有 7 600 万英镑银行透支。银行可能会要求企业扭转这一局面，这可能会带来困难。

■ 偿债能力较强。比较非流动资产与长期借款，可以发现企业是否有能力为进一步借款提供担保。这是因为潜在的贷款人在评估贷款申请时，通常会关注可以作为担保的资产的价值。可以理解的是，贷款人似乎特别喜欢将土地和建筑物作为担保物。例如，2018 年 3 月 31 日，非流动资产的账面价值（在财务报表中披露）是 5.87 亿英镑，而长期借款只有 3 亿英镑（尽管还有 7 600 万英镑的透支）。账面价值通常不等于当前市场价值。由于通货膨胀，土地和建筑物的价格往往会随时间上涨，所以其市场价值可能会超过账面价值。

■ 营业利润较低。尽管 2017—2018 年销售收入增长了 20%，但是销售成本和营业费用的增幅更大，导致毛利和营业利润均大幅下降。员工规模增长了约 33%（从 13 995 名员工增加到 18 623 名员工，见注 6），可能会对营业费用产生较大影响（不知道 2018 年何时招聘了新员工，我们无法确定其对营业费用的影响）。增加 33% 的员工必将给管理带来巨大压力，至少在短期内如此。因此，企业 2018 年表现不佳也就不足为奇了——至少在利润方面表现不佳。

在没有计算任何财务比率的情况下，浏览了非常简单的内容之后，现在我们将计算并解释与盈利能力、效率、流动性、财务杠杆和投资有关的财务比率。

6.6 盈利能力

以下财务比率可以用来评估企业的盈利能力：

■ 普通股股东资金回报率；

■ 已动用资本回报率；

■ 营业利润率；

■ 毛利率。

现在，我们来依次研究每一个比率。

（一）普通股股东资金回报率

普通股股东资金回报率（return on ordinary shareholders' funds ratio，ROSF）将所有者可以获得的当期利润与该期间他们在企业的平均投入进行比较。该比率（通常以百分比表示）计算如下：

$$ROSF = \frac{当期利润（减去优先股股利）}{普通股股本 + 储备} \times 100\%$$

当期利润（减去优先股股利）被用于计算该比率，因为这一数字代表可归属于所有者的利润金额。

以 Alexis 公司为例，在截至 2017 年 3 月 31 日的年度，该比率为：

$$\text{ROSF} = \frac{165}{(438+563)/2} \times 100\% = 33.0\%$$

请注意，计算 ROSF 时，分母是年初和年末普通股股东权益数字的平均值。这是因为平均数通常更具代表性。股东权益在一年中不是恒定不变的，但我们想将其与整个期间获得的利润进行比较。从注 8 我们知道，2016 年 4 月 1 日股东权益的金额是 4.38 亿英镑。然而，根据 2017 年 3 月 31 日的资产负债表可以看出一年后它已升至 5.63 亿英镑。

计算股东权益平均金额最简便的方法是计算年初和年末数字的算术平均数。这通常也是唯一可用的信息，与 Alexis 公司的情形一样。通常，平均值适用于所有单个时点数据（例如股东权益）与某一期间数据（例如年度利润）有关的比率。

如果年初数据无法获得，就只能依靠年末数据。这不是理想的做法，但是如果始终采用这种方法，仍然可以得到有用的比率。

在截至 2018 年 3 月 31 日的年度，Alexis 公司的 ROSF 比率为：

$$\text{ROSF} = \frac{11}{(563+534)/2} \times 100\% = 2.0\%$$

从广义上讲，企业要追求尽可能高的 ROSF。然而，不应通过损害未来回报的方式来实现这一目的，例如开展风险更高的活动。我们可以看到，无论按何种标准衡量，2018 年的 ROSF 比率都很低；把钱存在银行都能带来更高的回报。为什么 2018 年情况会如此糟糕？随着对其他比率的分析，我们应该能找到一些线索。

（二）已动用资本回报率

已动用资本回报率（return on capital employed ratio，ROCE）是衡量企业业绩的基本指标。该比率反映某一时期产生的营业利润与投入该企业的平均长期资本之间的关系。

该比率用百分比表示，如下所示：

$$\text{已动用资本回报率} = \frac{\text{营业利润}}{\text{股本} + \text{储备} + \text{非流动负债}} \times 100\%$$

请注意，这里使用的利润数据是营业利润（即息税前利润），因为该比率试图衡量在扣除借款利息费用、支付股东股利之前，为所有长期资金提供者带来的回报。

在截至 2017 年 3 月 31 日的年度，Alexis 公司的该比率为：

$$\text{ROCE} = \frac{243}{(638+763)/2} \times 100\% = 34.7\%$$

（已动用资本是权益加上非流动负债的总额，例 6-1 的注 8 提供了 2016 年 4 月 1 日的该数据。）

ROCE 被认为是衡量盈利能力的主要指标。它比较了投入（资本投资）和产出（营业利润）的关系，以揭示资本配置的有效性。这里使用了已动用资本的平均数。

在截至 2018 年 3 月 31 日的年度，Alexis 公司的 ROCE 比率为：

$$\text{ROCE} = \frac{47}{(763+834)/2} \times 100\% = 5.9\%$$

这个比率与 ROSF 反映的情况大致相同，即业绩不佳。资产的回报率低于企业支付大部分借款的利率（即 9% 的贷款票据利率）。

真实世界 6-1 介绍了欧洲不同国家企业的 ROCE 水平。

真实世界 6-1

比较盈利能力

欧洲不同国家非金融企业截至 2016 年的 5 年期平均 ROCE 如图 6-2 所示。

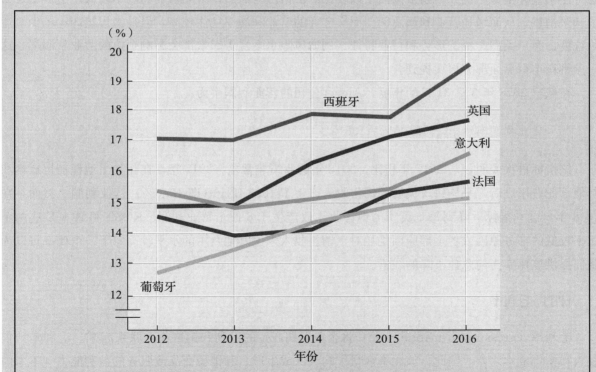

该图显示，在 5 个国家中有 3 个国家的企业的平均 ROCE 随时间稳步提高。意大利和法国的企业的 ROCE 也有一些改善，但不够稳定。

图 6-2　欧洲不同国家公司的平均 ROCE

资料来源：Eurostat database（2017）'Gross return on captial employed，before taxes，of non-financial corporations'，October，http：//ec. europa. eu/eurostat/tgm/.

（三）营业利润率

营业利润率（operating profit margin ratio）反映当期营业利润与销售收入之间的关系。该比率计算如下：

$$营业利润率 = \frac{营业利润}{销售收入} \times 100\%$$

这一比率中使用了营业利润（即息税前利润），因为它代表支付利息费用之前由经营活动产生的利润。在进行比较时，它通常是最合适的经营业绩衡量指标，这是因为企业融资方式的差异不会影响该指标。

在截至 2017 年 3 月 31 日的年度，Alexis 公司的营业利润率为：

$$营业利润率 = \frac{243}{2\ 240} \times 100\% = 10.8\%$$

该比率将企业的一项产出（营业利润）与另一项产出（销售收入）进行比较。不同类型企业的这一比率差异很大。例如，超市倾向于以较低的价格出售商品，因此营业利润率较低。这样做是为了刺激销售，从而增加营业利润总额。而珠宝商的营业利润率往往较高，但是销售量却比较少。竞争程度、客户类型、经济形势和行业特征（例如风险水平）等因素都会影响企业的营业利润率。这一点将在本章后面部分再次提到。

在截至 2018 年 3 月 31 日的年度，Alexis 公司的营业利润率为：

$$营业利润率 = \frac{47}{2\ 681} \times 100\% = 1.8\%$$

该指标再次表明，与 2017 年相比，2018 年的业绩非常差。2017 年，在扣除了地毯销售成本和其他营业费用之后，平均每 1 英镑的销售收入产生了 10.8 便士（即 10.8％）营业利润。然而，在 2018 年，这一指标下降到每 1 英镑的销售收入仅产生 1.8 便士营业利润。ROSF 和 ROCE 这两个比率较低的部分原因或者全部原因是相对于销售收入来说其他费用的水平较高。下一个比率可以为我们提供该比率为何急速下降的线索。

（四）毛利率

毛利率（gross profit margin ratio）将企业同期产生的毛利和销售收入联系起来。毛利是销售收入和销售成本之差。因此，该比率衡量了购买（或生产）和销售商品或服务的盈利能力（不考虑其他费用）。因为销售成本是许多企业的主要费用，该比率的变化会对"底线数字"（即当期利润）产生重要影响。毛利率计算如下：

$$毛利率 = \frac{毛利}{销售收入} \times 100\%$$

在截至 2017 年 3 月 31 日的年度，Alexis 公司的毛利率为：

$$毛利率 = \frac{495}{2\,240} \times 100\% = 22.1\%$$

在截至 2018 年 3 月 31 日的年度，Alexis 公司的毛利率为：

$$毛利率 = \frac{409}{2\,681} \times 100\% = 15.3\%$$

该比率的下降意味着，2018 年毛利相对于销售收入低于 2017 年的水平。请记住：

　　毛利＝销售收入－销售成本（或商品销售成本）

这意味着，2018 年销售成本相对于销售收入高于 2017 年的水平。这可能意味着地毯的销售价格更低了和/或地毯的购买价格更高了。也可能销售价格和购买价格都降低，但是前者的降幅比后者大。同样，也可能是二者都上涨，但是销售价格的涨幅比购买价格小。

　　显然，营业利润率下降的部分原因与毛利率的大幅下降有关。然而，在支付了地毯的销售成本之后，每 1 英镑的销售收入，在 2017 年有 22.1 便士留存下来冲销其他营业费用，而 2018 年只有 15.3 便士。

　　真实世界 6-2 列出了英国四家大型食品生产商的毛利率和营业利润率。

真实世界 6-2

食物引发的思考

图 6-3 列出了英国四家大型食品生产商 2017 年的毛利率和营业利润率。

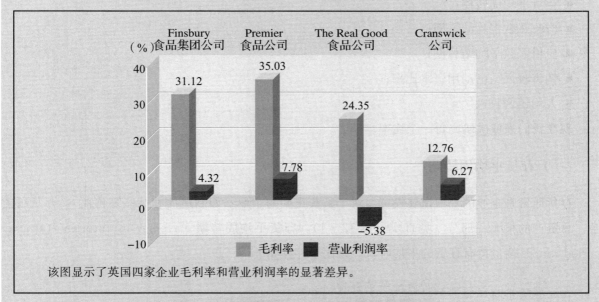

该图显示了英国四家企业毛利率和营业利润率的显著差异。

图 6-3　四家食品生产商 2017 年盈利能力比率

资料来源：Chart constructed from information in https：//markets. ft. com/data/equities/tearsheet/financials，*Financial Times*［accessed 4 November 2017］.

Alexis 公司在这两年中的盈利能力比率可以列示如下：

	2017 年（%）	2018 年（%）
ROSF	33.0	2.0
ROCE	34.7	5.9
营业利润率	10.8	1.8
毛利率	22.1	15.3

我们需要进一步调查来揭示导致 2017—2018 年销售成本和经营费用相对于销售收入增加的原因。这涉及检查该期间的销售和存货价格发生了什么变化；还涉及检查营业费用的每个组成部分，来深入了解营业费用。为了将变化的原因剥离出来，还需要计算其他财务比率，比如人工费用（工资和薪金）与销售收入比率。之前提到过，员工增加很可能是营业费用增加的重要原因。

6.7 效率

效率比率用于评估企业管理各种资源的成功程度。以下比率考虑了资源管理的一些重要方面：

- 存货平均周转期；
- 应收账款平均结算期；
- 应付账款平均结算期；
- 销售收入与已动用资本比率；
- 人均销售收入。

现在我们来依次研究每一个比率。

（一）存货平均周转期

存货通常是企业的一项重要投资。对于某些类型的企业（如制造商和某些零售商），存货可能会占总资产的很大一部分（见真实世界 12-1）。**存货平均周转期**（average inventories' turnover period ratio）衡量持有存货的平均时长。该比率计算如下：

$$存货平均周转期 = \frac{持有的平均存货}{销售成本} \times 365$$

某一期间的平均存货可以用期初存货和期末存货的简单平均数来计算。对于季节性变动很大的企业，如果一年中的存货水平变动很大，则采用月度平均数更恰当。但是外部信息使用者通常无法获得月度信息。使用月度平均数的这个方法对于在报告期会发生波动的任何资产或要求权都适用，比如应收账款和应付账款等。

就 Alexis 公司而言，在截至 2017 年 3 月 31 日的年度，存货平均周转期为：

$$存货平均周转期=\frac{(241+300)/2}{1\ 745}\times365=56.6(天)$$

（期初存货数字来自财务报表的注 3。）

这意味着，存货平均每 56.6 天会"周转"一次。因此，公司在某一天购买的地毯，平均来看大约会在 8 周后售出。通常，企业更喜欢较短的存货周转期，而不是更长的。因为持有存货会产生成本，比如占用资金的机会成本。在决定持有存货的数量时，企业必须考虑可能的需求、供货短缺的可能性、价格上涨的可能性、可利用的存储空间以及存货的易腐性或时效性等因素。

该比率有时用周或月而不是天来表示：乘以 52 或 12，而不是乘以 365，即可实现这一目标。

在截至 2018 年 3 月 31 日的年度，存货平均周转期为：

$$存货平均周转期=\frac{(300+406)/2}{2\ 272}\times365=56.7(天)$$

Alexis 公司这两年的存货平均周转期几乎相同。

（二）应收账款平均结算期

除零售商外，对大多数企业而言，赊销是正常现象，应收账款必然会产生。企业自然会关心应收账款占用的资金额，并尽量将其降至最低。付款速度对企业的现金流量具有重大影响。**应收账款平均结算期**（average settlement period for trade receivables ratio）用于计算客户偿还所欠企业款项的平均时长。该比率计算如下：

$$应收账款平均结算期=\frac{平均应收账款}{赊销收入}\times365$$

企业通常更倾向较短的应收账款平均结算期，因为被占用的资金可以用于其他更有盈利性的项目。虽然这个比率很有用，但我们应该记住，它得出的是未偿还债务的平均还款期。这个平均数可能会被严重扭曲，比如少数大客户付款速度很慢或很快。

由于 Alexis 公司的所有销售都是赊销。因此，在截至 2017 年 3 月 31 日的年度，应收账款平均结算期为：

$$应收账款平均结算期=\frac{(223+240)/2}{2\ 240}\times365=37.7(天)$$

（期初应收账款数字来自财务报表的注 4。）

在截至 2018 年 3 月 31 日的年度，应收账款的平均结算期为：

$$应收账款平均结算期=\frac{(240+273)/2}{2\ 681}\times365=34.9(天)$$

从表面上看，结算期缩短是令人满意的。这意味着 2018 年与 2017 年相比，每 1 英镑销售收入中应收账款占用的现金减少了。只有失去客户好感或者通过高额自付成本来实现的结算期缩短，才不令人满意。这可能通过过度追求客户，或是给予客户大额折扣的方式来促进付款。

（三）应付账款平均结算期

应付账款平均结算期（average settlement period for trade payables ratio）衡量企业向其赊购商品和服务的供应商付款的平均时长。该比率的计算方法为：

$$应付账款平均结算期 = \frac{平均应付账款}{赊购金额} \times 365$$

与应收账款平均结算期一样，该比率提供了一个平均数，可能会被一两个大供应商的付款期限所扭曲。

由于应付账款为企业提供了一个免费的资金来源，因此一些企业试图增加其应付账款平均结算期也就不足为奇了。然而，这可能会做得太过，并导致失去供应商的好感。

在截至 2017 年 3 月 31 日的年度，Alexis 公司应付账款平均结算期为：

$$应付账款平均结算期 = \frac{(183+261)/2}{1\ 804} \times 365 = 44.9（天）$$

（期初应付账款数据来自财务报表的注 4，采购数据来自注 3。）

在截至 2018 年 3 月 31 日的年度，应付账款的平均结算期为：

$$应付账款平均结算期 = \frac{(261+354)/2}{2\ 378} \times 365 = 47.2（天）$$

2017—2018 年，从购买商品和服务到为它们付款的平均时长有所增加。从表面上看，这是有益的，因为企业使用了供应商提供的免费资金。然而也可能不是这样，如果这导致失去供应商的好感，将对 Alexis 公司产生负面影响。

因为大企业客户拒绝在合理的期限内付款，所以小企业经常面临严重的现金流问题。英国政府针对这一现象发布了一个及时付款法案，它为大企业的付款操作制定了标准。

第 12 章将专门讨论存货、应收账款、应付账款和现金的管理。

（四）销售收入与已动用资本比率

销售收入与已动用资本比率（sales revenue to capital employed ratio）（或净资产周转率）反映企业利用资产产生销售收入的效率。其计算如下：

$$销售收入与已动用资本比率 = \frac{销售收入}{股本+储备+非流动负债}$$

一般来说，销售收入与已动用资本比率越高越好。该比率较高表明利用资产产生收入的效率较高。然而，该比率太高也可能表明企业**过度使用**（overtrading）其资产。换言之，它的资产不足，无法维持所达到的销售收入水平。

比较不同企业的销售收入与已动用资本比率时，持有资产的年限和使用状况、估值基础以及资产是租赁的还是自有等因素会使该比率的解释复杂化。

这个公式的一个变形是将总资产减去流动负债（相当于已动用长期资本）作为分母，得到的结果类似。

在截至 2017 年 3 月 31 日的年度，Alexis 公司的该比率为：

$$销售收入与已动用资本比率 = \frac{2\,240}{(638+763)/2} = 3.2$$

在截至 2018 年 3 月 31 日的年度，Alexis 公司的该比率为：

$$销售收入与已动用资本比率 = \frac{2\,681}{(763+834)/2} = 3.4$$

在 2018 年，每 1 英镑已动用资本产生的销售收入（3.4 英镑）比 2017 年（3.2 英镑）更多。假设没有过度使用的问题，增加的销售产生了可观的利润。

（五）人均销售收入

人均销售收入（sales revenue per employee ratio）将报告期产生的销售收入与企业的一种特殊资源——人力联系起来。它提供了衡量劳动力生产效率的指标。该比率是：

$$人均销售收入 = \frac{销售收入}{员工数量}$$

一般来说，企业更希望该比率较高，这意味着它们在高效地部署员工。

在截至 2017 年 3 月 31 日的年度，Alexis 公司的该比率为：

$$人均销售收入 = \frac{2\,240\,000\,000}{13\,995} = 160\,057（英镑）$$

在截至 2018 年 3 月 31 日的年度，Alexis 公司的该比率为：

$$人均销售收入 = \frac{2\,681\,000\,000}{18\,623} = 143\,962（英镑）$$

2017—2018 年，该比率出现了显著下降，这值得进一步研究。如前所述，2018 年员工数量大幅增加（增幅约 33%）。我们需要知道，为什么这没有带来维持 2017 年该比率水平所需的销售收入。可能是因为在截至 2018 年 3 月 31 日的年度末，这些新增的员工还没有被安排工作。

效率或活动比率可以总结如下：

	2017 年	2018 年
存货平均周转期	56.6 天	56.7 天
应收账款平均结算期	37.7 天	34.9 天
应付账款平均结算期	44.9 天	47.2 天
销售收入与已动用资本比率（净资产周转率）	3.2	3.4
人均销售收入	160 057 英镑	143 962 英镑

6.8 盈利能力与效率之间的关系

在我们之前学习的盈利能力比率中，我们看到许多企业将已动用资本回报率（ROCE）视为一个关键比率。该比率为：

$$ROCE = \frac{营业利润}{已动用长期资本} \times 100\%$$

长期资本包括股本、储备和长期借款。该比率可分为两个部分，如图 6-4 所示。第一个比率是营业利润率，第二个比率是销售收入与已动用资本比率（净资产周转率），这两个比率我们在前面已经讨论过。

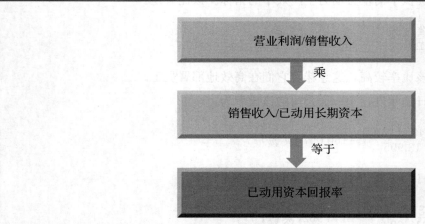

ROCE 可以分解为两个比率：营业利润率和销售收入与已动用资本比率。通过对 ROCE 的分解，我们可以看出盈利能力和效率对这一重要比率的影响。

图 6-4 ROCE 的主要因素

通过这种方式分解 ROCE，我们强调了一个事实，即企业使用资本的回报由销售的盈利能力和资本的使用效率决定。

例 6 - 2

以下是同一行业的两个企业去年的信息：

单位：百万英镑

	Antler 公司	Baker 公司
营业利润	20	15
平均已动用长期资本	100	75
销售收入	200	300

每个公司的 ROCE 是相同的（20%）。但是，每个企业实现回报的方式却大不相同。Antler 公司的营业利润率为 10%，销售收入与已动用资本比率为 2 倍（所以，ROCE＝10%×2＝20%）。Baker 公司的营业利润率为 5%，销售收入与已动用资本比率为 4 倍（所以，ROCE＝5%×4＝20%）。

例 6 - 2 表明，较高的销售收入与已动用资本比率可以补偿较低的营业利润率。同样，较低的销售收入与已动用资本比率也可以由较高的营业利润率来弥补。在许多零售和分销领域（例如超市和快递服务），营业利润率很低，但是 ROCE 可能很高，前提是资产得到了有效利用（即低利润率、高销售收入与已动用资本比率）。

6.9　流动性

流动性比率与企业偿还短期负债的能力有关。以下比率被广泛使用：

- 流动比率；
- 速动比率。

现在我们来分析这些比率。

（一）流动比率

流动比率（current ratio）将企业的流动资产（即现金和即将变现的资产）与流动负债进行比较。该比率计算如下：

$$流动比率＝\frac{流动资产}{流动负债}$$

有些人似乎认为所有企业都有一个"理想"的流动比率（通常为 2 或 2∶1）。然而，事实并非如此。不同类型的企业有不同的流动比率。例如，一家制造企业通常会有相对较高的流动比率，因为它持有较多产成品、原材料和在产品存货。它还会赊销商品，从而产生应收账款。一家连锁超市的流动比率可能相对较低，因为它的存货高速流转，其销售方式是现金销售而不是赊销。

流动比率越高，企业的流动性就越强。由于流动性对企业的生存至关重要，较高的流动比率往往比较低的流动比率更可取。然而，过高的流动比率可能表明现金或其他流动资产占用了过多资金，从而导致资金没有被有效利用。

2017 年 3 月 31 日，Alexis 公司的流动比率为：

$$流动比率=\frac{544}{291}=1.9$$

2018 年 3 月 31 日，Alexis 公司的流动比率为：

$$流动比率=\frac{679}{432}=1.6$$

虽然 2018 年的流动比率较 2017 年有所下降，但这并不是一个需要担忧的问题。下一个比率可以提供一些线索来看看流动比率下降是否存在问题。

（二）速动比率

速动比率（acid test ratio，也称酸性测试比率）与流动比率非常相似，但它提供了一个更严格的流动性测试。对于许多企业来说，存货不能快速转换为现金。（注意，在 Alexis 公司的例子中，存货周转期在两年里都是约 57 天）。对于像 Alexis 这样的公司，通常最好将这种资产排除在流动性指标之外。对于存货快速周转的企业，如超市，在计算中包含存货是合理的。

速动比率计算如下：

$$速动比率=\frac{流动资产（不包括存货）}{流动负债}$$

2017 年 3 月 31 日，Alexis 公司的速动比率为：

$$速动比率=\frac{544-300}{291}=0.8$$

我们可以看到"速动"资产不能完全弥补流动负债，所以企业可能遇到了一些流动性问题。

该比率的最低水平通常为 1.0（或 1：1；即流动资产（不包括存货）等于流动负债）。然而，许多非常成功企业的速动比率低于 1.0，也不会出现流动性问题。

2018 年 3 月 31 日，Alexis 公司的速动比率为：

$$速动比率=\frac{679-406}{432}=0.6$$

2018 年的该比率明显低于 2017 年。2018 年的该比率或许值得关注。这一比率的迅速下降需要人们来搞清楚为什么会发生这种情况，也许还需要采取措施阻止这一比率的进一步恶化。

两年的流动性比率总结如下：

	2017 年	2018 年
流动比率	1.9	1.6
速动比率	0.8	0.6

真实世界 6-3 描述了英国四家大型超市的流动性比率。

真实世界 6-3

了解流动性

图 6-5 显示了英国四家大型超市在 2017 年结束的会计年度的流动比率和速动比率。

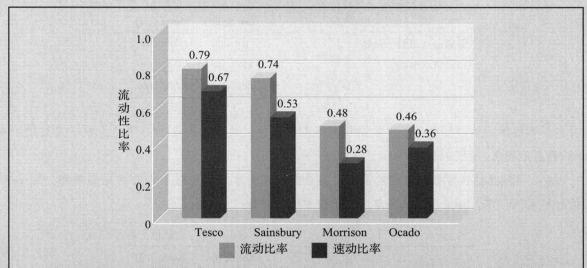

我们可以看到，这四家大型超市的流动性比率都很低。然而，Tesco 和 Sainsbury 的流动性比率与 Morrison 和 Ocado 的流动性比率有明显不同。Ocado 与其他三家超市的不同之处在于，它只开展线上业务。

图 6-5　四家大型超市的流动性比率

资料来源：Chart constructed from information in https：//markets. ft. com/data/equities/tearsheet/financials，*Financial Times*［accessed 3 November 2017］.

第 12 章将对营运资本管理进行详细讨论。

6.10　财务杠杆

当企业通过借款（至少有一部分）而不是通过所有者权益获得融资时，就产生了**财务杠杆**（financial gearing）。企业的杠杆（即通过借款融资）程度是评估风险的一个重要因素。借款涉及承诺支付利息和偿还本金的义务。如果借款很多，这会是一个巨大的财务负担，会增加企业破产的风险。尽管如此，大多数企业都有一定程度的杠杆（建筑商 Costain 集团是英国企业中少有的没有借款的企业）。

既然有风险，我们可能会想知道，为什么企业愿意使用财务杠杆。一个原因是所有者资金不足，因此为企业提供充足资金的唯一途径就是借款。另一个原因是杠杆可以用来增加所有者的回报。这是有可能的，前提是借款产生的回报超过支付利息的成本。例 6 - 3 说明了这一点。

例 6 - 3

两家新企业 Lee 公司和 Nova 公司的长期资本结构如下：

	单位：英镑	
	Lee 公司	**Nova 公司**
普通股（每股 1 英镑）	100 000	200 000
10％贷款票据	200 000	100 000
	300 000	300 000

在经营的第一年，每家公司的营业利润（即息税前利润）都是 50 000 英镑。税率是税前利润（扣除利息后利润）的 20％。

Lee 公司可能被认为杠杆率相对较高，因为其长期资本结构中借入资金的比例较高。Nova 公司的杠杆要低得多。每家企业第一年归属于股东的利润为：

	单位：英镑	
	Lee 公司	**Nova 公司**
营业利润	50 000	50 000
利息费用	(20 000)	(10 000)
税前利润	30 000	40 000
税费（20％）	(6 000)	(8 000)
当期利润（归属于普通股股东）	24 000	32 000

每家公司的普通股股东资金回报率（ROSF）为：

Lee 公司	**Nova 公司**
24 000/100 000×100＝24％	32 000/200 000×100＝16％

可以看出，杠杆率较高的 Lee 公司，比 Nova 公司产生了更好的 ROSF。尽管两家公司的 ROCE（已动用资本回报率）相同（即 50 000/300 000×100％＝16.7％）。

请注意，在 50 000 英镑的营业利润水平下，两家公司的股东由于杠杆作用都产生了更高的回报。如果这两家公司都是完全通过权益融资，那么当年的利润（即税后利润）将是 40 000 英镑（50 000－50 000×20％），ROSF 为 13.3％（即 40 000/300 000×100％）。

杠杆的一个效应是股东回报对营业利润的变化更加敏感。对于高杠杆企业来说，营业利润的变化将导致 ROSF 的更大变化。

杠杆对股东有利的原因是，借款的利率比一般企业使用借款获得的回报低。除此之外，利息费用可以免税。这使得借贷的实际成本较低。但是，值得商榷的是，低利率是否真的对股东有利。由于借款增加了股东的风险，因此存在隐性成本。许多人认为，这一成本需由更高的回报补偿，并没有给股东带来净收益。换言之，杠杆带来更高回报的好处是虚幻的。然而，股东从利息支付的税费减免中得到的好处并不虚幻。

杠杆的效果就像两个大小不等的齿轮啮合（见图 6-6）。较大齿轮（营业利润）的变动导致较小齿轮（普通股股东回报）更大比例的变动。

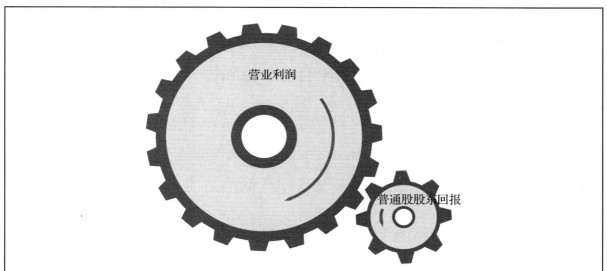

两个啮合的齿轮，大齿轮（营业利润）上较小的圆周运动会导致小齿轮（普通股股东回报）上相对较大的圆周运动。

图 6-6　财务杠杆效应

借款融资的作用和相关问题将在第 11 章中再次讨论。

有两个比率被广泛用于评估杠杆率：

- 杠杆比率；

- 利息保障倍数。

现在依次分析这两个比率。

（一）杠杆比率

杠杆比率（gearing ratio）衡量长期借款对企业长期资本结构的贡献。

$$杠杆比率 = \frac{长期(非流动)负债}{股本 + 储备 + 长期(非流动)负债} \times 100\%$$

2017 年 3 月 31 日，Alexis 公司的杠杆比率为：

$$杠杆比率 = \frac{200}{563 + 200} \times 100\% = 26.2\%$$

通常这不会被视为非常高的杠杆比率。

2018 年 3 月 31 日，Alexis 公司的杠杆比率为：

$$杠杆比率 = \frac{300}{534 + 300} \times 100\% = 36.0\%$$

2018 年的杠杆比率较 2017 年大幅提高。

（二）利息保障倍数

利息保障倍数（interest cover ratio）衡量可用于支付利息的营业利润额。该比率的计算方法如下：

$$利息保障倍数 = \frac{营业利润}{利息费用}$$

在截至 2017 年 3 月 31 日的年度，Alexis 公司的该比率为：

$$利息保障倍数 = \frac{243}{18} = 13.5$$

该比率表明营业利润水平远高于应支付的利息费用。这意味着，在无法支付应付利息费用之前，营业利润还可以有较大的下降空间。利息保障倍数越低，债权人无法获得利息付款的风险就越大。如果债权人对企业采取行动收回到期利息，股东也将面临更大的风险。

在截至 2018 年 3 月 31 日的年度，Alexis 公司的该比率为：

$$利息保障倍数 = \frac{47}{32} = 1.5$$

Alexis 公司的杠杆比率为：

	2017 年	**2018 年**
杠杆比率	26.2%	36.0%
利息保障倍数	13.5	1.5

6.11　投资

有很多比率可以帮助股东评估他们的投资回报。以下比率被广泛使用：

- 股利支付率；
- 股利收益率；
- 每股收益；
- 市盈率。

（一）股利支付率

股利支付率（dividend payout ratio）衡量利润中以股利形式支付给股东的比例。该比率的计算方法如下：

$$股利支付率 = \frac{当年宣告的股利}{当年可用于支付股利的利润} \times 100\%$$

对于普通股，当年可用于支付股利的利润通常是当年利润（即税后利润）减去当年所有优先股股利后的利润。该比率通常以百分比表示。

在截至 2017 年 3 月 31 日的年度，Alexis 公司的股利支付率为：

$$股利支付率 = \frac{40}{165} \times 100\% = 24.2\%$$

在截至 2018 年 3 月 31 日的年度，Alexis 公司的股利支付率为：

$$股利支付率 = \frac{40}{11} \times 100\% = 363.6\%$$

2017—2018 年，该比率出现了令人担忧的大幅增长。2018 年支付 4 000 万英镑的股利似乎是不明智的。

股利支付率所提供的信息经常被表达为略有不同的**股利覆盖率**（dividend cover ratio）。股利覆盖率的计算方法是：

$$股利覆盖率 = \frac{当年可用于支付股利的利润}{当年宣告的股利}$$

2017 年，Alexis 公司的该比率是 4.1（165/40）。也就是说，可作为股利的利润是实际支付的股利的 4 倍多。2018 年，该比率是 0.3（11/40）。

（二）股利收益率

股利收益率（dividend yield ratio）将每股股票的现金回报与其当前市场价值联系起来。这可以帮助投资者评估其对企业投资的现金回报。这个比率用百分比表示，计算方法为：

$$股利收益率 = \frac{每股股利}{每股市场价值} \times 100\%$$

因此，在截至 2017 年 3 月 31 日的年度，Alexis 公司的股利收益率为：

$$股利收益率 = \frac{0.067^*}{2.50} \times 100\% = 2.7\%$$

股票市场价值见例 6-1 的注 1。

$*$ 每股股利 $= \dfrac{拟分配股利}{股票数量} = \dfrac{40}{300 \times 2} = 0.067$ 英镑每股（300 乘以 2，因为它们是面值为 0.5 英镑的股票）。

在截至 2018 年 3 月 31 日的年度，Alexis 公司的股利收益率为：

$$股利收益率 = \frac{0.067}{1.5} \times 100\% = 4.5\%$$

（三）每股收益

每股收益（earnings per share，EPS）将某一期间企业产生的归属于股东的利润与已发行的股票数量联系起来。归属于普通股股东的利润是当年利润（税后利润）减去所有优先股股利。该比率的计算方法如下：

$$每股收益 = \frac{归属于普通股股东的利润}{发行的普通股数量}$$

Alexis 公司截至 2017 年 3 月 31 日的年度的每股收益为：

$$EPS = \frac{165}{600} = 27.5（便士）$$

Alexis 公司截至 2018 年 3 月 31 日的年度的每股收益为：

$$EPS = \frac{11}{600} = 1.8（便士）$$

很多投资分析师都将每股收益视为衡量股票表现的基本指标。每股收益随时间的变化趋势可以用来帮助评估企业股票的投资潜力。虽然普通股股东增加对企业的投资（通过用现金购买企业发行的股票）可能会提高企业利润，但这不一定会导致每股收益增加。

真实世界 6-4 指出了过分重视这一比率的危险。股票基金经理 Terry Smith 认为，如果更多地关注 ROCE 而不是 EPS，投资者就会发现，超市巨头 Tesco 的经营情况并不尽如人意。他还责怪传奇投资家 Warren Buffett 无视自己的建议，大量投资该公司。

◀ **真实世界 6-4**

忽视了很多问题

1979 年在致股东的信中，Buffett 表示："对经理人经济业绩的主要检验是已动用权益资本利润率是否达到了较高水平（没有过度杠杆、会计造假等），而不是每股收益的持续增长。"

这让我更加惊讶，Buffett 先生和许多貌似追随他投资 Tesco 的分析师都忽略了这张图表：

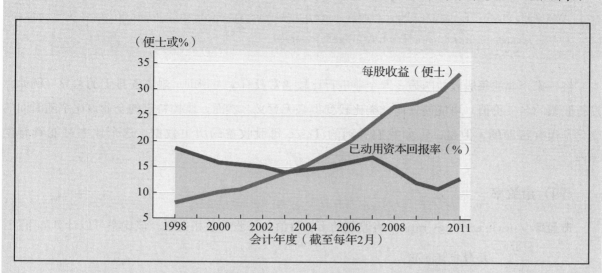

图 6 - 7　Tesco：Leahy 时代

这不是我第一次看到公司每股收益稳定上升的图。每股收益是大多数分析师和投资者关注的指标。对于他们来说，每股收益的上升似乎有着令人着迷的效果。但是他们忽视了一点，更多的资本正被用来产生这些回报更低的收益。再加上这些年里 Tesco 已经八次改变了其对已动用资本回报率（ROCE）的定义。即使是那些对零售业的厌恶程度低于我的投资者，也有足够的理由让他们逃离。

然而，很多关于 Tesco 的评论都集中在 Philip Clarke 身上。他在 2011 年接替 Terry Leahy 爵士成为首席执行官，在那之前似乎一切都进展顺利。从图中的 ROCE 曲线来看，很明显事实并非如此。

此外，要记住的一件事，Tesco 在 Leahy 时代 ROCE 从 19％下降到不足 10％，这是一个平均的已动用资本回报率，包括前几年投入的资本和最近的承诺。平均 ROCE 大幅降低，可能是在那些年里新投资的回报率不仅不够高，而且在某些情况下甚至是负的——就像在美国糟糕的扩张所证明的那样。

即使已动用资本回报率对你来说没有像对我或者对 Buffett（至少在 1979 年）那样重要，也请考虑一下这个问题：在过去 18 年中有 14 年（让我们回到 Leahy 成为首席执行官的 1997 年），Tesco 的自由现金流（自由现金流定义为经营现金流减去总资本支出）减去它的股利是一个负数。简单地说，Tesco 产生的现金还不够投资和支付股利。在这 14 年里有一半的时间，固定资产处置收益重新实现了盈利，但这不是可靠的资金来源。

所以猜猜他们做了什么？是的，他们进行了借款。Tesco 的总债务在 Leahy 离任时是 8.94 亿英镑，在 2009 年达到了近 159 亿英镑的峰值。公司将大部分自由现金流用于固定资产投资，并举债以帮助其支付股利。Tesco 的投资者已经意识到，这既不健康也不可持续。

这可能是不可持续的，这不需要太多思考。只需要绘制 ROCE 与每股收益增长的对比图。然而很明显，许多投资者，包括 Buffett（最近几年一直在削减他在 Tesco 的股份）要么没有这么做，将一家企业的每股收益与另一家企业进行比较通常没有太大帮助。融资安排上的差异（例如已发行股票的名义价值）可能使任何此类比较变得毫无意义。然而，监控特定的企业该比率随时间的变化是很有帮助的。但是，正如我们看到的 Tesco 每股收益的历史数据，这个比率可能具有误导性。

（四）市盈率

市盈率（price/earnings ratio）将股票的市场价值与每股收益相关联。该比率可以计算如下：

$$市盈率 = \frac{每股市场价值}{每股收益}$$

2017 年 3 月 31 日，Alexis 公司的市盈率为：

$$市盈率 = \frac{2.50\ 英镑}{27.5\ 便士^*} = 9.1（倍）$$

* 上一小结计算出了每股收益的数值（27.5 便士）。

该比率表明每股股票的市场价值是当前收益水平的 9.1 倍。这是一个衡量市场对企业未来信心的指标。市盈率越高，市场对企业未来盈利能力的信心就越大，因此投资者愿意为当前盈利能力支付的金额就越高。

2018 年 3 月 31 日，Alexis 公司的市盈率为：

$$市盈率 = \frac{1.50\ 英镑}{1.8\ 便士} = 83.3\ 倍（倍）$$

市盈率为市场对企业未来的信心提供了有用的指导，在比较不同企业时，它们会有所帮助。然而，企业之间会计政策的差异可能导致利润和每股收益数字不同。这会使得比较结果无意义。

Alexis 公司这两年的投资比率如下：

	2017 年	2018 年
股利支付率	24.2%	363.6%
股利收益率	2.7%	4.5%
每股收益	27.5 便士	1.8 便士
市盈率	9.1 倍	83.3 倍

真实世界 6-5 提供关于英国一些知名大公司股票业绩的信息。此类信息可以从一些每天出版的报纸中获得，如《金融时报》。

真实世界 6-5

一些知名企业的市场统计数据

以下数据摘自 2017 年 11 月 23 日的《金融时报》，前一天伦敦证券交易所一些知名企业股票的相关交易信息如下：

股票	价格 （便士）	变动 （便士）	52 周最高 （便士）	52 周最低 （便士）	收益率（%）	市盈率	交易量 （千）
Marks and Spencer	298.30	−1.60	397.80	296.70	6.27	26.17	8 518.3
HSBC	738.80	+9.20	772.00	518.17	5.12	35.40	31 179.5
National Express	361.20	+6.20	382.67	332.40	3.40	15.70	646.3
Tate and Lyle	692.00	+8.00	796.50	622.00	4.05	12.98	2 943.1
Unilever	4 188.50	−39.00	4 557.50	3 050.50	2.78	23.50	2 163.1
TUI Travel	1 329.00	−6.00	1 374.00	913.76	4.23	16.51	2 058.1

价格　　　　2017 年 11 月 22 日收盘时股票以便士为单位的中间市场价格（即买入和卖出价格的中间价）。

变动　　　　2017 年 11 月 22 日中，中间市场价格的利得或损失。

最高/最低　　截至 2017 年 11 月 22 日的 52 周内，股票达到的最高和最低价格。

收益率　　　股利收益率，基于最近一年的股利和 2017 年 11 月 22 日收盘时的股票价格计算得到。

市盈率　　　市盈率，基于最近一年的年度（税后）利润和 2017 年 11 月 22 日收盘时的股票价格计算得到。

交易量　　　2017 年 11 月 22 日买入/卖出的股票数量（以千为单位）。

因此，以零售商 Marks and Spencer 为例：

■ 2017 年 11 月 22 日证券交易所收盘时，该公司股票的中间市场价格为每股 298.30 便士；

■ 该公司股票在 2017 年 11 月 22 日的交易中下跌了 1.60 便士；

■ 在过去的 52 周，该公司股票的最高和最低价格分别为 397.80 便士和 296.70 便士；

■ 根据 2017 年 11 月 22 日的收盘价（以及最近一年的股利），得出该公司股票的股利收益率为 6.27%；

■ 根据 2017 年 11 月 22 日的收盘价（以及最近一年的税后每股收益），得出该公司股票的市盈率为 26.17；

■ 在 2017 年 11 月 22 日的交易中，有 8 518 300 股公司股票在买方和卖方之间转手。

资料来源：*Financial Times*，23 November 2017，p. 35.

真实世界 6-6 展示了不同行业之间投资比率的差异。

真实世界 6-6

股利收益

投资比率在企业之间和行业之间存在显著差异。为了说明变化的范围，图 6-8 和图 6-9 分别展示了 12 家不同行业上市公司的平均股利收益率和平均市盈率。

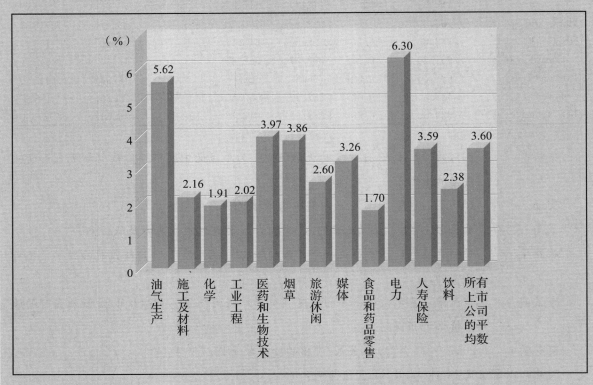

图 6-8 一些行业企业的平均股利收益率

这些股利收益率是根据股票的当前市场价值和最近一年支付的股利计算得出的。

某些行业支付的股利低于其他行业，导致股利收益率较低。证券交易所所有上市公司股利收益率的平均数是 3.60%（如图 6-8 所示），但是不同行业的股利收益率差异较大，食品和药品零售行业的股利收益率最低，为 1.70%，电力行业的股利收益率最高，为 6.30%。

有些类型的企业在开发新产品方面投入了大量资金，因此它们倾向于支付与股价相比较低的股利。行业间股利收益率的一些差异可以通过计算财务比率来解释。任何特定时刻的股价都反映了投资者对未来经济前景的预期；股利是过去的实际事项。根据投资者对企业未来经济前景的评估，一家企业最近支付的股利可能被认为是高的（高股利收益率）。

市盈率是根据股票当前的市场价值和最近一年的每股收益来计算的。

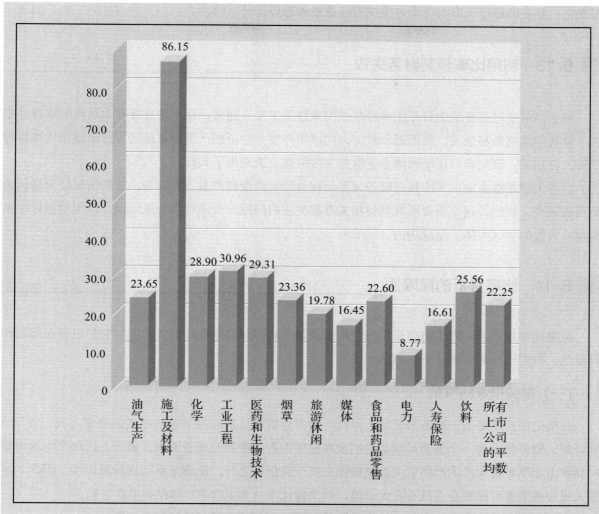

图 6 - 9　一些行业企业的平均市盈率

股价相对于近期历史利润较高的企业具有较高的市盈率。它们的经济前景被认为是光明的，它们对未来大量投资，而牺牲了近期的利润（收益）。同时，高市盈率也出现在近期利润较低但投资者认为其经济前景光明的企业。如图 6 - 9 所示，所有在证券交易所上市的企业的平均市盈率为 22.25 倍，但电力行业低至 8.77 倍，施工及材料行业高达 86.15 倍。

资料来源：Figures compiled from information in 'Companies and markets', *Financial Times*，3 November 2017.

6.12　趋势分析

观察比率是否预示趋势往往很有帮助。关键比率可以绘制在图表上，以提供其随时间的简单直观变化。企业的趋势可以与竞争对手或者行业整体趋势进行比较。

■ 6.13 利用比率预测财务失败

基于当前或过去业绩的财务比率经常被用来预测未来。通常，比率的选择和对结果的解释都取决于分析师的判断和意见。然而近年来，人们试图开发一种更加严密和系统的方法来使用比率进行预测。特别是，研究者对比率预测企业财务失败的能力表现出了兴趣。

财务失败是指企业因无法履行财务义务而被迫停业或受到严重不利影响。这种情况经常被认为是濒临破产。当然，这是企业所有利益相关者都关注的问题。也许可以公正地说，使用财务比率预测财务失败的尝试大体上是成功的。

■ 6.14 比率分析的局限性

虽然比率提供了一种快速而有用的分析企业财务状况和经营业绩的方法，但它们也存在问题和局限性。我们现在来分析一下它们的不足。

（一）财务报表的质量

必须记住比率是基于财务报表的。因此，比率分析的质量取决于这些报表的质量。我们在第 2 章看到，财务报表的一个重要局限是它们没有包括由企业控制的所有资源。例如，内部产生的商誉和品牌由于不符合资产的严格定义而被排除在资产负债表之外。比率继承了这种局限性。因此，尽管未报告的资源可能对企业具有重大价值，但关键比率（如 ROSF）却没有反映它们。

财务报表的质量还存在"创造性会计"的问题。第 4 章已经讨论了这个问题。

（二）通货膨胀

在大多数国家，一个长期存在的问题是，企业的财务业绩可能会因通货膨胀而被歪曲。通货膨胀的一个影响是，长期持有的资产的报告价值可能与当前价值几乎没有关系。一般来说，在通货膨胀期间，资产的报告价值相对于当前价格会被低估。之所以会出现这种情况，是因为它们通常按原始成本（减去折旧金额）进行报告。这意味着，企业之间或不同时期的比较将受阻。比如，ROCE 的差异可能仅仅是由于某个被比较的资产负债表中的资产是最近取得的。

通货膨胀的另一个影响是扭曲利润的计量。在计算利润时，销售收入通常与先前发生的成本相匹配。在获得某项资源和使用它来创造销售收入之间，通常会有一个时间差。例如，存货可能是在出售前几个月获得的。销售成本的数据通常是基于相关存货的历史成本。这意味着，在通货膨胀期间，该费用无法反映销售时的当前价格。

（三）比率分析的局限

不能完全依赖比率，这会让我们忽略基础财务报表中包含的信息，这一点很重要。正如我们在本章前面所看到的，这些报表中报告的一些项目在评估财务状况和经营业绩时是至关重要的。例如，总销售收入、已动用资本和利润数据有助于评估绝对规模随时间的变化，或评估企业之间规模的差异。但是比率并不能提供此类信息。在将一个数字与另一个数字进行比较时，比率衡量的是相对业绩和财务状况，因此只提供了部分情况。因此，在比较两个企业时，既评估利润的绝对规模，又评估每个企业的相对盈利能力，通常更有用。例如，A 企业可能产生 100 万英镑的营业利润，ROCE 为 15%；B 企业可能产生 10 万英镑的营业利润，ROCE 为 20%。尽管 B 企业的盈利能力更强（以 ROCE 衡量），但它产生的总营业利润较低，这一点不应该被忽视。

（四）比较的基础

我们在前面看到，使用比率需要一个比较的基础。而且，将相似的东西进行比较非常重要。在与另一家企业进行比较时，可能会存在困难。没有两个企业是相同的，被比较的企业之间差异越大，比率分析的局限性就越大。此外，会计政策、融资方式（杠杆水平）和会计年度结束日的不同将增加在企业之间进行比较的困难。

（五）资产负债表比率

因为资产负债表只是企业特定时点的"快照"，根据资产负债表中的数据计算的比率，如流动性比率，可能无法代表企业全年的财务状况。例如，季节性企业的会计年度结束日通常是业务活动的低点。因此，存货和应收账款在年度结束日可能较低，使得流动性比率也可能较低。只有通过在年度内其他时点进行额外计量，才能真正获得更具代表性的流动性情况。

📖 关键术语

普通股股东资金回报率（ROSF）	已动用资本回报率（ROCE）
营业利润率	毛利率
存货平均周转期	应收账款平均结算期
应付账款平均结算期	销售收入与已动用资本比率
过度使用	人均销售收入
流动比率	速动比率（酸性测试比率）
财务杠杆	杠杆比率
利息保障倍数	股利支付率
股利覆盖率	股利收益率
每股收益（EPS）	市盈率

复习题

6.1 有些企业的营业利润率很低 (例如连锁超市)。这是否意味着从该企业获得的资本回报率也会很低?

6.2 外部分析师在计算财务比率时使用资产负债表中的数据会产生哪些潜在问题?

6.3 两家企业在同一行业中经营。其中一家企业的存货周转期比行业平均水平长,另一家则比行业平均水平短。对每个企业的存货周转期给出三种可能的解释。

6.4 本章中提到,比率有助于消除在不同规模企业之间进行比较时存在的一些问题。这是否意味着在解释和分析不同企业的财务状况和经营业绩时,规模是无关紧要的?

练习

基础练习

6.1 下面列出了三家不同企业的相关比率。三家企业在不同的行业中经营。

比率	A公司	B公司	C公司
营业利润率	3.6%	9.7%	6.8%
销售收入与已动用资本比率	2.4	3.1	1.7
存货平均周转期	18 天	无	44 天
应收账款平均结算期	2 天	12 天	26 天
流动比率	0.8	0.6	1.5

要求:

三家企业分别属于以下哪个行业? 说明原因。

(a) 假日旅游运营商;

(b) 连锁超市;

(c) 食品制造商。

6.2 Amsterdam 公司和 Berlin 公司都是为同一市场广泛提供服务的批发商。但是根据以下信息,它们看上去采用了不同的经营方法。

比率	Amsterdam 公司	Berlin 公司
已动用资本回报率（ROCE）	20%	17%
普通股股东资金回报率（ROSF）	30%	18%
应收账款平均结算期	63 天	21 天
应付账款平均结算期	50 天	45 天
毛利率	40%	15%
营业利润率	10%	10%
存货平均周转期	52 天	25 天

要求：

请描述这些信息表明两家公司在经营方式上有什么差异。如果其中一家擅长客户服务，另一家擅长价格竞争，你认为分别对应哪一家公司？为什么？

提升练习

6.3 Harridges 公司过去两年的财务报表如下。会计年度截至 12 月 31 日。Harridges 公司经营着一家大型连锁零售店。

Harridges 公司
截至 12 月 31 日的年度利润表（单位：百万英镑）

	前年	去年
销售收入	2 600	3 500
销售成本	(1 560)	(2 350)
毛利	1 040	1 150
工资和薪金	(320)	(350)
管理费用	(260)	(200)
折旧	(150)	(250)
营业利润	310	350
利息费用	(50)	(50)
税前利润	260	300
税费	(105)	(125)
当期利润	155	175

12月 31 日的资产负债表（单位：百万英镑）		
	前年	去年
资产		
非流动资产		
财产、厂房和设备	1 265	1 525
流动资产		
存货	250	400
应收账款	105	145
银行存款	380	115
	735	660
资产总计	2 000	2 185
权益和负债		
权益		
股本：1 英镑付讫	490	490
股本溢价	260	260
留存收益	350	450
	1 100	1 200
非流动负债		
借款——10% 贷款票据	500	500
流动负债		
应付账款	300	375
其他应付款	100	110
	400	485
权益和负债总计	2 000	2 185

前年和去年，分别支付了 6 500 万英镑和 7 500 万英镑普通股股利。

要求：

（a）选择并计算有助于评估 Harridges 公司业绩的 8 个指标。计算两年的相关指标时都使用年末价值。

（b）使用计算出的指标或者其他你认为有帮助的指标，从潜在股票购买者的角度对公司业绩进行评价。

第二部分

管理会计

第 **7** 章

成本的相关性和成本习性

本章概要

在本章中，我们将学习进行管理决策时要考虑的成本的相关性。并非所有看似与企业决策相关的成本（和收入）都真的与之相关。区分相关和不相关成本（和收入）十分重要。否则会导致做出糟糕的决策。

我们还将学习成本随业务变化的习性。广义上讲，成本可以分为不随业务量变化的部分和随业务量变化的部分。我们将了解成本习性知识如何应用于短期决策和风险评估。

这一章学习的原理将为本书剩余部分的内容奠定基础。

学习目标

学习完本章之后，你应该能够：

- 定义并区分相关成本、付现成本和机会成本；
- 区分固定成本和变动成本，并使用这一区分来解释成本、数量和利润之间的关系；
- 推导某些活动的盈亏平衡点并讨论其用途；
- 探讨边际分析方法如何应用于短期决策。

7.1 什么是"成本"？

成本（cost）是指为实现特定的企业目标而付出的金额。衡量成本看似是一个简单的过程，它只是为所提供的商品或服务支付的金额。然而，当衡量成本是为了做出决策时，事情就没有那么简单了。

举个例子，假设你拥有一辆汽车，当初的买价是 5 000 英镑，现在你在拍卖会上拍卖这辆车，有人报价 6 000 英镑。那么，你继续持有这辆车自用的成本是多少？（不考虑运行成本等，只考虑汽车的"资本"成本。）这种情况下，为了保留这辆车，你放弃了 6 000 英镑的现金收入。因此，你持有这辆车真正的牺牲或成本是 6 000 英镑。

任何关于这辆汽车未来的决策都应该考虑到这个数字。这种成本被称为"机会成本"，因为它是为了追求另一种行动而放弃的机会的价值。（在这个例子中，另一种行动是持有这辆汽车。）

我们可以看到，持有汽车的成本与汽车的购买价格是不一样的。当然，这辆车的成本是 5 000 英镑，因为这是购买它时支付的价格。显而易见，这个成本被称为**历史成本**（historic cost）。逻辑上，不能用历史成本做出关于汽车未来的决策。

如果我们不同意这一点，我们应该问问自己，如何看待另一个人出价 5 500 英镑购买汽车的行为。答案是，我们应该将 5 500 英镑的出价与 6 000 英镑的**机会成本**（opportunity cost）进行比较。这一金额代表了因采取特定行动而失去的最佳机会的价值。通过比较，我们应该拒绝这个报价，因为它低于 6 000 英镑的机会成本。在这种情况下，因为 5 500 英镑超出我们最初支付的 5 000 英镑而接受 5 500 英镑的报价是不合逻辑的。（另一个唯一值得我们关注的数字是持有汽车对我们的价值，比如在快乐、有用性等方面。如果我们认为这比 6 000 英镑的机会成本还要高，我们就应该拒绝这两个报价。）

然而，我们可能仍然认为，5 000 英镑在这里是相关的，因为它可以帮助我们评估决策的盈利性。如果我们把车卖了，我们可以得到 500 英镑（5 500－5 000）或者 1 000 英镑（6 000－5 000）的利润，这取决于我们接受哪个报价。既然我们的目标是获得更高的利润，正确的决策是以 6 000 英镑的价格出售汽车。然而，我们不需要知道汽车的历史成本来做出正确的决策。如果这辆车的购买价为 4 000 英镑，我们应该如何决策？显然，我们仍然应该以 6 000 英镑而不是 5 500 英镑的价格出售汽车，因为重要的是在报价和机会成本之间进行比较。

无论汽车的历史成本是多少，我们都应该得出同样的结论。在决定出售还是持有汽车时，唯一相关的因素是 6 000 英镑的机会成本和持有汽车的收益价值。因此，历史成本永远不会是未来决策的**相关成本**（relevant cost）。

历史成本是**无关成本**（irrelevant cost），并不意味着产生该成本的影响总是不相关的。我们拥有汽车，因此可以选择如何使用它，这一事实并非无关紧要，这绝对是相关的。

财务会计中很少考虑机会成本，因为它们不涉及任何需要付款的支出。通常只有在其与特定管理决策相关时才会被计算。而历史成本确实涉及需要付款的支出，因此被记录下来。它们用于编制年度财务报表，如资产负债表和利润表。这是合乎逻辑的，因为这些报表旨在说明实际发生的事情，并在事情发生后才编制。

7.2　相关成本：机会成本和付现成本

我们刚刚看到，在做出有关未来的决策时，**过去成本**（past cost）（即历史成本）是无关紧要的。值得关注的是未来的机会成本和未来的**付现成本**（outlay cost）（未来为实现目标所花费的金额）。用更正式的术语来说，要与特定决策相关，成本必须满足以下三个条件：

（1）它必须与企业的目标相关。企业的存在主要是为了增加其所有者（股东）的财富。因此，为了与特定决策相关，成本必须与这一财富目标相关。

（2）它必须是未来成本。过去成本与未来的决策无关。

（3）它必须随决策而变化。只有结果不同的成本（和收入）才是相关的。

为了说明第三个条件，我们以一家道路运输企业为例，该企业已经决定购买一辆卡车，需要在两种不同型号的卡车之间做出最终决定。每辆卡车的载重量、燃料成本和维护成本各不相同。这些潜在的收入和成本都是相关的项目。卡车需要配备一名司机，要为司机支付报酬。合格的司机可以以相同工资驾驶任何一辆卡车。因此，雇用司机的成本与购买哪辆卡车的决策无关，尽管这是未来的成本。

图 7-1 显示了确定哪些成本是相关成本的决策流程。

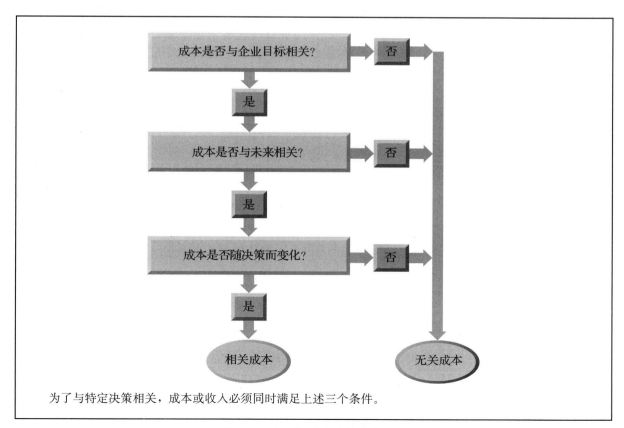

为了与特定决策相关，成本或收入必须同时满足上述三个条件。

图 7-1　识别相关成本的决策流程

真实世界 7-1 讨论了两个国家建造单独的输油管道而不是与合资企业进行合作的机会成本。

真实世界 7-1

失去利益

总部设在伦敦的 Tullow 石油公司在乌干达和肯尼亚发现了石油。公司的一位管理人员说，如果两国不就一条将原油运往印度洋的管道达成合作，就会产生机会成本。

地处内陆的乌干达正在决定，这条管道是穿过肯尼亚北部的沙漠到达拉姆港，还是向南穿过维多利亚湖，到达坦桑尼亚海岸的坦加港。虽然发现了乌干达石油的 Tullow 公司在谈判中占有一席之地，但该公司负责非洲业务的副总裁 Tim O'Hanlon 在一次采访中说，修建输油管道的决策"超出了我们的级别"。

"对我们来说，我们认为这是东非的综合区域基础设施，如果乌干达和肯尼亚在这条管道上不合作，那么机会成本将是巨大的。"他周三在坦桑尼亚的商业首都达累斯萨拉姆表示，"一条联合管道具有切实的经济价值，对乌干达和肯尼亚以及整个东非都具有可观的价值。"

坦桑尼亚总统 John Magufuli 早前曾表示，他已经与乌干达总统 Yoweri Museveni 达成一致，将这条管道通过坦桑尼亚，耗资约 40 亿美元，由 Total SA 公司资助该项目。日本名古屋丰田公司估计，肯尼亚的这条路线可能耗资约 50 亿美元。

拆分管道

O'Hanlon 认为，乌干达决定将输油管道通过坦桑尼亚，这可能意味着肯尼亚需要使用自己的设施来运输石油。他说："我们正在讨论是修建两条单独的管道还是修建一条联合管道通过肯尼亚。"

Tullow 公司、Total SA 公司和中国海洋石油总公司一起在霍伊马西部地区开发乌干达的油田。中国海洋石油总公司于 2013 年获得了生产许可，这是乌干达政府迄今为止颁发的唯一一个生产许可。

O'Hanlon 表示，Tullow 公司预计在 2017 年做出最终投资决定后的 3～4 年内在乌干达开始生产，并在之后数周内获得生产许可。

他说："这需要花费时间，但进展顺利，这当然是我们进入生产之前必须解决的关键问题之一。"

资料来源：Direct extract from Burite，J.（2016）*Tullow Sees Opportunity Cost if Kenya-Uganda Pipeline Plan Fails*，www.bloomberg.com，30 March.

■ 7.3　成本习性

我们在本章的前面已经看到，成本表示为实现收益而消耗的资源。企业发生的成本可以通过多种方式进行分类，一种有用的方式是根据成本与业务量变化的关系来确定成本类别。成本可以根据下列情况分类：

- 当业务量发生变化时，成本保持不变（固定）；
- 根据业务量而变化。

这些分别称为**固定成本**（fixed cost）和**变动成本**（variable cost）。以餐厅为例，经理的工资通常是固定成本，而食材成本则是变动成本。

正如我们将要看到的，知道每种类型的成本与特定业务的相关程度，对管理者来说是很有价值的。

■ 7.4　固定成本

固定成本的习性可以通过绘制企业固定成本与业务量的关系图来体现，如图 7-2 所示。距离 OF 表示固定成本的金额，无论业务规模大小，这一距离都保持不变。

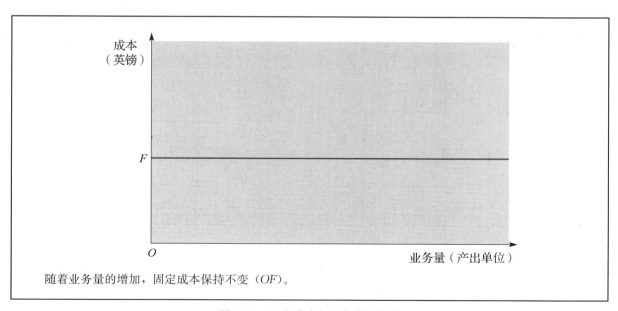

随着业务量的增加，固定成本保持不变（OF）。

图 7-2　固定成本与业务量的关系

员工薪金（或工资）经常被认为是变动成本，但实际上它们往往是固定的。员工的工资通常不是根据产出的数量计算的，在业务量出现短期低迷时一般不会解雇他们。如果业务量出现长期低迷的情况，或者管理层认为业务量会长期低迷，为了节约固定成本可能会裁员。然而，所有类型的固定成本都是如此。例如，管理层也可能决定关闭一些分支机构，以节省租金成本。

在某些情况下，人工成本是变动的（例如，根据员工的产出向其支付工资），但这不常见。人工成本是固定的还是变动的取决于具体的情况。

在这方面，必须明确的是，"固定"只是指成本不受业务量变化的影响。固定成本可能受到通货膨胀的影响。如果租金（一种典型的固定成本）因为通货膨胀而上涨，固定成本也会增加，但不是业务量的变化导致的。

同样，固定成本的水平也不会在任何时期都保持不变。固定成本几乎总是基于时间的，也就是说，它们随时间的长短而变化。两个月的租金通常是一个月租金的两倍。因此，固定成本通常随时间变化，但（当然）不随产量变化。这意味着，当我们提到固定成本时，比如1000英镑，我们必须加上相关的期间，比如每月1000英镑。

事实上，租金只是在一个特定范围内固定（称为"相关"范围）。对于理发店来说，如果想到理发店理发的人数增加，而理发店希望满足这种增加的需求，它最终将不得不扩大其实体规模。这可以通过开设一家额外的分店来实现，或者将现有业务转移到更大的场所，也可以通过更有效地利用现有空间或延长开放时间，来应付业务量相对较小的增加。然而，如果业务量持续增长，租金增加是不可避免的。

实际上，这种情况类似于图7-3。

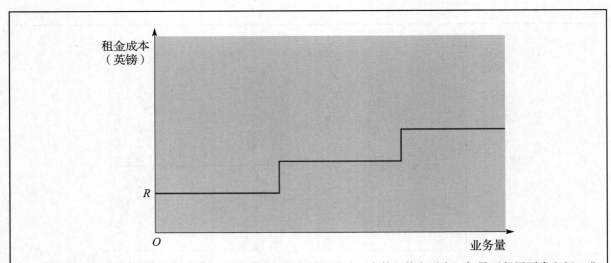

随着业务量从零开始增加，租金（固定成本）不会受到影响。在某一特定时点，如果不租用更多空间，业务量就无法进一步增加。租用额外空间的成本将导致租金成本上升一个"台阶"。上升一个"台阶"之后，租金成本将继续不受业务量影响，直到达到另一个"台阶"点。

图7-3　租金成本与业务量的关系

在业务量较低的情况下，图7-3所示的租金成本为OR。随着业务量的增加，将达到现有场地不足的一个临界点。要想继续扩展业务，就需要更大的场地，这就意味着固定成本的急剧增加。当业务量继续增加时，就会达到另一个场地不足的临界点。因此需要更大的场地，导致固定成本再一次急剧增加。具有这种习性的固定成本通常被称为**阶梯式固定成本**（stepped fixed cost）。

7.5　变动成本

前面我们看到，变动成本随业务量而变化。例如，在制造企业中，这可能包括所用原材料的成本。

变动成本可以表示为图 7 - 4。业务量为零时，变动成本也为零。然后，随着业务量的增加，它呈直线增加。

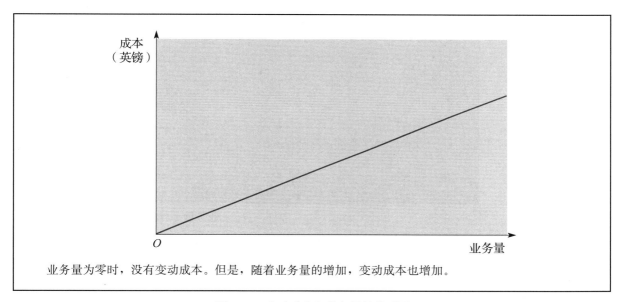

业务量为零时，没有变动成本。但是，随着业务量的增加，变动成本也增加。

图 7 - 4　变动成本与业务量的关系图

图 7 - 4 中变动成本呈直线表明，无论业务量如何，每单位业务的变动成本都是相同的。我们将在本章后续部分讨论这一假设的实际意义。

7.6　半固定（半变动）成本

在一些情况下，某一特定成本包含固定成本和变动成本。这些成本可以描述为**半固定（半变动）成本**（semi-fixed（semi-variable）cost）。理发店的电费就是一个例子。一部分电费用于取暖和照明，这部分可能是固定的，至少在业务量增加到需要更长开放时间或更大场地之前是固定的。另一部分电费将随业务量的变化而变化，比如吹风机的电费。

7.7　寻找盈亏平衡点

掌握了特定产品或服务的成本组成信息后，就可以预测各种预计产出水平下的总成本和单位成本。这些信息对决策者非常有用。本章后面的大部分内容将专门研究如何使用这些信息，我们从**盈亏平衡分析**（break-even analysis）开始。

对于特定的产品或服务，如果我们知道一个时期的固定成本和每单位的变动成本，就可以画出如图 7-5 所示的图。该图显示了在可能的业务量范围内的总成本。

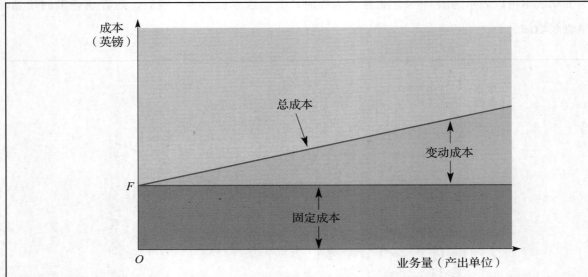

图的底部代表固定成本。在此基础上增加的楔形顶部部分代表变动成本。这两部分合起来代表总成本。在业务量为零时，变动成本为零，所以总成本等于固定成本。随着业务量的增加，总成本也增加了，但这只是因为变动成本增加了。我们假设固定成本没有上"台阶"。

图 7-5　总成本与业务量的关系

图 7-5 的底部显示了固定成本区域。在此基础上，变动成本是图形顶部的楔形部分。最上面的线代表在一定业务量范围内的总成本。对于任何特定的业务量，总成本可以用图中的横轴与最上面那条线之间的垂直距离来衡量。

逻辑上，业务量为零时的总成本就是固定成本的金额。这是因为，即使什么都没有发生，至少在短期内，企业仍需支付租金、工资等。当业务量从零开始增加时，固定成本加上相关的变动成本就得到总成本。

如果我们在图 7-5 的总成本图上添加一条在业务量范围内代表总收入的线，我们就得到了**盈亏平衡图**（break-even chart），如图 7-6 所示。

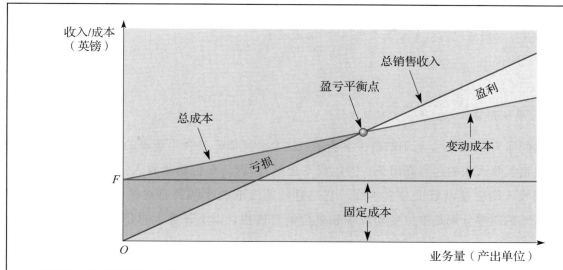

　　从原点出发的斜线代表不同业务量下的销售收入。从 F 点出发的斜线是总成本。总销售收入线与总成本线的交点是盈亏平衡点。在这个点以下意味着亏损，在它以上意味着盈利。

图 7 - 6　盈亏平衡图

　　请注意，在图 7 - 6 中，业务量为零（销售量为零）时，销售收入为零。盈利（亏损）是特定业务量的总销售收入与总成本之差，即该业务量对应的总销售收入线与总成本线之间的距离。这两条线相交时（总销售收入等于总成本），则业务量处于**盈亏平衡点**（break-even point，BEP）。在该点，既没有盈利也没有亏损，也就是说，业务盈亏平衡。当业务量低于盈亏平衡点时，将发生亏损，因为总成本超过了总销售收入。如果业务量超过盈亏平衡点，则会盈利，因为总销售收入超过了总成本。业务量低于盈亏平衡点越多，亏损就越大；高于盈亏平衡点越多，盈利就越多。

　　以图形方式推断盈亏平衡点比较困难。但是，由于图中的关系都是线性的（即都是直线），因此可以很容易地计算出盈亏平衡点。

　　我们知道在盈亏平衡点（而不是其他业务量）：

　　　　总销售收入＝总成本

（在盈亏平衡点以外的所有其他业务量下，总销售收入将超过总成本或者相反。只有在盈亏平衡点，它们才相等。）上述公式可以扩展为：

　　　　总销售收入＝固定成本＋变动成本

如果我们设盈亏平衡点处的产出单位数为 b，则

　　　　b×单位销售收入＝固定成本＋（b×单位变动成本）

　　所以：

$$(b\times单位销售收入)-(b\times单位变动成本)=固定成本$$

$$b\times(单位销售收入-单位变动成本)=固定成本$$

得出：

$$b=\frac{固定成本}{单位销售收入-单位变动成本}$$

如果我们回头看图 7 - 6 所示的盈亏平衡图，这个公式似乎是合乎逻辑的。总成本线从 F 点开始，比总销售收入线的起点高出 F（固定成本金额）。因为单位销售收入大于单位变动成本，所以总销售收入线会逐渐赶上总成本线。它追赶的速度取决于两条直线的相对倾斜程度。记住，这两条线的斜率分别是单位变动成本和单位销售价格，以上计算 b 的公式看起来非常符合逻辑。

虽然不借助图示可以简单快速地计算出盈亏平衡点，但这并不意味着盈亏平衡图没有价值。该图显示了成本、业务量和利润之间的关系，能够很容易地被非财务领域的管理者理解。因此，盈亏平衡图可以成为解释这种关系的有用工具。

例 7 - 1

Cottage 公司生产篮子。车间一个月的固定成本共计 500 英镑。制作每个篮子需要花费 2 英镑材料和一个小时。公司付给制篮工人每小时 10 英镑。与制篮工人所签的合同约定，如果他们出于任何原因而没有开展工作，就不能得到报酬。这些篮子以每个 14 英镑的价格卖给批发商。

公司制作篮子的盈亏平衡点是多少？

解答：

盈亏平衡点（篮子的数量）为：

$$盈亏平衡点=\frac{固定成本}{单位销售收入-单位变动成本}$$

$$=\frac{500}{14-(2+10)}=250（个/月）$$

请注意，盈亏平衡点必须对应一段时间。

Cottage 公司预计一个月能够销售 500 个篮子。公司可以租赁一台制篮机。这样做的话，车间一个月的固定成本将增加到 3 000 英镑。使用这台机器会将人工工时降至每个篮子半小时。制篮工人的工资仍然为每小时 10 英镑。

(a) 分别计算在不使用机器和使用机器的情况下，公司销售篮子每个月的利润是多少。

(b) 如果租赁机器，那么盈亏平衡点是多少？

(c) 对于计算出的数字，你注意到了什么？

解答：

（a）估计每个月的利润。

单位：英镑

	不使用机器		使用机器	
销售收入（500×14）		7 000		7 000
材料（500×2）	（1 000）		（1 000）	
人工（500×1×10）	（5 000）			
（500×1/2×10）			（2 500）	
固定成本	（500）		（3 000）	
		（6 500）		（6 500）
利润		500		500

（b）使用机器后的盈亏平衡点（篮子的数量）：

$$盈亏平衡点 = \frac{固定成本}{单位销售收入 - 单位变动成本}$$

$$= \frac{3\,000}{14 - (2 + 5)} = 429（个/月）$$

不使用机器时的盈亏平衡点是每月 250 个篮子。

（c）在预计销量下，两种制造策略的利润相同。然而，盈亏平衡点明显不同。一方面，不使用机器，实际销量降到预计销量的 50%（从 500 到 250）时，公司仍然不会亏损。使用机器时，销量降低 14%（从 500 到 429），公司就无法盈利。另一方面，在预计销量 500 个之上，每多销售一个篮子，不使用机器时只能产生 2 英镑的利润（14-（2+10）），而使用机器时则可以产生 7 英镑的利润（14-（2+5））。（我们可以看到盈亏平衡点和计划业务量如何帮助评估业务的风险。）

我们可以进一步观察固定成本、变动成本和利润的关系，并为 Cottage 公司的管理层提供建议。首先让我们简单分析一下边际贡献的概念。

7.8 边际贡献

盈亏平衡公式的分母部分（单位销售收入减去单位变动成本）被称为**单位边际贡献**（contribution per unit）。因此，对于制作篮子的业务，不使用机器时的单位边际贡献是 2 英镑，使用机器时的单位边际贡献是 7 英镑。在决策时，了解这个数字是非常有用的。它之所以被称为边际贡献，是因为它为弥补固定成本做出了贡献，如果有超额部分，它又会为利润做出贡献。

在本章后面的内容中，我们将看到，了解一个特定业务所产生的边际贡献，对于做出各种类型的短期决策以及在计算盈亏平衡点时是多么有用。

边际贡献率（contribution margin ratio）是指一项业务的贡献，以边际贡献占销售收入的百分比表示，即：

$$边际贡献率 = \frac{边际贡献}{销售收入} \times 100\%$$

边际贡献和销售收入都可以用单位金额或总额来表示。Cottage 公司（见例 7-1）的边际贡献率为：

$$不使用机器：\frac{14-12}{14} \times 100\% = 14\%$$

$$使用机器：\frac{14-7}{14} \times 100\% = 50\%$$

该比率可以显示变动成本消耗销售收入的程度。

7.9 安全边际

安全边际（margin of safety）是指计划产量或销量高于盈亏平衡点的程度。为了说明安全边际是如何计算的，我们可以使用例 7-1 的信息。

	不使用机器（篮子数量）	使用机器（篮子数量）
（a）预计销量	500	500
（b）盈亏平衡点	250	429
安全边际（a）和（b）的差	250	71
占预计销量的百分比	50％	14％

安全边际可以作为风险的部分衡量指标。

安全边际与每个篮子的销售价格、每个篮子的变动成本和每月的固定成本直接相关。不使用机器时，每个篮子的边际贡献（售价减去变动成本）是 2 英镑；使用机器时是 7 英镑。另外，不使用机器时固定成本是每月 500 英镑；使用机器时是 3 000 英镑。这意味着，使用机器时，在业务实现盈利之前，边际贡献需要"弥补"的固定成本更多。然而，使用机器时边际贡献弥补固定成本的速度更快，因为变动成本更低，并且多销售一个篮子对利润的影响比不使用机器时更大。这两种情景的对比如图 7-7（a）和 7-7（b）所示。

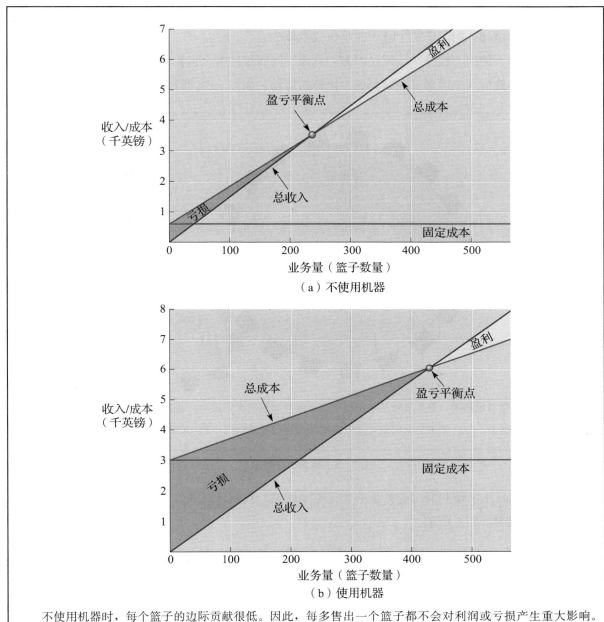

图 7-7　Cottage 公司制篮业务盈亏平衡图

7.10　经营杠杆及其对利润的影响

固定成本和变动成本之间的关系称为**经营杠杆**（operating gearing 或 operational gearing）。在正常业务水平下，固定成本相对于总变动成本较高的业务，被称为有较高的经营杠杆。因此，Cottage 公司在使用机器时的经营杠杆比不使用机器时高。租赁机器大幅提高了经营杠杆水平，因为这导致固定成本增加，同时使每个篮子的单位成本减少。

在这种情况下使用"杠杆"一词是因为，就像不同周长的啮合齿轮一样，其中一个因素（业务量）的运动会导致另一个因素（利润）更大比例的运动，如图7-8所示。

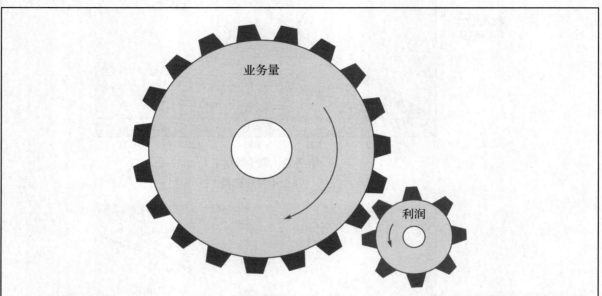

当经营杠杆相对较高时，业务量轮的小幅运动会导致利润轮的大幅运动。业务量的增加会导致利润不成比例地大幅增加。然而，杠杆作用是双向的，业务量的减少也会导致利润不成比例地大幅减少。

图7-8　经营杠杆的效果

提高经营杠杆水平使利润对业务量的变化更加敏感。我们可以通过 Cottage 公司的制篮业务对经营杠杆进行说明，如下所示：

	不使用机器			使用机器		
数量（篮子数）	500	1 000	1 500	500	1 000	1 500
边际贡献（英镑）*	1 000	2 000	3 000	3 500	7 000	10 500
固定成本（英镑）	(500)	(500)	(500)	(3 000)	(3 000)	(3 000)
利润（英镑）	500	1 500	2 500	500	4 000	7 500

＊不使用机器时每个篮子的边际贡献为2英镑，使用机器时每个篮子的边际贡献为7英镑。

请注意，不使用机器时（较低的经营杠杆），产量从500个增加一倍到1 000个，利润会增加到原来的3倍。使用机器时（较高的经营杠杆），产量从500个增加一倍，利润则会增加为原来的8倍。然而，杠杆作用是双向的。这意味着在经营杠杆较高时，产量的减少会对利润产生更大的影响。

7.11　盈亏平衡分析的缺点

虽然盈亏平衡分析可以提供关于成本、业务量和利润之间关系的有用见解，但它也有缺点。有三个普遍的问题：

（1）非线性关系。盈亏平衡分析假设总变动成本和总销售收入与产量呈线性关系。但在现实生活中，这不太可能。非线性可能不是主要问题，因为正如我们刚刚看到的：

■ 盈亏平衡分析通常是在实际业务发生之前进行的。然而，预测未来的成本、收入等是极其困难的。因此，与其他的预测误差相比，与严格线性关系存在微小偏差可能不是很重要。

■ 大多数企业的业务范围都很窄。在较小的范围内，把曲线当作直线处理可能是合理的。然而，如果这些线在很小的范围内也是急剧弯曲的，任何计算都需要进行调整。

（2）阶梯式固定成本。大部分固定成本在整个业务范围内都不是固定的。它们可能呈现图 7-3 那样的阶梯式变化。这意味着，在实践中，对固定成本做出假设必须非常谨慎。由于许多业务包含多种固定成本（如租金、管理者薪酬、管理成本等），所有这些都可能在不同的临界点呈阶梯变化，所以这一问题比较严重。

（3）多产品企业。大多数企业提供不止一种产品（或服务）。这可能是盈亏平衡分析的一个问题，因为一种产品的销售可能会影响该企业另一种产品的销售。还有确定与特定产品相关的固定成本的问题。固定成本可能与不止一种产品有关，例如，可能在租用的同一场所生产两种产品。固定成本在不同产品之间的分配有很多种方法，但这些方法可能有些武断，这削弱了盈亏平衡分析的价值。

尽管存在一些问题，但盈亏平衡分析似乎仍得到了广泛应用。媒体经常在商业和其他活动中提到盈亏平衡点。足球就是一个例子。经常有人提到，一个俱乐部要想做到盈亏平衡，需要多少观众。此外，欧洲足球协会联盟基于盈亏平衡的理念，对足球俱乐部实施了财务公平竞赛规则，参加或希望参加其比赛的俱乐部必须至少在 3 年内平衡其支出和收入。这是防止俱乐部为了追求成功而不顾一切地花钱，从而使它们的长远未来处于危险之中。不遵守盈亏平衡规则可能会被排除在欧洲足球协会联盟的比赛之外。

7.12　利用边际贡献做出决策：边际分析

在本章前面部分，我们讨论了决策的相关成本。我们看到，在对两个或多个可能的方案进行决策时，只有随决策变化的成本才应该包含在分析中。这一原则也适用于对固定成本的分析。

固定成本与许多决策是不相关的，这些决策通常：

■ 与现有做法相比变化较小；

■ 时间相对较短。

这种情况下，无论做出什么决策，固定成本都是一样的。这是因为固定成本不可能也不会在短期内改变。

现在我们将考虑固定成本被视为不相关的某些类型的决策。在做出这些决策时，我们应该把增加所有者（股东）财富作为我们的主要目标。由于这些决策在本质上是短期的，所以尽可能多地产生净现金流入通常会增加财富。

与所有管理决策一样，在**边际分析**（marginal analysis）中只考虑随决策变化的成本和收入。这意味着固定成本通常可以忽略。这是因为边际分析通常适用于业务水平的微小变化。因此，单位变动成本等于**边际成本**（marginal cost），即多生产一单位产品的额外成本。然而，有时多生产一件产品可能会导致固定成本上升一个"台阶"。如果发生这种情况，边际成本就不仅仅是变动成本了，它还包括固定成本的增加。

边际分析可用于决策的四个关键领域：

- 定价/评估订立合同的机会；
- 确定稀缺资源最有效的利用方式；
- 做出自制还是外购的决策；
- 做出关闭还是继续经营的决策。

我们现在依次考虑每一个领域。

（一）定价/评估订立合同的机会

因为制篮工人有一些空闲时间，所以 Cottage 公司（见例 7-1）有剩余生产能力。一家海外零售连锁店向 Cottage 公司下了一个订单，以 13 英镑/个的价格购买 300 个篮子。

如果不考虑其他因素，公司应该接受这个订单吗？（假设公司没有租赁机器。）

因为固定成本在任何情况下都会发生，所以它与这个决策不相关。我们需要做的是看这个订单价格能否产生边际贡献。如果能，公司接受这个订单就会获益。

	单位：英镑
每单位增加的收入	13
每单位增加的成本	(12)
每单位增加的边际贡献	1

300 个篮子增加的边际贡献是 300 英镑（300×1）。固定成本没有增加，不考虑其他因素，所以公司接受这个订单比拒绝订单多得到 300 英镑。

与其他决策一样，还有其他一些因素很难或无法量化。在做最后决定之前，这些都应该考虑进去。在 Cottage 公司海外客户的例子中，包括这些因素：

- 可能有另一个潜在客户提出更高的价格，但闲置产能却已经被廉价地"出售"。至于这种可能性有多大，则是一个商业判断问题。

■ 销售同一产品，但价格不同，可能会失去客户的好感。为不同国家（即不同市场）的客户设定不同的价格，可能可以避免这一潜在问题。

■ 如果公司因无法以"正常"价格销售其全部产品而持续遭受损失，那么从长远来看，降低产能、节省固定成本可能会更好。使用闲置产能来产生边际收益可能导致企业无法解决这个问题。

■ 从更积极的角度来看，公司可能会把这视为一种打入不同市场的方式。如果企业收取正常的价格，这可能是无法实现的。

（二）确定稀缺资源最有效的利用方式

通常，企业的产量是由客户对特定商品或服务的需求决定的。然而，在某些情况下，产量会受到企业生产能力的限制。有限的生产能力可能源于任何生产要素的短缺——人工、原材料、空间、机器产能等。这些稀缺因素通常被称为关键因素或限制因素。

当生产能力制约产量时，管理层必须决定如何最好地配置稀缺资源。也就是说，必须决定在现有的产品范围内生产哪些产品，以及每种产品生产多少。在这种情况下，边际分析对管理层是有用的。指导原则是，当每单位稀缺因素产出的边际贡献最大时，此时的产品组合盈利性最强。例7-2说明了这一点。

例 7 - 2

企业提供三种不同的服务，详细信息如下：

服务（代码）	AX107	AX109	AX220
每单位的售价（英镑）	50	40	65
每单位的变动成本（英镑）	(25)	(20)	(35)
每单位的边际贡献（英镑）	25	20	30
每单位的人工工时	5 小时	3 小时	6 小时

市场将尽可能多地接受所提供的服务，但是提供服务的能力受到人工的限制（所有服务都需要熟练工人）。固定成本不受所选择提供的服务影响，因为这三种服务使用相同的设施。

盈利性最强的服务是 AX109，因为它每小时的边际贡献是 6.67 英镑（20/3）。另外两项服务每小时的边际贡献只有 5 英镑（25/5 和 30/6）。因此，为了使利润最大化，应该优先考虑生产使单位限制因素边际贡献最大的服务。

我们的第一反应可能是，企业应该只提供 AX220 服务，因为这是每单位销售边际贡献最大的服务。如果是这样的话，我们就犯了一个错误，认为销售能力是限制因素。如果上述分析不能令人信服，我们可以随机设定可用的工时数，然后思考单独提供每种服务所能获得的最大边际贡献（以及由此带来的利润）是多少。请记住，除人工短缺外，不存在任何其他方面的短缺，包括市场需求。

（三）做出自制还是外购的决策

企业经常面临这样的决策，即决定是生产它们所销售的产品或服务，还是从其他企业那里购买。因此，电器生产商可能会决定将其产品的生产分包给另一个企业，也许是因为该生产商自己的工厂缺乏生产能力，或者是因为它认为分包比自己生产成本更低。从分包商处获得服务或产品被称为**外包**（outsourcing）。

假设 Shah 公司的一个产品需要一个部件。可以将这个部件的生产外包给一个分包商，该分包商将以每单位 20 英镑的价格提供该部件。Shah 公司也可以在内部生产该部件，每单位的变动成本是 15 英镑。该公司有空闲产能，该部件应该分包还是内部生产？答案是 Shah 公司应该内部生产，因为分包的变动成本比内部生产高 5 英镑（20—15）。

现在假设 Shah 公司没有空闲产能，所以它只能缩减其他产品的产量来生产该部件。如果自己生产，那么生产每个部件将损失其他产品 12 英镑的边际贡献。该部件应该分包还是内部生产？答案是应该分包。在这种情况下，内部生产的变动成本和损失边际贡献的机会成本都应该考虑。因此，内部生产每个部件的相关成本为：

	单位：英镑
生产部件的变动成本	15
缩减其他产品的机会成本	12
相关成本合计	27

显然，这比每个部件支付给分包商的 20 英镑成本更高。

除了财务方面，在做出自制还是外购的决策时，还有什么因素需要考虑？我们觉得有两个主要因素：一是分包的普遍问题，尤其是失去对质量的控制以及潜在的不可靠性；二是专门技术和专业化。一般来说，企业应该关注自己的核心能力。

（四）做出关闭还是继续经营的决策

企业通常会为每个部门或分部编制单独的财务报表，以评估它们各自的业绩。例 7-3 考虑在某一部门业绩不佳时边际分析如何帮助企业做出决策。

例 7-3

Goodsports 公司是一个零售商店，有三个部门，都在同一场所。这三个部门占用的面积大致相同。预计明年的交易结果如下：

单位：千英镑

	合计	运动器材	运动服装	普通服装
销售收入	534	254	183	97
销售成本	(482)	(213)	(163)	(106)
利润（或亏损）	52	41	20	(9)

如果普通服装部门关闭的话，企业的利润似乎会更高，每年可以增加 9 000 英镑。

然而，如果将成本分为变动部分和固定部分，就可以得出每个部门的边际贡献，并得到以下结果：

单位：千英镑

	合计	运动器材	运动服装	普通服装
销售收入	534	254	183	97
变动成本	(344)	(167)	(117)	(60)
边际贡献	190	87	66	37
固定成本（租金等）	(138)	(46)	(46)	(46)
利润（或亏损）	52	41	20	(9)

现在很明显，如果不采取任何其他措施，关闭普通服装部门，将使该公司的业绩降低 37 000 英镑（该部门的边际贡献）。因此，该部门不应被关闭，因为它的边际贡献为正数。无论该部门是否关闭，固定成本都将继续存在。从上面的分析可以看出，区分变动成本和固定成本，并得出边际贡献，可以使结果更清晰。

图 7-9 总结了使用边际分析的四个关键决策领域。

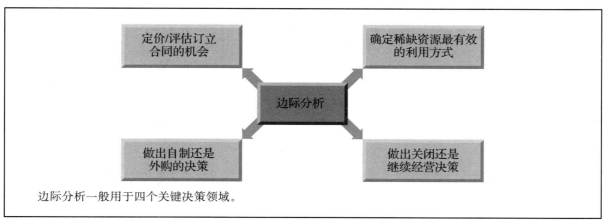

图 7-9　利用边际分析进行决策的四个关键领域

📖 关键术语

成本	盈亏平衡分析	历史成本
盈亏平衡图	机会成本	盈亏平衡点（BEP）
相关成本	单位边际贡献	无关成本
边际贡献率	过去成本	安全边际
付现成本	经营杠杆	固定成本
边际分析	变动成本	边际成本
阶梯式固定成本	外包	半固定（半变动）成本

📖 复习题

7.1 历史成本永远不能提供与决策相关的价值。尽管如此，历史成本是编制财务会计报表（利润表和资产负债表）的主要数据。这是为什么呢？

7.2 即使是在相当小的范围内，假设业务量与销售收入或变动成本之间存在线性关系总是合理的吗？

7.3 现代企业往往比 50 年前的企业具有更高的经营杠杆水平。为什么会这样？

📖 练习

基础练习

7.1 Lombard 公司签订了一份合同，公司有可用的生产能力来完成该合同。合同约定，通过复杂的组装操作，将在未来几个月内生产并交付 20 000 件相同的产品，每件价格为 80 英镑。每件产品的规格如下：

装配工时	4 小时
组件 X	4 个
组件 Y	3 个

此外，还需要在合同持续期间租用设备，付现成本为 200 000 英镑。

组装是一项技术含量很高的操作，而工人目前尚未得到充分利用。公司的政策是保留全薪员工，以应对明年的高需求，因为目前正在开发的一种新产品。有足够的熟练工人来完成目前正在考虑的合同。熟练工人的时薪是 15 英镑。

组件 X 用于生产企业的许多其他产品，很容易得到。目前存货中有 50 000 个 X 组件。组件 Y 是为一项订单而专门购买的，但是该订单预期不会实现。组件 Y 目前持有 100 000 个，可能不得不赔钱出售。材料计划部提供的组件 X 和 Y 的各种价值估算如下：

	组件（单位：英镑/个）	
	X	Y
历史成本	4	10
重置成本	5	11
可变现净值	3	8

据估计，与合同相关的其他相关成本（上述成本之外）是每件产品 8 英镑。

要求：分析上述信息并就是否同意该合同向 Lombard 公司提出建议。

提升练习

7.2　A 企业生产 A、B、C 三种产品。所有三种产品都需要使用两种机器：切割机和装配机。下一年的预算包括：

	产品		
	A	B	C
销售价格（英镑每单位）	25	30	18
销售需求（单位）	2 500	3 400	5 100
材料成本（英镑每单位）	12	13	10
变动生产成本（英镑每单位）	7	4	3
每单位产品切割机使用时间（小时）	1.0	1.0	0.5
每单位产品装配机使用时间（小时）	0.5	1.0	0.5

下一年的固定成本预计将达到 42 000 英镑。

公司切割机的年产能是 5 000 小时，装配机的年产能是 8 000 小时。

要求：

（a）根据上述信息，说明企业明年应该生产哪些产品？各生产多少？提供计算过程（提示：首先确定哪种机器是限制因素（稀缺资源））。

（b）对于企业不能内部生产的部分，如果企业要从分包商处购买，说明企业可以支付给分包商的最高单价。

7.3 Darmor 公司有三种产品，需要相同的生产设备。每单位产品的生产成本信息如下：

	产品（单位：英镑）		
	X	**Y**	**Z**
人工：熟练	6	9	3
非熟练	2	4	10
原材料	12	25	14
其他变动成本	3	7	7
固定成本	5	10	10

所有人工和原材料都是变动成本。熟练工人每小时工资为 12 英镑，非熟练工人每小时工资为 8 英镑。以上提及的人工成本均以基本工资率为基础。熟练工人稀缺，这意味着企业的销量可能会超过三种产品中任何一种产品的最大产量。

产品 X 在一个受监管的市场上销售，监管机构为其设定了每单位 30 英镑的价格。

要求：

（a）确定产品 Y 和 Z 的价格，使得企业生产和销售三种产品具有相同的盈利性。提供计算过程。

（b）确定熟练工人加班的最高加班费费率。提供计算过程。

第 **8** 章

完全成本法

本章概要

　　完全（吸收）成本法是一种广泛使用的方法，它考虑了与某一特定产品或服务相关的全部成本。在本章中，我们将看到如何使用这种方法来计算一些业务的成本，比如生产一单位的产品（如一罐烤豆）、提供一次服务（如一次汽车维修）或者建造一个设施（如建造从伦敦到伯明翰的高速铁路）的成本。

　　得到完全成本的精确方法取决于每项产品或服务是否与另一项相同，或者每项任务是否有自身的特点。它还取决于企业是否按部门计算日常开支。我们将了解完全成本法是如何计算的，并考虑其对管理目标的有用性。

　　我们首先介绍传统但仍被广泛使用的完全（或吸收）成本法，然后介绍近期逐步扩大使用的作业成本法。我们将看到，作业成本法提供了一种替代传统方法的选择。

学习目标

学习完本章之后，你应该能够：

- 在单一产品和多产品环境中计算一个成本单位的完全（吸收）成本；
- 讨论在实践中计算完全（吸收）成本的问题；
- 讨论完全（吸收）成本信息对管理者的有用性；
- 解释作业成本法的作用和性质。

■ 8.1 什么是完全成本法？

完全成本（full cost）是指为了实现特定目标而耗用的资源总额，通常用货币衡量。因此，如果目标是向客户提供产品或服务，那么为生产产品或提供服务而耗用的所有资源都是完全成本的一部分。为了得到完全成本的金额，需要将各种成本要素累积起来，然后分配给特定的产品或服务。

完全成本法（full costing）的逻辑是，一个设施（如办公室或工厂）运营的全部成本必须被视为它所帮助产生的产出的成本的一部分。以建筑师办公室的租金为例，如果建筑师再额外承担一项业务，租金可能不会改变，但是如果没有办公室，建筑师就无法工作了。因此，在计算建筑师提供的每一项建筑作业的全部成本时，必须将办公室租金考虑在内。

成本单位（cost unit）是任何需要确定其成本的单位，如一项建筑作业。一般情况下，它是特定产品或服务的一单位产出。

■ 8.2 为什么管理者想知道完全成本？

我们在第 1 章中学到，提供管理会计信息的唯一目的是提高管理者决策的质量。企业产品或服务的完全成本信息可以从以下四个方面帮助实现这一目的：

■ 定价和产量决策。拥有完全成本信息可以帮助管理者决定向客户收取的产品或服务的价格。完全成本信息连同有关价格信息，也可以用来决定生产的产品或服务的数量。

■ 实施控制。确定产品或服务的完全成本通常是实施成本控制的一个有用的起点。例如，如果报告的完全成本被认为过高，则可以审查完全成本的各个要素，看看是否有节省的机会。这可能需要重新设计生产过程、寻找新的供货来源等。此外，预算和计划通常用完全成本来表示。预算用来帮助管理者比较计划（预算）业绩和实际业绩，从而实施控制。我们将在第 9 章中继续讨论这一点。

■ 评估相对效率。完全成本信息可以帮助比较以某种方式或在某一地点执行某项活动的成本，和以不同方式或在不同地点执行该项活动的成本。例如，汽车制造商可能希望比较两个工厂制造一种特定型号汽车的成本，这有助于决定未来的生产地点。

■ 评估业绩。我们学过，利润是衡量企业业绩的重要指标。要衡量某一特定产品或服务的利润，应该将其产生的销售收入与为产生该收入所消耗的成本进行比较。这有助于评估过去的决策。它还可以帮助指导未来的决策，例如继续使用或放弃特定的产品或服务。

图 8-1 显示了完全成本信息的四种用途。

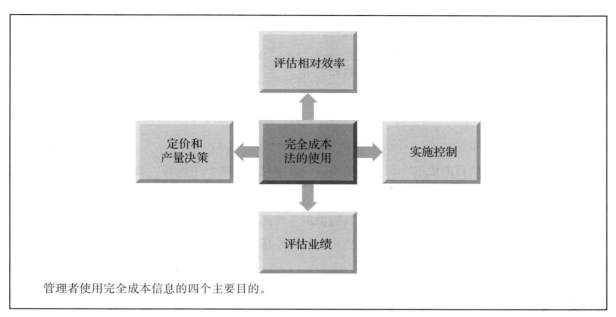

管理者使用完全成本信息的四个主要目的。

图 8 - 1 管理者使用完全成本信息的目的

现在让我们看一下真实世界 8 - 1。

真实世界 8 - 1

学位的成本

据剑桥大学计算，2014—2015 学年，培养一名本科生的平均成本为 18 000 英镑。

这个数字是执行这项活动的完全成本。

资料来源：Morgan，J.（2016）'Cambridge's "Cost of education" rises to 18K per student'，*Times Higher Education Supplement*，8 September.

真实世界 8 - 1 的一个关键问题是"完全成本包括什么？"它是仅包括教师将时间用在课堂、研讨会和辅导课上所得到的工资成本，还是包括了其他成本？如果包括其他成本，这些成本是什么？比如，是否包括教师将时间用在以下方面的成本？例如：

■ 准备课堂资料；

■ 编辑、更新课程资料；

■ 出卷和批改试卷；

■ 监考。

是否包括行政人员进行以下教学支持活动的成本？例如：

■ 制定课程表；

■ 编制简章；

- 学生咨询；

- 就业建议。

是否包括使用以下大学设施的成本？例如：

- 图书馆；

- 报告厅；

- 实验室和工作室。

如果不包括这些项目的成本，18 000 英镑这一数字是否可能产生误导？如果包括这些项目的成本，如何确定适当的学费？解决诸如此类的问题是本章的重点。

在下面几节中，我们首先学习如何计算提供单一产品或服务企业的单位产出的完全成本，然后学习如何计算提供多产品或服务企业的单位产出的完全成本。

8.3 单一产品企业

确定单位产出的完全成本，最简单的情况是企业只生产一种产品或服务。这种情况下，生产过程包括一系列连续或重复的活动，而产出由相同或相近的项目组成。从逻辑上讲，要确定单位产出的完全成本，我们必须用总生产成本除以生产的产品数量。简单地说，就是把某一特定时期发生的生产成本的所有要素（原材料、人工、租金、燃料、动力等）加起来，然后用这个总数除以这一时期的总产出数。这种方法被称为**过程成本法**（process costing）。

Fruitjuice 公司 5 月份开始经营。它只有一种产品，一种名为"Orange Fizz"的橙汁饮料。5 月份公司生产了 7 300 升这种饮料。生产成本的组成如下：

	单位：英镑
原材料（橙子、糖、水等）	390
燃料	85
工厂租金	350
机器折旧	75
人工	852

5 月份生产"Orange Fizz"每升的完全成本是多少？

$$每升的完全成本=\frac{总生产成本}{生产的数量}$$

$$=\frac{390+85+350+75+852}{7\ 300}$$

$$=0.24（英镑）$$

过程成本法往往非常简单，因为它用于相同或相近项目的生产。然而，在计算生产成本的某些要素时仍然会出现问题。在 Fruitjuice 公司的例子中，如何计算折旧成本？这只能是一个估计，因此可靠性有待商榷。原材料的成本也可能是一个问题。我们应该使用原材料的"相关"成本（在这个例子中，几乎可以肯定是重置成本），还是为该原材料实际支付的价格（历史成本）？由于每升的成本可能被用于决策，因此重置成本是更合乎逻辑的选择。然而，由于某些原因，历史成本似乎在实践中的应用更广泛。

在计算产量时也存在问题。如果生产"Orange Fizz"不是一个非常快的过程，那么在某些时候难免会有一些在产品。部分完工的"Orange Fizz"称为**在产品**（work in progress 或 work in process），在计算一段时期的总产出和单位产出的成本时应将其考虑在内。

8.4 多产品企业

许多企业提供不止一种产品或服务。在这种情况下，我们使用过程成本法计算"Orange Fizz"的成本就太不合适。将成本平均分配给相同产品的每一单位可能是合理的，但当产品差别很大时，这可能无法向管理者提供有用的完全成本信息。例如，不考虑维修的复杂程度和规模，分配给每一辆汽车相同的维修成本，是不合逻辑的。

当企业提供不同的产品或服务时，通常采用**任务成本法**（job-costing）。将产出的每一项成本累积起来，以得出其完全成本。要了解如何做到这一点，我们首先需要了解直接成本和间接成本的区别。

（一）直接成本和间接成本

为了提供有用的完全成本信息，必须把成本的各种要素累积起来，然后在合理的基础上分配给特定的成本单位。在成本单位不同的情况下，首先要把成本分为两类：直接成本和间接成本。

- **直接成本**（direct cost）。这种成本可以用具体的成本单位来确定。也就是说，成本可以追溯到一个特定的成本单位，并且能够可靠地计量。直接成本的主要例子是直接材料和直接人工。因此，在确定汽车修理厂维修一辆汽车的成本时，维修中使用的零部件的成本和维修工人的时间成本都构成这次维修的直接成本的一部分。收集直接成本要素是一个简单的问题，即建立一个成本记录系统，这个系统能够记录每项工作使用的直接材料成本和直接人工成本。

- **间接成本**（indirect cost）或**制造费用**（overhead）。它包括总成本中的所有其他要素，即不能用每个具体的成本单位（任务）来确定的成本项目。因此，租赁汽车修理厂场地的成本是某一次特定汽车维修的间接成本。

在本书的其余部分，我们将交替使用"间接成本"和"制造费用"这两个术语。真实世界 8 - 2 提供了关于直接成本和间接成本在实践中的相对重要性的一些说明。

真实世界 8 - 2

计算成本

Al-Omiri 和 Drury 开展了一项针对英国 176 家不同行业企业的调查，这些企业的年销售收入都在 5 000 万英镑以上。他们发现，企业产出的完全成本中直接成本和间接成本的平均占比见图 8 - 2。

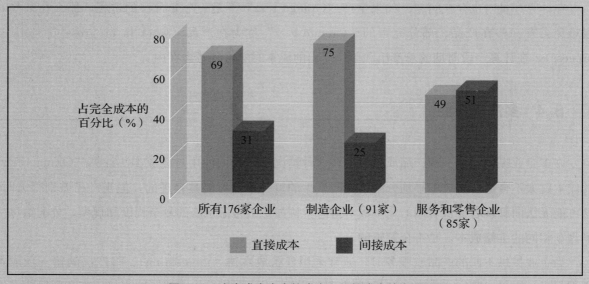

图 8 - 2　完全成本中直接成本和间接成本的占比

对于制造企业，平均而言，直接成本占完全成本的 75%。直接成本的组成如下：

直接材料	52%
直接人工	14%
其他直接成本	9%

资料来源：Al-Omiri, M. and Drury, C. （2007）'A survey of factors influencing the choice of product costing systems in UK organizations', *Management Accounting Research*，December，pp. 399 - 424.

（二）任务成本法

为了计算特定成本单位的完全成本，我们首先确定成本单位的直接成本，这通常是非常简单的。然而，下一步就不那么简单了。我们必须为每一成本单位"分配"适当的间接成本（制造费用）份额。换句话说，成本单位将吸收制造费用。这一术语使得完全成本法也被称为**吸收成本法**（absorption costing）。吸收过程如图 8 - 3 所示。

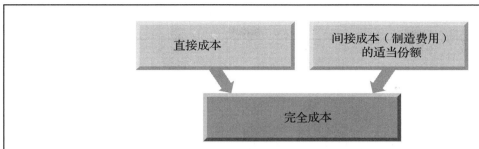

任何特定任务的完全成本包括可以具体与该任务相联系的成本要素（直接成本）和创造生产该产品或服务的环境所发生的成本（与特定任务没有具体联系）的份额。

图 8 - 3　直接成本和间接成本的关系

特别需要注意，一项成本是直接成本还是间接成本取决于成本计算项目，即成本目标。不界定成本目标来分析间接成本，可能很难理解。

在分析完全成本法的更多细节之前，我们先来搞清楚它与上一章讨论的方法的区别。

（三）完全成本法和成本习性

我们在第 7 章中看到，某项任务的完全成本（或总成本，就像在边际分析中使用的那样）可以分为固定成本和变动成本，如图 8-4 所示。

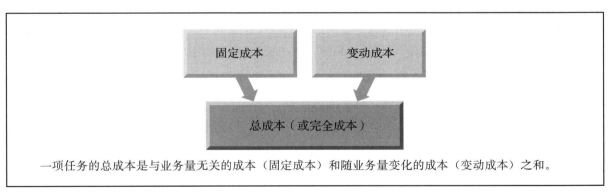

一项任务的总成本是与业务量无关的成本（固定成本）和随业务量变化的成本（变动成本）之和。

图 8 - 4　固定成本、变动成本和总成本之间的关系

图 8-4 与图 8-3 的相似之处可能会使人产生这样一种印象：变动成本和直接成本是一样的，固定成本和间接成本（制造费用）也是一样的。然而，事实并非如此。

固定成本和变动成本是根据业务量变化时的成本习性来定义的。直接成本和间接成本是根据它们与特定成本单位（任务）的相关程度来定义的。这两组概念完全不同。虽然固定成本经常是间接成本，变动成本经常是直接成本，但这不是一个硬性规定。以大多数制造产品为例，它们很可能有变动的间接成本（如机器动力）和固定的直接成本（如人工）。因此，确定一项成本是间接的还是直接的并不能告诉我们它是固定的还是变动的。

成本与业务量变动的关系，以及成本要素如何汇总以得出特定任务的完全成本，如图 8-5

所示。

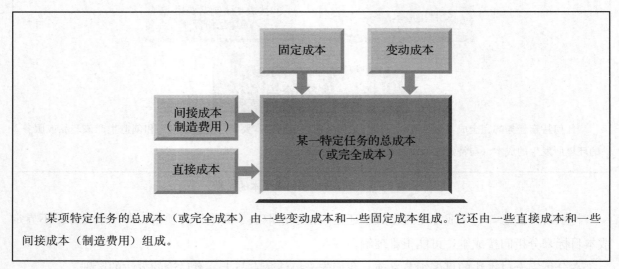

某项特定任务的总成本（或完全成本）由一些变动成本和一些固定成本组成。它还由一些直接成本和一些间接成本（制造费用）组成。

图 8 - 5　某一特定任务的直接成本、间接成本、变动成本和固定成本的关系

总成本是直接成本和间接成本的总和，也是固定成本和变动成本的总和。我们应该始终记住，这两个事实是没有联系的。

（四）间接成本问题

值得强调的是，直接成本和间接成本之间的区别只在任务成本法环境中（即在单位产出不同的情况下）是重要的。在计算一升"Orange Fizz"橙汁饮料的成本时，这一区别并不重要，因为所有成本都由每升"Orange Fizz"平均分摊。但是，在产出单位不同的情况下，如果我们想对某一特定任务的完全成本进行适当的衡量，就不能这样做。

尽管间接成本是构成每个成本单位完全成本的一部分，但是根据定义，它不能由特定成本单位来确定。这就产生了一个重要的实际问题：如何将间接成本分配给单个成本单位？

8.5　制造费用

间接成本（制造费用）可以看作是向成本单位提供服务。以一家律师事务所为特定客户提供的法律案件服务为例，法律案件可以视为由完成该工作的办公室提供的服务。因此，向每个案件（成本单位）收取一部分办公室运营成本（租金、照明、供暖、清洁、建筑维护等）似乎是合理的。这项收费与从办公室获得的服务量有关似乎也是合理的。

下面是困难的一步。如何将办公室运营成本（由律师事务所承担的所有任务产生的成本）在各个法律案件之间分配？

最简单的方法是在该期间内事务所处理的每个案件之间平均分配制造费用。然而，这种方法并不可取。

如果它们没有得到相同的服务，我们就必须从各个法律案件中找出一些可观察和可衡量的内容，使我们能够区分它们。在实践中，通常使用直接人工在每个案件上花费的时间来计算。但是，必须强调的是，这不是"最正确"的方法，当然也不是唯一的方法。

（一）任务成本法：一个例子

我们通过例 8-1 来了解任务成本法是怎样应用的。

例 8-1

Johnson 公司提供个人电脑维护和修理服务。每个月的制造费用为 10 000 英镑。每个月工作需耗费 1 000 个直接人工工时，计入成本单位（企业完成的任务）。该公司进行一次笔记本电脑维修使用了成本为 15 英镑的直接材料。维修的直接人工为 3 小时，工资率是每小时 16 英镑。Johnson 公司以直接人工工时为基础将制造费用分配给各任务。这次维修的完全（吸收）成本是多少？

解答：

首先，让我们确定间接成本的**制造费用分配率**（overhead absorption（recovery）rate），即每一直接人工工时应分配的制造费用，等于每直接人工工时 10 英镑（10 000/1 000）。

因此，维修的完全成本是：

	单位：英镑
直接材料	15
直接人工（3×16）	48
	63
制造费用（3×10）	30
任务的完全成本	93

请注意，在例 8-1 中，人工工时（3 小时）在计算完全成本时出现了两次：第一次是为了计算直接人工成本，第二次是为了计算制造费用。这实际上是两个独立的问题，尽管它们都基于相同的人工工时。

还要注意，如果以类似的方式分配当月所有任务的制造费用，则所有（即 10 000 英镑）的制造费用应在不同的任务之间分配。使用大量直接人工的任务将被分配大量的制造费用。同样，几乎不使用直接人工的任务将被分配很少的制造费用。

将制造费用分配给各项任务时没有唯一"正确"的方法，这一点再怎么强调也不为过。根据定义，制造费用无法轻易地由单个任务确定。但是，如果我们希望将制造费用纳入所有任务的完全成本的一部分，我们就必须想办法把总制造费用分配给每项任务。在实践中，直接人工工时法似乎是最受欢迎的方法。

（二）选择分配制造费用的基础

我们前面已经看到，分配制造费用没有唯一"正确"的方法。最终的选择取决于判断。然而，似乎合理的说法是，制造费用的性质会影响将其计入各项任务的基础。如果生产是资本密集型的，制造费用主要基于机器（如折旧、机器维护、动力等），那么最好选择机器工时作为分配基础。其他情况下，可以选择直接人工工时。

仅仅是因为某种方法向特定任务分配了更高或更低的制造费用，就倾向于选择这种方法，是不合理的。无论在各个任务之间如何分配，总制造费用都是相同的。因此，向一个任务分配了较高的制造费用时，就必须向其余任务分配较低的制造费用。蛋糕的大小是固定的，如果一个人吃了相对较大的一块，其他人平均来说就必须吃相对较小的一块。为了进一步说明制造费用的分配问题，思考例 8-2。

例 8-2

一家提供服务的企业，预计下个月的制造费用总额为 20 000 英镑。预计直接人工的总工时为 1 600 小时，预计机器总共可以运转 1 000 小时。

在下个月，该公司预计将完成两项大型任务，每个任务的信息如下：

	任务 1	任务 2
直接人工工时	800	800
机器工时	700	300

如果采用以下基础分配制造费用，将对每个任务分配多少制造费用？

（a）以直接人工工时为基础；

（b）以机器工时为基础。

关于你计算的两组数字，你注意到了什么？

解答：

（a）以直接人工工时为基础。

制造费用分配率＝20 000/1 600＝12.50（英镑/直接人工工时）

任务 1 　12.50×800＝10 000（英镑）

任务 2 　12.50×800＝10 000（英镑）

（b）以机器工时为基础。

制造费用分配率＝20 000/1 000＝20.00（英镑/机器工时）

任务 1 　20.00×700＝14 000（英镑）

任务 2 　20.00×300＝6 000（英镑）

从这些计算中可以清楚地看出，不管使用哪种方法，向任务分配的总制造费用都相同（即 20 000 英镑）。与以直接人工工时为基础相比，以机器工时为基础对任务 1 分配了更多的制造费用，任务 2 则相反。

对一项任务使用一种方法而对另一项任务使用另一种方法来分配制造费用，这是不可行的。这将导致总制造费用不能完全计入这些任务，或者这些任务将多计制造费用。例如，如果任务 1 以直接人工工时为基础分配制造费用（10 000 英镑），任务 2 以机器工时为基础分配制造费用（6 000 英镑），则 20 000 英镑的总制造费用中只有 16 000 英镑计入了任务。结果将无法实现完全（吸收）成本法的目的（即将所有制造费用都计入该期间执行的任务中）。此外，如果销售价格是基于完全成本的，就存在企业无法收取足够高的价格来弥补所有成本的风险。

图 8-6 显示了对任务 1 和任务 2 分配制造费用的两种不同方法的结果。

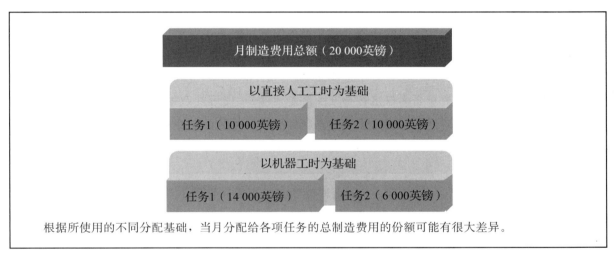

图 8-6　例 8-2 中不同制造费用分配基础的结果

中央和地方政府等公共部门组织都会签订**成本加成定价**（cost-plus pricing）合同，即价格是完全成本加上利润。然而，这种合同现在已经非常罕见了，因为它们极易被滥用。通常情况下，合同价格是事先商定的，与竞争性招标一起进行。

（三）划分制造费用

我们刚刚看到，使用不同基础对不同任务分配相同的制造费用是不可行的。但是，按一种基础对一部分总制造费用进行分配，而按另一种基础对另一部分总制造费用进行分配，是完全可行的。

以这种方式划分制造费用是很常见的。为了计算成本，企业可以划分成不同的部分。然后，根据每个部分所完成任务的性质，各部门可以以不同的方式分配制造费用。

（四）以成本中心为基础分配制造费用

实际上，除了最小的企业外，所有企业都会被划分为若干部门，每个部门执行单独的任务。许多企业按部门将制造费用计入成本单位。它们相信这样做会得到更准确的完全成本信息。但是，可能只有少数情况下，这样做才会使得准确性大大提高。尽管以部门为基础计算制造费用可能不会带来多大好处，但这也不麻烦。成本要素是出于其他目的（尤其是控制目的）在各个部门中收集的，因此按部门计算制造费用可能是一件很简单的事情。

在例 8-3 中，我们会看到如何在服务行业中采用部门法来得到完全成本。

例 8-3

Autosparkle 公司提供汽车喷漆服务。它所承担的业务范围很广，从喷涂轿车的一小部分（通常是在小事故之后），到彻底翻新双层公共汽车。

每项任务都从准备车间开始，在那里为喷漆车间做准备。在准备车间，任务是由直接人工来完成的。在大多数情况下，是直接从仓库取一些材料来处理旧油漆，为重新喷漆做好准备。因此，这项任务的成本包括直接材料、直接人工和部分准备车间的制造费用。然后，任务将转移到喷漆车间，此时准备车间发生的成本已经计入了该项任务。

在喷漆车间，工作人员从仓库取出材料（主要是油漆），使用复杂的喷涂设备以及手工操作重新喷涂油漆。因此，在喷漆车间，这项任务的成本包括直接材料、直接人工和喷漆车间的一部分制造费用。现在，这项任务移交给完工车间，此时前两个车间累积的材料、人工和制造费用已经计入了该项任务的成本。

在完工车间，车辆被清洗和抛光，准备返回给客户。在某些情况下，会有增加的直接人工和材料。所有任务都会被分配该车间的一部分制造费用。现在，任务已完成，将车辆移交给客户。

图 8-7 展示了该特定任务的操作流程。

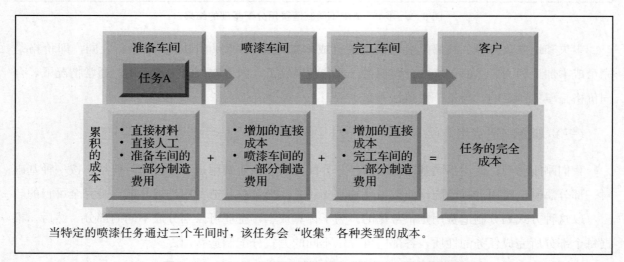

图 8-7 Autosparkle 公司成本单位（任务 A）的业务流程

　　三个车间向任务分配制造费用的方法（例如直接人工工时）可能是一样的，也可能因车间而异。可能与喷涂设备有关的成本要素在喷漆车间的制造费用中占主导地位，因此喷漆车间的制造费用很可能会以机器工时为基础进行分配。另外两个车间可能是劳动密集型部门，因此直接人工工时可能是合适的分配基础。

　　一项任务在各个部门之间的转移，会不断增加成本，这就像在雪地上滚雪球，随着雪球滚动，它会累积越来越多的雪。

　　在按部门处理成本的情况下，每个部门被称为是一个**成本中心**（cost centre）。成本中心发生的成本能够被单独识别，它可以按照特定的物理区域定义，也可以按照特定的活动或功能定义。在部门体制下计算任务的直接成本与将整个企业作为一个成本中心完全相同。只需记录以下内容即可：

- 特定任务的直接人工工时和人工等级，其中不同等级有不同的工资率；
- 从仓库取出并用于任务的直接材料的成本；
- 与任务相关的任何其他直接成本要素，如一些分包任务。

这些记录通常按成本中心进行保存。

　　整个企业的总制造费用必须以成本中心为基础进行分解。也就是说，它们必须在成本中心之间进行分配，这样各个成本中心的制造费用之和就等于整个企业的制造费用。然后，将成本中心的所有制造费用分配给各项任务，这样就将整个企业的所有制造费用计入了各项任务。

（五）分批成本法

　　许多类型的商品和服务是成批生产相同或几乎相同的产出单位的。然而，生产的每个批次都与其他批次明显不同。例如，一家剧院某部作品的性质和成本与其他作品可能非常不同。然而，如果忽略座位的差异，所有作品的单位产出（看演出的票）都是相同的。

　　在这种情况下，每张票的成本采用**分批成本法**（batch costing）计算，包括：

- 使用任务成本法（考虑直接和间接成本等），找出准备演出作品的成本；
- 将准备演出作品的成本除以预计售出的门票数量，得出每张门票的成本。

图 8-8 显示了批量生产时一个成本单位（产品）的成本计算过程。分批成本法应用于各种行业，包括服装制造、工程部件制造、轮胎制造、烘焙食品和鞋类制造等。

（六）完全（吸收）成本法的前瞻性

　　虽然计算完全成本可以在工作完成后进行，但经常会事先进行预测。这通常是因为完全成本被作为确定售价的基础。然而，预测很少是 100% 准确的。当实际结果与预测结果不同时，通常会出现制造费用过度分配或分配不足的问题。

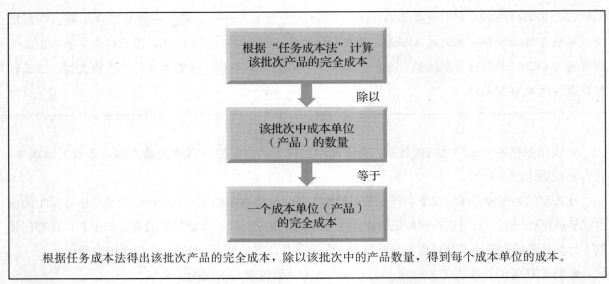

图 8-8 计算批量生产时一个成本单位的成本

8.6 作业成本法

我们已经看到，传统的任务/分批成本法需要衡量与特定任务/批次直接相关的那部分成本（直接成本）。其他成本要素（制造费用）被放入一个成本池中。然后根据某些分配基础（如直接人工工时）将这些费用分配至单个任务/批次。

（一）成本计算与定价：传统方法

随着试图确定工业生产成本的观念被提出，任务成本法和产品定价的传统方法得到了发展，现在这种方法仍被广泛使用。这大约发生在英国工业革命时期，当时的工业呈现出以下特征：

■ 劳动密集型和手工生产。劳动力是生产的核心。使用机器是为了支持直接劳动，而生产速度取决于直接劳动。

■ 相对于直接成本，间接成本水平较低。在人力资源服务、机器和其他典型的现代企业间接成本（制造费用）方面的花费很少（机器少导致了折旧费用较低）。

■ 一个相对缺乏竞争的市场。运输困难、全球范围的工业生产受限以及客户对竞争对手的价格缺乏了解，意味着企业可以在没有精确计算出完全成本的情况下繁荣发展。一般来说，它们可以通过利润加成得到销售价格（成本加成定价）。此外，客户会倾向于接受供应商提供的产品，而不会按照自己的想法对产品提出严格的要求。

由于当时的制造费用只占总成本的很小一部分，因此以粗略的方式处理这些制造费用是可以接受和实用的。不用花费太多的精力来试图控制制造费用，因为与严格控制直接人工和材料成本所带来的收益相比，控制制造费用的潜在收益相对较低。以直接人工工时为基础向单个任务分配制造费用也是合理的。大部分制造费用都用于支持直接人工，为直接人工提供工作场所，为工作场所供暖和照明，雇用人员监督直接人工等。直接人工可能借助机器完成所有生产。

当时，服务业是经济中相对不重要的部分，主要由个体经营者组成。这些个体经营者可能只愿意计算出大致的小时/日工资率，并试图以此为基础来定价。

(二) 成本计算与定价：新环境

自工业革命以来，工业生产已经发生了根本性的变化。现在，它的主要特征如下：

■ 资本密集型和机械化生产。机器是许多生产的核心，包括制造商品和提供服务。大多数劳动支持机器的工作，例如在技术上进行维护。此外，机器通常决定生产的速度。根据真实世界 8-2 提供的证据，直接人工成本平均只占制造企业总成本的 14%。

■ 相对于直接成本，间接成本较高。现代企业往往有很高的折旧、服务和动力成本。人力资源服务和员工福利的成本也很高，这在工业生产的早期是很难想象的。同时，直接人工成本非常低（有时没有）。尽管直接材料成本通常仍然是总成本的重要组成部分，但是更有效的生产和质量控制方法可以减少浪费，从而降低总材料成本，并使间接成本（制造费用）占主导地位。根据真实世界 8-2，制造费用占制造企业总成本的 25%，占服务和零售企业总成本的 51%。

■ 竞争激烈的国际市场。生产（包括很多非常复杂的生产）可以在世界范围内进行。运输（包括航空运输）既简单又相对便宜。传真、电话，尤其是互联网，确保潜在客户能够快速、平价地获取一系列供应商的价格。现在，市场趋向于高度的价格竞争。客户越来越多地要求根据自己的需求定制产品。这意味着企业需要比以往更准确地了解其产品成本。企业也需要采用更准确和更有依据的方法来为它们的产品定价。

与许多发达国家一样，现在在英国，服务业主导着经济，它雇用了绝大多数劳动力，并创造了大部分生产性产出价值。尽管仍有许多个体经营者提供服务（如管道工），但许多服务提供商是庞大的企业。

对于许多大型服务提供商来说，它们的活动非常类似于现代制造企业的活动。它们的特点也是资本密集度高、制造费用主导直接成本以及国际市场竞争激烈。

在过去，传统的确定产品成本的方法运作良好，主要是因为制造费用分配率（即制造费用被任务吸收的比率）通常比直接人工的工资率低得多。然而，由于制造费用变得越来越重要，现在制造费用分配率普遍是每小时工资的 5~10 倍。当生产由直接劳动主导时，假设每小时工资是 12 英镑，则制造费用分配率为每小时 2 英镑可能是合理的。然而，当直接人工在生产中所占的比重相对较小时，假定每直接人工工时的制造费用分配率为 60 英镑，就很可能导致产品成本计算不准确。即使直接人工的数量发生微小变化，也可能严重影响总成本。这不是因为直接人工的工资很高，而是因为直接人工工时对间接成本的影响。另一个问题是，尽管制造费用可能与直接人工没有密切关系，但制造费用仍然以直接人工工时为基础进行分配。

（三）深入分析

上述讨论的竞争环境的变化使人们更加关注制造费用问题。越来越多的人认识到，制造费用并不只是偶然发生的，一定是什么原因造成的。为了说明这一点，让我们思考例8-4。

例8-4

Modern Producers 公司有一个用于存放产成品的仓库。运营这个仓库的成本包括租金和其他设施成本，如供暖和照明，还包括管理存货的员工工资以及为持有存货筹集资金的成本。

公司只有两条产品线：A和B。产品A往往是小批量生产的，产成品存货水平较低。公司有能力立即供应大量的产品B。因此，产成品仓库的大部分空间都装满了产品B，以备在收到订单后立即发货。

传统上，运营仓库的全部成本被视为一般制造费用的一部分，计入任务的制造费用总额，可能以直接人工工时为基础进行分配。这意味着，在计算产品A和产品B的成本时，根据生产每种产品的直接人工工时（这是一个与仓库无关的因素），将仓库运营成本分配给它们。事实上，大部分仓库成本应该计入产品B，因为这种产品比产品A占用了更多的仓库成本（并从中受益）。

未能准确地分配运营仓库的成本掩盖了产品B的利润不像看上去那么高这一事实。由于它产生了相对较高的仓库运营成本，产品B甚至可能会亏损。然而，仓库成本中有很大一部分计入了产品A，而没有考虑产品A几乎没有使用仓库这一事实。

（四）作业成本法与传统方法的比较

作业成本法（activity-based costing，ABC）旨在克服例8-4中的问题。传统方法将制造费用视为向成本单位提供的服务，其成本必须计入这些成本单位（例8-4中产品A和产品B是成本单位）。然而，作业成本法认为制造费用是由作业引起的，就像运营一间仓库来存放那些成本单位。因为成本单位产生了这些作业，所以必须由这些成本单位承担所产生的成本。它们产生的成本越多，要承担的制造费用就越多。

按照传统方法，制造费用被分配到产品成本中心。每个产品成本中心得出制造费用分配率，通常是每直接人工工时的制造费用。然后，根据产出单位的直接人工小时数，将制造费用分配到产出单位。

按照作业成本法，制造费用被分解为**成本池**（cost pool），每个作业有一个成本池。制造费用通过作业成本动因率计入产出单位。这些比率表示每个成本单位在特定成本池中产生制造费用的多少。

成本池与成本中心非常相似，不同之处在于每个成本池都与特定的作业（例8-4中是运营仓库）相关联，而不是像传统的任务（或产品）成本法那样与更普遍的成本中心相关联。

将所有支持作业（即产生制造费用的作业）的成本与特定产品或服务直接联系起来，可以为特定产品或服务的制造费用要素提供一个更实际、更精确、更有用的计算方法。对于制造企业，这些支持作业可能包括材料订购、材料处理、储存、检验等，各种支持作业的成本构成了制造费用总额。

为了实施作业成本法，管理者必须从仔细检查企业的经营过程开始。他们需要确定：

- 生产产品或提供服务过程中涉及的每一种支持作业；
- 归属于每一种支持作业的成本；
- 引起每一种支持作业成本变化的因素，即**成本动因**（cost driver）。

识别成本动因是成功应用作业成本法的关键要素。它们与作业成本有因果关系，因此被用作将作业成本分配给特定产品或服务的基础。接下来进一步讨论这一点。

（五）制造费用分配

一旦确定了各种支持作业、它们的成本以及驱动这些成本的因素，作业成本法就要求：

（1）为每一种作业建立制造费用成本池。因此，例 8-4 中的 Modern Producers 公司将创建一个运营产成品仓库的成本池。每个单独的成本动因只有一个成本池。

（2）与每一种支持作业相关联的总成本将被分配到相应的成本池。

（3）然后用相关的成本动因将每个成本池中的总成本计入产出（在例 8-4 中是产品 A 和产品 B）。

上述步骤（3）涉及用每个成本池中的总金额除以估计的成本动因总使用量。这样做我们可以得出单位成本动因的成本。然后用这个数字乘以特定产品或服务使用的成本动因单位数。计算出的金额就是分配给产品或服务的总制造费用。

例 8-5 可以清晰地说明这一步骤。

例 8-5

Modern Producers 公司（见例 8-4）的管理会计师估计，明年运营产成品仓库的成本是 90 000 英镑。这将是分配给"产成品仓库成本池"的金额。

估计每件产品 A 平均要在仓库里存放一个星期才能销售出去，产品 B 则要存放四个星期。这两种产品的尺寸大致相同，储存需求也非常类似。因此，在仓库里存放的时间（"产品周"）是成本动因。

明年，预计将有 5 万件产品 A 和 2.5 万件产品 B 需要在仓库储存。成本动因的估计总使用量是产品在仓库中存放的"产品周"总数。明年的这一数字是：

产品 A 50 000×1 周＝50 000

产品 B 25 000×4 周＝<u>100 000</u>

<u>150 000</u>

每单位成本动因的成本是仓库的总成本除以"产品周"的总数。即为：

$$\frac{90\,000}{150\,000} = 0.60(英镑)$$

为了确定特定产品单位应对应的成本，0.60英镑必须乘以产品在产成品仓库停留的"产品周"数。这样，每单位产品A将被分配0.60英镑（0.60×1）成本，每单位产品B将被分配2.40英镑（0.60×4）成本。

传统方法和作业成本法总结如图8-9所示。

（六）作业成本法的优点

作业成本法通过上述方式将制造费用直接分配给产品，可以为每一单位的产品或服务提供更准确的成本。这有助于管理者评估产品的盈利能力，还可以帮助他们在定价和形成适当的产品组合方面做出决策。采用作业成本法还可以带来更多好处。

确定支持活动及其成本动因有助于管理者制订前瞻性计划。例如，他们可以更好地评估新产品和流程对业务和成本的可能影响。

（七）作业成本法与服务业

我们对作业成本法的讨论大多集中在制造业，也许是因为作业成本法的早期使用者是制造企业。事实上，作业成本法可能与服务业更相关。在没有直接材料的情况下，服务企业的总成本很可能主要由制造费用组成。真实世界8-2显示，对于被调查的企业来说，制造费用占服务和零售企业总成本的51%，而只占制造企业总成本的25%。有证据表明，提供服务而不是销售产品的企业更易采用作业成本法，我们将在后续内容中看到这一点。

（八）对作业成本法的批评

作业成本法的批评者认为，为了确定成本动因而分析制造费用既耗时又昂贵。建立作业成本法系统以及运行和更新该系统必然会发生成本，这些成本可能非常高，尤其是在企业经营复杂、涉及大量作业和成本动因的情况下。此外，在生产的产品非常相似的情况下，作业成本法提供的更精确的计量可能与传统方法下得出的结果没有明显差异。然而，作业成本法的支持者可能会争辩说，识别作业虽然会产生成本，但仍然非常值得做。如前所述，了解成本动因可能会使成本控制更加有效。

作业成本法还因为与完全成本法同样的原因而受到批评，即它没有为决策提供相关的信息。我们将很快讨论这一点。

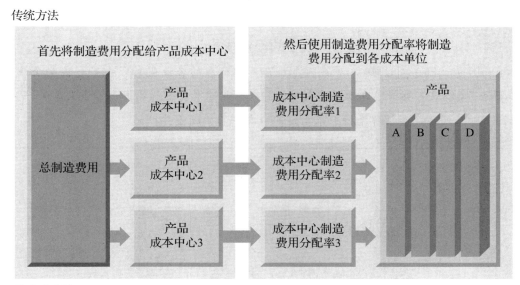

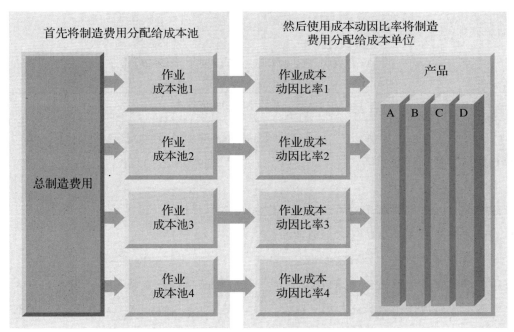

在传统方法下，制造费用首先分配给产品成本中心，然后成本单位根据每个成本中心的制造费用分配率（使用成本单位的直接人工工时或其他方法）来吸收制造费用。在作业成本法下，制造费用分配到成本池，然后根据不同成本池中的要素对成本的影响程度将成本计入成本单位。

图 8 - 9 传统方法和作业成本法的对比

资料来源：Innes，J. and Mitchell，F.（1990）*Activity Based Costing：A Review with Case Studies*，CIMA Publishing.

真实世界 8 - 3 在一定程度上说明了作业成本法在实践中的应用。

真实世界8-3

实践中的作业成本法

Al-Omiri and Drury（2007）对英国176家不同行业的企业进行了调查，这些企业的年销售额都超过了5 000万英镑。这项调查表明，29％的英国大型企业使用了作业成本法。

如图8-10所示，英国各个行业采用作业成本法的情况差异很大。

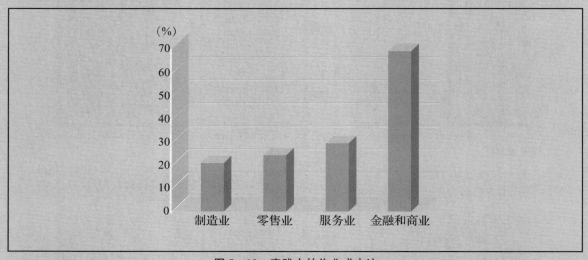

图8-10　实践中的作业成本法

Al-Omiri和Drury进一步分析了倾向采用作业成本法的企业的特征。他们发现使用作业成本法的企业往往是：

- 大企业；

- 经营复杂，通常使用先进的管理会计技术；

- 在竞争激烈的市场上销售它们的产品；

- 属于服务业，尤其是金融服务业。

英国特许管理会计师公会（CIMA，2009）进行的一项调查支持了这一发现，即大企业比小企业更倾向于采用作业成本法。调查显示，员工少于50人的企业中，只有22％的企业采用了作业成本法，而员工超过10 000人的企业中，有46％的企业采用了作业成本法。

Lucas et al.（2013）对11家英国中小型企业进行了调查，发现没有一家企业使用传统方法或作业成本法将制造费用分配给其产出。

所有这些发现都与世界各地企业的其他研究证据基本一致。

资料来源：Al-Omiri, M. and Drury, C.（2007）'A survey of factors influencing the choice of product costing systems in UK organisations', *Management Accounting Research*, December; CIMA（2009）'Management accounting tools for today and tomorrow', p. 12; and Lucas, M., Prowle, M. and Lowth, G.（2013）'Management accounting practices of UK small-medium-sized enterprises', CIMA, p. 7.

真实世界 8 - 3 中提到的英国特许管理会计师公会的调查是在 2009 年 7 月进行的。从广义上来说，调查要求在各种业务类型和规模企业中工作的管理会计师指出他们的企业在多大程度上使用了一系列管理会计技术。439 名管理会计师完成了调查。本书将多次提到这一调查，我们称其为"CIMA 调查"。

8.7　使用完全 （吸收） 成本信息

传统方法和作业成本法都遭到了批评，因为在实践中，它们倾向于使用过去（历史）成本。可能会有批评说，过去的成本与信息的使用目的无关。这基本上是因为不可能对过去做决策，只能对未来做决策。然而，完全成本法的支持者认为，它们为长期平均成本提供了有用的指引。

尽管完全成本法遭到了批评，但 CIMA 的研究表明，完全成本信息的使用很广泛，如真实世界 8 - 4 所示。

真实世界 8 - 4

完全成本信息的使用

CIMA 调查的企业使用完全成本信息的情况如图 8 - 11 所示。

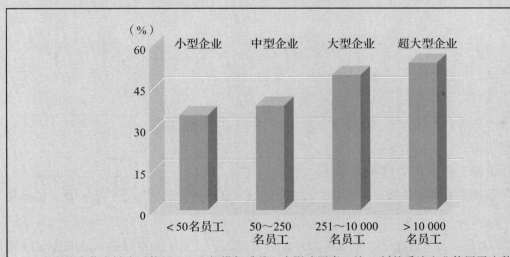

完全成本信息被广泛使用，企业规模似乎是一个影响因素。约 45％ 的受访企业使用了这种方法。真实世界 8 - 3 的资料来源中提到的 Lucas、Prowle 和 Lowth 通过调查发现，在接受调查的 11 家企业中，没有一家使用完全成本信息。

图 8 - 11　完全成本信息的使用

资料来源：CIMA（2009）'Management accounting tools for today and tomorrow'，p. 12.

《国际会计准则第 2 号——存货》要求所有存货，包括在产品，在公开的财务报表中按完全成

本计量，这一规定要求使用完全成本法。因此，在会计期间结束时有在产品和/或产成品的企业采用完全成本法来计量利润（包括许多工作正在进行中的服务提供商）。仅这一规定就可以解释完全成本法为什么被广泛使用。

📖 关键术语

完全成本	完全成本法	成本单位
过程成本法	在产品	任务成本法
直接成本	间接成本	制造费用
吸收成本法	制造费用分配率	成本加成定价
成本中心	分批成本法	作业成本法
成本池	成本动因	

📖 复习题

8.1 考虑以下企业：

- 制药企业；
- 制糖企业；
- 制图企业；
- 私立医院；
- 煤矿企业；
- 建筑师事务所；
- 水泥制造企业；
- 古董家具修复企业。

为每个企业确定采用哪种形式的完全成本法（过程、任务或分批成本法）最合适，并给出理由。

8.2 在本章开头，管理者使用完全成本信息的用途之一是确定销售价格。这是否意味着企业可以在完全成本上加上利润，来设定销售价格？

解释你的思路。你的答案会因企业类型的不同而不同吗？

8.3 考虑以下内容：

"在作业成本系统中，有必要将企业分成若干部门。每个部门归集固定成本（或制造费用）。如果某个特定的固定成本与整个企业相关，则必须在各个部门之间进行分配。当每个部门的固定成本确定后，除以每个部门的工作小时数，得出制造费用分配率。在一个部门中，每一项任务都根据其耗费的时间长短来分配部分固定成本。因此，每项任务的总成本将是该项任务的变动成本与所占固定成本份额之和。"

你觉得这种说法准确吗？如果不准确，请说出理由。

8.4 评论以下两种说法：

（a）"作业成本法是一种更准确地计算直接人工成本的方法。"

（b）"作业成本法无法真正应用于服务部门，因为它试图分析的'作业'往往与制造业有关。"

练习

基础练习

8.1 区分

■ 任务成本法；

■ 过程成本法；

■ 分批成本法。

充分解释每种方法。

8.2 Pieman 公司根据个人客户的精确规格生产公路拖车。

在即将开始的下一年，预计会出现以下情况：

直接材料成本	50 000 英镑
直接人工成本	160 000 英镑
直接人工工时	16 000 小时
间接人工成本	25 000 英镑
机器折旧	8 000 英镑
租金	10 000 英镑
供暖、照明和电力	5 000 英镑
间接材料	2 000 英镑
其他间接成本（制造费用）	1 000 英镑
机器工时	3 000 小时

所有直接人工都按相同的小时工资率支付报酬。

一位客户要求公司生产一辆拖车，用来运输赛车去参加比赛。据估计，这需要成本为 1 150 英镑的材料和部件。这项任务需要 250 个直接人工工时，其中 50 个工时需要使用机器。

要求：

计算这项任务的合理成本，并解释你是如何分配制造费用的。

提升练习

8.3 Moleskin 公司生产一系列用于建筑行业的产品。制造采用两种工艺之一：Alpha 工艺和 Omega 工艺。所有产品都是批量生产的。目前的定价政策是使用直接人工工时来分配所有制造费用，以得到总成本。价格为总成本加上 35% 的加成。

最近一项详细的制造费用分析结果如下：

制造费用分析		
	每月成本（英镑）	月产量
Alpha 工艺成本	96 000	480 小时
Omega 工艺成本	44 800	1 280 小时
启动成本	42 900	260 次启动
装卸费用	45 600	380 次移动
其他制造费用	50 700	（见下文）
	280 000	

每个月有 4 000 个直接人工工时。

Moleskin 的两种产品是托梁（JT101）和大梁（GR27）。JT101 由 Alpha 工艺用简单操作生产。GR27 采用 Omega 工艺制造，这是一种更复杂的操作，有更多的生产程序。这两种产品都按长度（米）出售。

这两种产品的详细信息如下：

	JT101	GR27
月产量	1 000 米	500 米
批量	1 000 米	50 米
每批处理时间		
——Alpha	100 小时	—
——Omega	—	25 小时
按批启动	1	2
每批装卸费用	1 次	5 次
每米耗用材料	16 英镑	15 英镑
每米直接人工	1/2 小时	1/2 小时

直接人工工资是每小时 16 英镑。

要求：

（a）使用基于直接人工工时的传统吸收成本法，计算上述 JT101 和 GR27 的每米价格。

（b）使用作业成本法计算 JT101 和 GR27 的每米价格。假设"其他制造费用"使用直接人工工时进行分配。

（c）根据你对（a）和（b）的回答，概述你将向 Moleskin 公司管理层提出的建议。

（d）概述在采用作业成本法时可能遇到的实际问题，并就如何克服这些问题提出建议。

第**9**章

预 算

本章概要

在 2017 年的年度报告中，英国天空广播公司表示，公司的综合预算和预测程序以及年度预算由董事会批准，并定期进行审查和更新。

正如我们将看到的，英国天空广播公司的做法是各种规模企业的典型做法。什么是预算？预算的作用是什么？预算是如何编制的？谁来编制预算？为什么英国天空广播公司董事会认为预算非常重要？在本章中，我们将讨论这些问题的答案。

我们将看到，预算通过设定短期计划，帮助管理者经营企业。预算提供评估实际业绩是否按计划执行的方法。如果实际业绩与计划不符，预算可以用来评估不符的原因。预算是经营良好的企业的规划框架中不可分割的一部分。因此，为了充分了解预算的性质，我们必须了解制定预算的战略规划框架。

本章从讨论整体规划框架开始，接下来详细分析预算的作用。然后，分析预算是如何用于监控业绩和实施控制的。

编制预算取决于对成本习性和完全成本法的理解。这些是我们在第 7 章和第 8 章讨论的主题。

学习目标

学习完本章之后，你应该能够：

- 定义预算，并说明预算、战略目标和战略计划是如何关联的；
- 解释预算编制过程以及企业内部各种预算之间的联系；
- 确定预算的用途并根据相关数据编制各种预算，包括现金预算；
- 展示如何使用预算来实施对业务的控制。

9.1 预算如何与战略计划和目标相联系

企业为未来制订计划是至关重要的。无论企业想要实现什么目标，只有其管理者清楚企业未来的发展方向，才可能成功。计划的制订包括以下五个关键步骤：

（1）确定使命和目标。企业的最终目标通常在**使命陈述**（mission statement）中阐明。这是关于企业目标的概括性陈述，该陈述试图体现企业的本质。战略目标说明如何实现企业使命，通常包括可量化的目标。

（2）进行现状分析。评估企业当前所处的位置与根据使命和战略目标确定的期望位置之间的关系。

（3）确定和评估战略选择。企业必须探索从现在的位置（在步骤（2）中确定）发展到期望的位置（在步骤（1）中确定）的各种途径。

（4）选择战略并制订计划。这包括选择最佳行动路线或战略（在步骤（3）中确定），并制订长期战略计划。这个战略计划通常被分解成一系列针对企业各个方面的短期计划，这些计划就是预算。因此，**预算**（budget）就是企业的短期计划——通常为一年，主要用财务术语表达。它的作用是将战略计划转化为近期可采取行动的蓝图。预算将明确以下方面的具体目标：

- 现金收支；
- 销量和收入，细分为企业提供的每种产品或服务的数量和价格；
- 详细的存货需求；
- 详细的人工需求；
- 具体的生产需求。

（5）执行、审查和控制。这里企业执行步骤（4）中编制的预算。通过将实际结果和预算进行比较，管理者可以看到事情是否按计划进行。当实际业绩与预算不符时，必须采取行动加以控制。

从以上对计划过程的描述中，我们看到，使命、战略目标、战略计划和预算之间的关系可以总结如下：

- 使命确定了总体方向，一旦确定，可能会持续很长一段时间——可能贯穿企业整个生命周期；
- 战略目标也是长期的，它把使命转化成具体的、通常可以量化的目标；
- 战略计划确定如何实现每个目标；
- 预算详细列出了实现战略目标所需要的短期计划和目标。

可以用学生学习的过程来类比。学生的使命可能是拥有快乐和充实的生活。这一使命的一个关键战略目标可能是从事一项能够以多种形式获得报酬的职业。特定的课程可以认为是实现这一目标的最有效的途径。成功地完成课程则是战略计划。在执行这一战略计划的过程中，某一年度的目标可能是通过某一阶段的课程，这个短期目标类似于预算。实现第一年的"预算"后，第二年的预算就是通过第二阶段的课程，以此类推。

图9-1以图的形式展示了计划和控制过程。

一旦确定了企业的使命和目标，就必须考虑和评估各种战略选择，以便制订战略计划。预算是在战略计划的框架内为企业编制的短期财务计划。可以通过将预算与实际业绩进行比较来实施控制。当二者出现较大差异时，应采取某种形式的纠正措施。如果预算数据被证明是基于对未来的错误假设，可能就有必要修正预算。

图9-1 计划和控制过程

管理者应该负责制订计划，但在实践中，会计人员经常控制预算过程。然而，如果管理者允许这种情况发生，他们就是失职。尽管会计人员擅长处理财务信息，但他们不应该在编制预算方面有过多的影响。

■ 9.2 计划和预算的时间范围

制订战略计划是一项重大工作，通常每5年进行一次。预算则通常是在当年制定下一年的预算。不过，这些时间范围可能会根据特定企业的需要而变化。从事某些行业的企业——比如信息技术行业——可能会觉得 5 年的计划期太长了，因为新的发展可能会在一夜之间出现。这种情况下，2～3 年的计划期可能更合适。同样，预算也不一定必须按年编制，尽管这是一种广泛使用的期间。

　　Greene King 公司是一家经常对其战略计划进行审查的企业。该公司经营啤酒厂、酒吧和酒店业务。真实世界 9-1 是该公司年度报告的摘录，它解释了战略计划如何成为一项常规的年度活动。

真实世界 9-1

酒吧的战略计划

　　根据其年度报告，Greene King 公司有以下战略计划方法：

　　每年 2 月举行为期两天的董事会会议，重点讨论战略。业务部门的执行董事以及主要职能部门（即贸易、市场营销、人力资源和仓储）的负责人参加部分会议。战略会议包括深入审查影响部门和管理者中期预测的相关经济因素和问题。然后，董事会可以就所有领域的短期和中期战略计划达成一致。在公司战略获得批准后，将为下一年度编制预算，并于 4 月由董事会审查和批准。董事会还有一项工作，即在每次会议上对企业的不同方面进行更详细的审查，并制定定期审查时间表，以确保其适当性。相关的执行董事或职能部门负责人出席会议，提出并回答问题。

　　资料来源：Greene King plc，Annual Report 2017，p. 47.

　　年度预算为企业制定下一年各方面的目标。它通常被分解成月度预算，用以确定月度目标。实际上，在许多情况下，年度预算是由每月的数据组成的。例如，销售人员可能需要在预算期内设定每月销售目标。每个月的目标可能不一样，特别是在季节性需求不同的情况下。其他预算每月制定，我们稍后解释。

9.3　预算如何帮助管理者

　　一般认为预算的作用有五个方面，分别是：

- 预算可以促进前瞻性思考以及识别短期问题。通过关注未来，管理者能够发现潜在的问题。如果发现问题的时间足够早，就可以采取措施来避免或解决。例如，预算编制过程可能会发现生产能力的潜在不足。如果在非常早期的阶段就发现这个问题，就可以让管理者有时间冷静并理性地考虑解决问题的最佳方法。只有提前采取行动，才能找到解决潜在问题的最佳办法。

- 预算可以帮助协调企业的各个部门。重要的是，企业各个部门的业务相互联系、相辅相成。例如，制造企业采购部门的工作应该与生产部门的原材料需求相吻合。如果不这样做，生产可能会耗尽原材料，导致高代价的停工。或者，购买了过量的原材料，导致大量和不必要的存货持有成本。我们将在本章后面看到这种协调在实践中如何发挥作用。

■ 预算可以激励管理者取得更好的业绩。制定一个明确的目标可以激励管理者和员工。只是告诉管理者要尽最大努力，没有多大的激励作用，但设定一个目标业绩往往能够奏效。将管理者的目标与企业的总体目标联系起来，可能会更好地激励管理者。因为预算直接来源于战略目标，所以它可以实现这一点。显然，管理者不能毫无约束地经营，必须以与企业目标相匹配的方式经营企业，这是管理者在一家有效的企业中工作的价值。

■ 预算可以为控制系统提供基础。**控制**（control）可以被定义为完成符合计划的事项。这个定义在任何情景中都适用。例如，当说到控制汽车时，我们的意思是让汽车按照我们的想法行驶。如果管理者希望控制自己的业绩，以及更基层员工的业绩，他们需要一些衡量和评价业绩的标准。当前的业绩可以与过去的业绩或者其他企业的业绩进行比较。然而，计划的业绩通常是最合乎逻辑的衡量标准。如果可以得到一段时期的实际业绩信息，就可以与计划业绩（预算）进行比较。计划业绩（预算）就成为控制的基础。实际结果可以用与预算相同的方式来表述，这使得实际结果和计划结果具有可比性。当实际结果与预算不一致时，就需要引起重视。管理者可以采取措施让事情回到正轨，从而实现预算的结果。

将预算与实际结果进行比较，会用到**例外管理**（management by exception）。它让高级管理人员有机会将大部分时间用于处理那些未能实现预算（例外）的员工或活动。他们不需要在那些表现良好的员工或活动上花费太多时间。将预算与实际结果进行比较也能让管理者实施自我控制。通过了解自己的期望和实际取得的成绩，他们可以评估自己的表现，并在必要时采取纠正措施。

■ 预算可以提供一个支出授权系统。一些业务（例如员工发展以及研发）通常由高级管理人员决定分配固定数额的资金。这就形成了在特定限额内支出的权限。

图 9 - 2 展示了预算的作用。

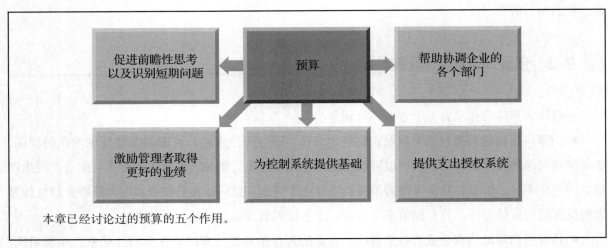

本章已经讨论过的预算的五个作用。

图 9 - 2 预算对企业的五个作用

有时候，预算的五个作用可能会相互冲突。以预算的激励作用为例，一些企业为了激励管理者，设定的预算目标比管理者的预期困难得多。然而，这种预算（作为与实际业绩进行比较的基准）的控制作用就比较有限。有时候，设定过高目标来进行激励的效果值得怀疑，我们将在本章后续内容中看到这一点。

预算不同作用间的冲突意味着管理者必须决定应优先考虑预算的哪些作用。如果有必要，管理者必须做好准备，在预算不同作用所带来的利益之间做出权衡。

9.4　预算和预测

正如我们已经看到的，预算可以被定义为企业的短期计划。特别要注意的是，预算是计划，而不是预测。计划表明了实现目标的意图或决心；**预测**（forecast）则是对未来环境状况的预言。

显然，预测对计划者/预算制定者非常有帮助。例如，如果一位声誉良好的预测者预言了英国明年的新车购买量，这对汽车制造企业的管理者制定明年的销售预算是很有价值的。然而，预测和预算是非常不同的。

9.5　限制因素

企业的某些方面将不可避免地使其无法最大限度地实现目标。比如，企业销售产品的能力通常有限。有时一些生产短缺（如劳动力、材料或工厂）也是**限制因素**（limiting factor）。生产短缺通常可以通过增加资金来解决——例如，可以购买或租赁更多的工厂。然而，这并不总是解决问题的办法，因为再多的资金也购买不到某些劳动技能或者增加某些原材料的供应量。万不得已，可能有必要将销售预算调整到较低的水平，以适应生产限制。

缓解了某一个限制因素后，另一个限制因素可能又会出现。最终，企业可能会"撞到天花板"，因为一些限制因素已经无法缓解。

企业一开始就应该识别限制因素。所有管理者都需要知道这些限制因素，并且在编制预算时将其考虑在内。

9.6　预算之间如何相互关联

典型的大型企业会为一个特定时期编制多份预算。编制的每一份预算都涉及其业务的一个具体方面。最理想的情况是每个管理人员（无论职位高低）分别制定一个单独的经营预算。将每一个经营预算的内容汇总到**全面预算**（master budget）中，全面预算通常由预算利润表和预算资产负债表组成。有些人认为全面预算也包括现金预算。

图 9-3 以制造企业为例说明了各个经营预算之间的相互关系。

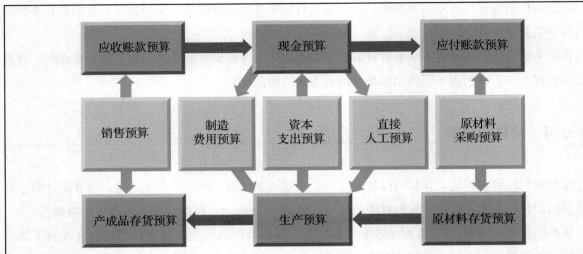

起点通常是销售预算。预期销售水平通常决定了企业的总体业务水平。其他业务预算将据此编制。因此，销售预算将很大程度上决定产成品存货需求，由此我们可以确定生产需求等。图中显示了制造企业经营预算之间的相互关系。

图9-3　经营预算之间的相互关系

首先要编制的通常是销售预算（见图9-3的左边），因为销售水平是最常见的限制因素。因此，销售水平决定了下一期间的整体业务水平。产成品存货需求往往由销售水平决定，尽管它也取决于企业持有产成品存货水平的政策。产成品存货需求将决定生产水平，生产水平又决定了各个生产部门的需求。生产需求结合企业对原材料在投入生产前持有时间的政策，将决定原材料存货预算。

采购预算由原材料存货预算决定，它与企业对供应商信用期的政策共同决定应付账款预算。现金预算的决定因素之一是应付账款预算，另一个决定因素是应收账款预算。而应收账款预算是由销售预算和企业对赊销客户结算期的政策决定的。现金也会受制造费用、直接人工成本（与生产相关）和资本支出的影响。现金还会受到注入新资本和赎回现有资本的影响（图9-3中没有显示，因为该图只关注与经营活动有关的预算）。

预算之间相互联系的方式实现了前文提到的预算的协调作用。图9-3以制造企业为例，是因为制造企业拥有实践中所有类型的经营预算。服务企业也有类似的预算，但可能没有存货预算。上述与预算有关的问题同样适用于所有类型的企业。

预算除了存在上述水平关系之外，通常还存在垂直关系。将整体销售预算分解为若干子预算，比如每个区域销售经理制定一个预算，是很常见的。然后，整体销售预算是各个子预算的汇总。这也适用于许多其他预算，尤其是生产预算。

图9-4显示了销售预算的垂直关系。示例中的企业有四个销售区域，每个区域由独立的销售经理负责。各区域经理向企业的整体销售经理汇报。整体销售预算是四个销售区域的预算之和。

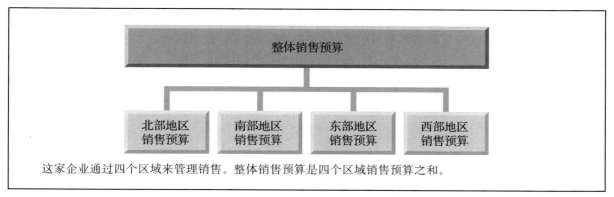

这家企业通过四个区域来管理销售。整体销售预算是四个区域销售预算之和。

图 9 - 4 企业销售预算的垂直关系

虽然销售通常是按区域进行管理的，预算也反映了这一事实，但它们也可按其他方式进行管理。例如，企业可以根据产品类型来管理销售，每个产品类型都有一个专业管理者。比如，保险公司可能有一些独立的销售经理，其人寿保险、财产保险、汽车保险等可能有独立的销售预算。非常大的企业甚至可能在每个区域都有独立的产品经理。每个经理单独负责一个预算，这些预算组成整个企业的产品销售预算。

所有经营预算都要汇总计入全面预算，即预算利润表和预算资产负债表。

▊ 9.7 编制预算

我们来详细介绍典型企业所使用的各种预算是如何编制的。我们从现金预算开始，然后再介绍其他预算。

（一）现金预算

从现金预算开始学习对我们是有帮助的，原因如下：

■ 它是一项关键预算（有人把它与预算利润表和预算资产负债表一起称为全面预算），企业的大多数经济情况最终都会反映在现金上。因此，现金预算通常比其他预算更能全面地反映整个企业的经营状况。

■ 非常小、不成熟的企业（例如街角商店）可能不需要全面预算。但编制现金预算仍然是有用的。

由于预算通常只用于内部，其格式是由管理者选择的，不同的企业会有所不同。然而，管理者使用预算的目的是类似的，因此在企业之间有一些一致的预算方法。现金预算通常具有以下特点：

（1）预算期细分为子期间，通常是月。

（2）预算是分栏的，每个月一栏。

（3）现金收款在各科目下注明，并显示每月收款总额。

（4）现金付款在各科目下注明，并显示每月付款总额。

（5）确定每个月现金收款总额超过付款总额的余额，或者付款总额超过收款总额的余额。

（6）确定现金余额。在上月底现金余额的基础上加上当月收支差额，得到现金余额。

通常，第3点到第6点的所有信息都对管理者有用。

下面通过一个例子来理解这个问题。

例9-1

Vierra Popova 公司是一家批发企业。接下来6个月的预算利润表如下：

单位：千英镑

	1月	2月	3月	4月	5月	6月
销售收入	52	55	55	60	55	53
销售成本	(30)	(31)	(31)	(35)	(31)	(32)
薪金和工资	(10)	(10)	(10)	(10)	(10)	(10)
电费	(5)	(5)	(4)	(3)	(3)	(3)
折旧	(3)	(3)	(3)	(3)	(3)	(3)
其他费用	(2)	(2)	(2)	(2)	(2)	(2)
费用总额	(50)	(51)	(50)	(53)	(49)	(50)
当月利润	2	4	5	7	6	3

该公司允许所有客户有一个月的信用期（比如1月的销售将在2月收到现金）。12月的销售收入为6万英镑。

该公司计划在3月之前将存货维持在现有水平。3月，存货将减少5 000英镑。存货将无限期地保持在这一较低水平。存货是赊购的，信用期是一个月。12月的采购总额为3万英镑。薪金和工资及"其他费用"均在发生当月支付。3月和6月按季度缴纳电费。公司计划在3月购买一辆新货车并付款，这将花费1.5万英镑，但作为该交易的一部分，一辆现有的货车将以4 000英镑的价格出售。

公司预计在1月初拥有1.2万英镑现金。

1—6月的现金预算如下：

单位：千英镑

	1月	2月	3月	4月	5月	6月
收款						
应收账款（注1）	60	52	55	55	60	55
付款						
应付账款（注2）	(30)	(30)	(31)	(26)	(35)	(31)

续表

	1 月	2 月	3 月	4 月	5 月	6 月
工资和薪金	(10)	(10)	(10)	(10)	(10)	(10)
电费	—	—	(14)	—	—	(9)
其他费用	(2)	(2)	(2)	(2)	(2)	(2)
购买货车	—	—	(11)	—	—	—
付款总额	(42)	(42)	(68)	(38)	(47)	(52)
本月现金盈余	18	10	(13)	17	13	3
期初余额（注 3）	12	30	40	27	44	57
期末余额	30	40	27	44	57	60

注：

1. 应收账款的现金收款比销售晚一个月，因为客户有一个月的时间来支付货款。所以，12 月的销售会在 1 月收到货款。

2. 为了使存货在每个月月底保持不变，公司必须准确地替换已经使用的存货的数量。因此，在大多数月份，存货采购等于商品销售成本。然而，在 3 月，公司计划减少 5 000 英镑的存货。这意味着当月的存货采购低于存货使用。购买存货的付款要比购买行为晚一个月，因为公司可以在一个月之后付款。

3. 每个月的现金余额是上月余额加上当月的现金盈余（或减去现金赤字）。根据现金预算提供的信息，1 月的月初余额为 12 000 英镑。

4. 折旧不会产生现金付款。计算利润时（在利润表中），折旧是一个非常重要的方面。但在这里，我们只关心与现金有关的项目。

（二）编制其他预算

虽然每个预算都有自己的特点，但许多预算都遵循与现金预算相同的模式。也就是说，它们将显示每个月的流入额和流出额以及每个月的期初和期末余额。

例 9-2

为了说明其他一些预算，我们将继续使用例 9-1 中 Vierra Popova 公司的例子。在例 9-1 的信息基础上，我们需要补充 1 月 1 日的存货余额为 30 000 英镑这一信息。

应收账款预算

这通常显示赊销客户在每个月的月初和月末欠公司的预算金额、每个月的赊销收入总额以及来自赊销客户的现金收款总额。1—6 月的应收账款预算如下：

单位：千英镑

	1 月	2 月	3 月	4 月	5 月	6 月
期初余额	60	52	55	55	60	55
销售收入	52	55	55	60	55	53
现金收款	(60)	(52)	(55)	(55)	(60)	(55)
期末余额	52	55	55	60	55	53

期初余额和期末余额分别表示公司在每月初和月末预算赊销客户欠款（应收账款）的金额。

应付账款预算

这通常显示公司在每个月的月初和月末欠供应商的预算金额、每个月的赊购金额以及偿付应付账款金额。1—6月的应付账款预算如下：

单位：千英镑

	1月	2月	3月	4月	5月	6月
期初余额	30	30	31	26	35	31
采购	30	31	26	35	31	32
现金付款	（30）	（30）	（31）	（26）	（35）	（31）
期末余额	30	31	26	35	31	32

期初余额和期末余额分别表示公司在每月月初和月末预算欠供应商（应付账款）的金额。

存货预算

这通常显示公司在每月月初和月末预算持有的存货金额、每月计划采购的存货总额以及每月计划使用的存货总额。1—6月的存货预算如下：

单位：千英镑

	1月	2月	3月	4月	5月	6月
期初余额	30	30	30	25	25	25
采购	30	31	26	35	31	32
存货使用	（30）	（31）	（31）	（35）	（31）	（32）
期末余额	30	30	25	25	25	25

期初余额和期末余额分别表示公司在每月月初和月末预算持有的存货金额（按成本计算）。

对于制造企业来说，原材料存货预算与上述存货预算的模式类似，其中"存货使用"是指投入生产的存货成本。除了用"存货制造"取代"采购"外，制造企业的产成品存货预算也类似于例9-2中所示的预算。制造企业通常会编制原材料存货预算和产成品存货预算。这两个预算通常以存货的完全成本为基础（即包括制造费用）。但是，如果变动成本或直接成本能够提供更有用的信息，那么存货可以根据变动成本或直接成本来估值。

存货预算通常以金额形式表示，但也可能以存货项目的实物形式（如生产单位、千克或米）表示。

注意例9-2中应收账款、应付账款和存货预算之间的联系，以及与例9-1中现金预算之间的联系。应特别注意：

- 应付账款预算和存货预算中的采购金额相同；
- 应付账款预算中的现金付款金额与现金预算中的应付账款金额相同；
- 应收账款预算中的现金收款金额与现金预算中的应收账款金额相同。

其他金额也会以类似的方式将不同的预算联系起来。例如，应收账款预算中的销售收入金额与销售预算中的销售收入金额相同。这就是本章前面讨论过的关联（协调）的实现方式。

9.8　预算中的非财务指标

在竞争日益激烈的环境中，内部经营效率和客户满意度已经成为企业努力生存的重要因素。非财务指标在评价客户/供应商交付时间、启动时间、缺陷水平和客户满意度等关键领域发挥着重要作用。

没有理由将预算编制局限于财务目标和财务指标。非财务目标和非财务指标也可以纳入企业的预算中。然后，它们可以与财务目标和财务指标一起报告。

9.9　预算控制

我们已经看到，预算为实施对企业的控制提供了一个有用的基础，因为它们提供了一个可以有效地评估业绩的标准。但是，除非我们以与预算相同的方式来计量实际业绩，否则就无法有效的比较。

实施控制包括找出事情没有按照计划进行的地方和原因，然后寻找方法在将来把它们改正过来。没有按照计划进行的一个原因可能是预算目标无法实现。在这种情况下，有必要修正未来期间的预算，使目标更切合实际。

如果形势变得严峻，不应该简单地忽略预算目标；相反，预算目标应该具有适应性。不切实际的预算不能成为控制的基础，坚持该预算也不会有什么收获。由于各种各样的原因，预算可能变得不现实，包括商业环境中的意外变化（例如，对企业所提供服务的需求意外的急剧减少）。

前面提到，预算可以形成例外管理的环境。这使得高级管理人员将关注的重点集中在与计划不符（例外）的领域。为了创建这种环境，必须将预算与实际结果进行比较，以观察二者是否存在差异。让我们来看看这是如何实现的。

9.10　从预算中衡量差异

我们在第 1 章中学到，企业的主要财务目标是增加所有者（股东）的财富。由于利润是企业经营带来的财富净增加，因此最重要的预算目标就是实现利润目标。因此，我们将以此为起点，将预算与实际结果进行比较。例 9-3 显示了 Baxter 公司 5 月的预算和实际利润表。

例 9 - 3

以下是制造企业 Baxter 公司 5 月的预算和实际利润表：

	预算		实际	
产出（产量和销量）	1 000 件		900 件	
销售收入（英镑）	100 000		92 000	
直接材料（英镑）	（40 000）	（40 000 米）	（36 900）	（37 000 米）
直接人工（英镑）	（20 000）	（2 500 小时）	（17 500）	（2 150 小时）
固定制造费用（英镑）	（20 000）		20 700	
营业利润（英镑）	20 000		16 900	

从这些数字可以清楚地看出，预算利润没有实现。对 5 月来说，这是一个历史问题。但是，公司（或者至少是公司的一个方面）已经失去了控制。高级管理人员必须找出 5 月哪里出现了问题，并努力确保在接下来的几个月里不会重复犯错。仅仅知道总体上出问题了还不够。我们需要知道问题所在及其原因。这包括比较上表中各个项目（销售收入、原材料等）的预算数字和实际数字。

要克服我们面临的困难，一个切实可行的方法是"调整"预算，将计划产量水平调整为 900 件而不是 1 000 件。**调整预算**（flexing the budget）仅仅意味着修改预算，假设产量有所不同。

为了进行控制，预算往往可以调整，以反映实际发生的数量，即高于或低于最初计划的数量。这意味着，我们需要知道，相对于产量哪些收入和成本是固定的，哪些是变动的。一旦我们知道了这一点，调整就是一个简单的操作。我们假定销售收入、材料成本和人工成本严格随产量变化。固定制造费用，顾名思义，是不变的。实际上，人工成本是否会随着产量的变化而变化，这一点并不确定，但我们可以根据需要做出假设。如果人工成本实际上是固定的，我们只需要在调整预算时考虑到这一点。

根据我们对收入和成本习性的假设，调整后的预算如下：

	调整后的预算	
产出（产量和销量）	900 件	
销售收入（英镑）	90 000	
直接材料（英镑）	（36 000）	（36 000 米）
直接人工（英镑）	（18 000）	（2 250 小时）
固定制造费用（英镑）	（20 000）	
营业利润（英镑）	16 000	

这只是原始预算中的销售收入、原材料和人工成本数字减少了 10％（与实际产出低于预算的

差异相同）。

将原始预算、调整后的预算和 5 月的实际结果放在一起，我们得到如下结果：

	原始预算	调整后的预算		实际	
产出（产量和销量）	1 000 件	900 件		900 件	
销售收入（英镑）	100 000	90 000		92 000	
直接材料（英镑）	(40 000)	(36 000)	(36 000 米)	(36 900)	(37 000 米)
直接人工（英镑）	(20 000)	(18 000)	(2 250 小时)	(17 500)	(2 150 小时)
固定制造费用（英镑）	(20 000)	(20 000)		20 700	
营业利润（英镑）	20 000	16 000		16 900	

弹性预算（flexible budget）使我们能够在预算（使用调整后的数字）和实际结果之间进行更有效的比较。然后可以计算企业各方面的预算和实际结果之间的重要差异或变化。

我们似乎在说，就算产量不足也没关系，因为我们只需要修改预算，然后继续做下去，好像一切都很好。然而，情况并非如此，因为销量减少通常意味着利润减少。因此，我们必须强调销量减少 100 件所造成的利润损失。

两个利润数字的不同称为**差异**（variance）。差异是相对于特定因素（销量），实际结果和原始预算之间的区别。

如果一个差异导致实际利润低于预算利润，称为**不利差异**（adverse variance）。销量减少导致的差异就是不利差异；反之则称为**有利差异**（favourable variance）。因此，我们可以说，差异是某个因素（单独）对预算利润的影响。当我们观察某个特定因素（如销量）时，我们假设其他因素都与计划相同。

单个差异解释了特定因素导致的预算利润与实际利润之间的差别。因此，我们可以通过调整所有有利差异和不利差异，把预算利润调整为实际利润。如图 9－5 所示。

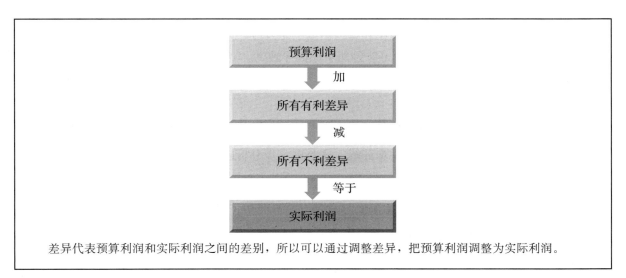

差异代表预算利润和实际利润之间的差别，所以可以通过调整差异，把预算利润调整为实际利润。

图 9－5　预算利润和实际利润的关系

5月的实际利润只有 16 900 英镑，我们已经找到没有实现 20 000 英镑预算利润的一个原因。利润损失了 4 000 英镑（不利差异），可能是销量下降导致的。现在，我们调整了预算，销量下降导致的差异被剥离出来，我们可以得到关于 5 月交易的更多结论。

销售收入、直接材料和直接人工数字与调整后的预算不同，这说明销售数量的不利差异只是问题的一部分。为了确定其他三个方面（销售收入、直接材料和直接人工）导致的差异，我们需要比较调整后的预算和三者的实际数字。计算如下：

	单位：英镑
预算利润	20 000
有利差异	
销售收入（92 000－90 000）	2 000
直接人工（18 000－175 000）	500
有利差异总额	2 500
不利差异	
销售数量（20 000－16 000）	（4 000）
直接材料（36 000－369 000）	（900）
固定制造费用（20 000－20 700）	（700）
不利差异总额	（5 600）
实际利润	16 900

调整后的销售收入与实际销售收入存在差异（2 000 英镑），只能是因为销售价格比原始预算的更高。这是因为由于数量差异导致的后果已经在调整预算的过程中被分离出来了。直接人工成本比销量为 900 件时的预算数字更低，材料成本则更高，固定制造费用也超支了。

首席执行官会问，为什么很多方面都变糟了，未来应该如何改进。

直接材料和直接人工两个方面的差异还可以进一步分解。

直接材料差异总额（900 英镑）可能是两个原因导致的：

- 原材料的用量；
- 原材料的购买价格。

直接人工差异总额（500 英镑）也可以进行类似分析。这些进一步分析可以提供更有帮助的信息。固定制造费用的差异也可以进一步分解。这些进一步分析超出了本书的范围。如果想继续研究这一话题，可以参考其他书籍。

9.11　让预算控制更有效

通过对**预算控制**（budgetary control）的学习，我们可以清楚地看到，必须建立一套恰当的制度或惯例，以便能够获得潜在的收益。大多数预算控制成功的企业都有一些共同的特点，包括：

■ 认真对待制度。这种态度应当从最高层开始贯彻至各级管理者。例如，高级管理人员需要向基层管理人员明确，他们会关注每月的差异报告，并根据这些报告制定一些行动和决策。

■ 明确划分管理职责范围。需要明确每个业务领域由哪位管理者负责，这样就可以更容易地归属失控领域的责任。

■ 具有挑战但可实现的预算目标。设定无法实现的目标可能会产生消极作用。让管理者参与制定他们自己的目标，以帮助形成一种"主人翁意识"，这是有道理的，这也可以增加管理者的忠诚度提高其工作的积极性。

■ 建立数据收集、分析和报告程序。这应该包含实际结果和预算数字，并计算和报告差异。这应该是企业常规会计信息系统的一部分，以便每月自动生成所需的报告。

■ 为具体管理者提供报告，而不是提供通用目的的文件。这就避免了管理者为找到与自己相关的一小部分内容而不得不费力地读完一整份报告。

■ 相对较短的报告期。通常是按月，这样就可以及时发现问题。

■ 及时的差异报告。应在相关报告期结束不久就编制报告并提供给管理者。如果直到 6 月底才报告 5 月的业绩低于预算水平，那么 6 月的业绩很可能也低于预算。5 月的业绩报告最好能在 6 月初提供。

■ 当显示经营失控时，采取行动使其重回正轨。报告本身不会解决问题。管理者需要针对重大不利差异采取行动，使其重回正轨。

9.12　行为问题

编制预算的目的是影响管理者的态度和行为。前面提到，编制预算是为了激励管理者，而研究证据表明，预算可以有效地实现这一点。具体地说，研究表明：

■ 预算的存在可以提高工作满意度和绩效。在管理者的角色定义不清或模棱两可的情况下，预算可以明确职责结构。预算提供了明确的、可量化的追求目标。这可以激励管理者，并提高他们的忠诚度。

■ 要求高但可以实现的预算目标，往往比要求低的目标更能起到激励作用——似乎设定管理者能接受的最高目标是一种非常有效的激励方式。

■ 不切实际的高目标往往会对管理者的业绩产生不利影响。

■ 管理者参与制定他们的目标往往会提高激励和绩效。这可能是因为这些管理者意识到了对目标的承诺感和对实现目标的道德义务。

📖 关键术语

使命陈述	调整预算	预算	弹性预算
控制	差异	例外管理	不利差异
预测	有利差异	限制因素	全面预算
预算控制			

📖 复习题

9.1 大多数企业在每年年底编制下一年的预算（定期预算）。然而，有一些企业则采用"连续预算"的方法，即每个月都重新编制下个月的预算，从而保证在任何时候都有一个完整计划期的预算。两种方法的优点和缺点分别是什么？

9.2 是否应该调查分析有利差异来发现其存在的原因？

9.3 一位销售经理建议，如果降低价格，就可以销售更多产品，总体而言这将导致利润增加。这个建议会导致有利的销量差异，但也会导致不利的销售价格差异。这位销售经理认为前者比后者的影响大。你能想出销售经理不应降价的理由吗？

📖 练习

中级练习

9.1 一家与大型医院有联系的疗养院一直在审查其预算控制程序，特别是间接成本方面。

该机构的业务水平是用预算期间接受治疗的病人数量来衡量的。本年度的预算为6 000名病人，这一数字有望实现。

今年1—6月（假定12个月的长度相等），2 700名患者接受了治疗。这6个月实际发生的变动间接成本如下：

	单位：英镑
费用	
职工薪酬	59 400
动力	27 000
供应品	54 000
其他	8 100
总计	148 500

医院会计人员认为，间接变动成本将在该年的 7—12 月以相同的比率发生。

全年固定成本预算如下：

	单位：英镑
费用	
监管费用	120 000
折旧/融资	187 200
其他	64 800
总计	372 000

要求：

（a）编制 7—12 月的间接成本预算。将每笔费用都列示出来，但不用单独报告每月的费用。纳入统计的每个病人的间接成本是多少？

（b）7—12 月，这家疗养院实际治疗了 3 800 名病人，实际变动间接成本是 203 300 英镑，固定成本是 190 000 英镑。以汇总表形式对该疗养院费用控制情况进行评价。

（c）解释你的分析，并指出有何限制或假设。

9.2 Linpet 公司将于 6 月 1 日成立。该企业的期初资产负债表如下：

	单位：英镑
资产	
银行存款	60 000
股本	
普通股（每股 1 英镑）	60 000

6 月，公司打算为租赁资产支付 40 000 英镑，为设备支付 10 000 英镑，为一辆汽车支付 6 000英镑。公司还将赊购初始存货，成本为 22 000 英镑。

公司已做出以下估计：

1. 6 月的销售收入为 8 000 英镑，在 9 月前将以每月 3 000 英镑的速度增长。10 月，销售收入将上升到 22 000 英镑，接下来的几个月将维持在这一水平。

2. 销售商品的毛利率为 25%。

3. 在会计年度接近结束时，存货供应有中断的风险。因此，公司打算每月在必要的采购的基础上多购买 1 000 英镑的存货来维持初始存货水平（22 000 英镑）。所有存货（包括初始存货）采购都有一个月的信用期。

4. 销售收入将在现金销售和赊销之间平均分配。赊销客户预计在销售协议达成两个月内付款。

5. 工资薪金是每月 900 英镑。前 4 个月的其他费用为每月 500 英镑，之后为每月 650 英镑。这两种费用将在发生时支付。

6. 销售收入的 80％ 由销售人员创造，销售人员从销售收入中获得 5％ 的佣金。佣金在成交后一个月内支付。

7. 公司打算在 11 月以 7 000 英镑现金购买新设备。

8. 厂房类建筑物折旧率为每年 5％，设备折旧率为每年 20％（折旧不包含在估计 5 所述的费用内）。

要求：

（a）说明为什么企业需要编制现金预算。

（b）为 Linpet 公司编制截至 11 月 30 日的 6 个月的现金预算。

提升练习

9.3 Newtake 唱片公司拥有销售稀有爵士和蓝调唱片的连锁店。6 月初，该公司的透支额为 35 000 英镑，银行曾要求公司在 11 月底之前偿还这笔透支。因此，董事们最近决定审查他们未来 6 个月的预算。

以下是几个月前为公司编制的预算：

单位：千英镑

	5 月	6 月	7 月	8 月	9 月	10 月	11 月
销售收入	180	230	320	250	140	120	110
采购	135	180	142	94	75	66	57
管理费用	52	55	56	53	48	46	45
销售费用	22	24	28	26	21	19	18
税费	—	—	—	22	—	—	—
财务费用	5	5	5	5	5	5	5
商店翻新	—	—	14	18	6	—	—

注：

1. 6 月 1 日的存货为 112 000 英镑。公司认为，在截至 11 月 30 日的这段时间内，保持 40 000 英镑的最低存货水平更为可取。

2. 供应商允许一个月的信用期。

3. 毛利率是 40％。

4. 所有销售收入都在销售当月收到。然而，50％ 的客户会用信用卡支付。信用卡公司向 Newtake 唱片公司收取销售收入 3％ 的手续费。这些费用是在以上确认的销售费用之外收取的，在销售当月支付。

5. 公司有一笔银行贷款，每个月偿还 5 000 英镑。利息部分占每笔还款的 20％。

6. 管理费用在发生时支付。其中包括每月 15 000 英镑的折旧费用。

7. 销售费用在下个月支付。

要求：

（a）编制上表所列示的截至 11 月 30 日的 6 个月的存货预算。

（b）根据上表信息，编制截至 11 月 30 日的 6 个月的现金预算，显示每月末的现金余额。

（c）编制截至 11 月 30 日的 6 个月的预算利润表（不需要每个月的利润明细）。

（d）Newtake 唱片公司在未来 6 个月可能面临哪些问题？你能为公司如何处理这些问题提供建议吗？

第三部分

财务管理

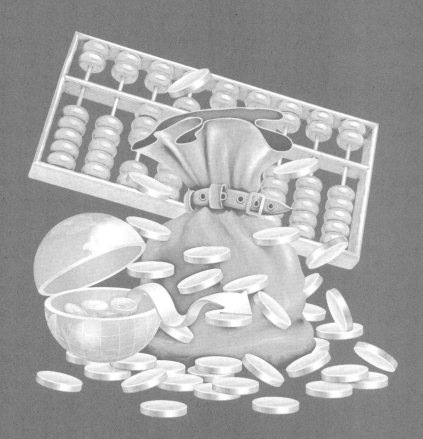

第 10 章

资本投资决策

本章概要

    本章是关于财务管理的三个章节中的第一章。在本章中，我们将讨论企业应如何评价对新厂房、机器、建筑物和其他长期资产的投资。这是一个非常重要的领域，糟糕的投资决策可能会带来代价高昂、影响深远的后果。我们也会考虑一些在评价投资建议时应该考虑的实际问题。

学习目标

学习完本章之后，你应该能够：

- 解释投资决策的性质和重要性；

- 识别和评价实践中四种主要的投资评价方法；

- 使用四种主要的投资评价方法来对特定的投资机会进行决策；

- 讨论四种主要的投资评价方法在实践中的适用性和使用情况。

10.1 投资决策的性质

    投资决策的本质特征是时间。投资是指在某个时点进行具有经济价值的支出（通常是现金），这预计会在另一个时点给投资者带来经济利益，通常支出先于收益。此外，支出一般是一笔较大的金额，而收益是在相当长的时期内收到的一系列较小的金额。

投资决策对企业往往非常重要，因为其：

（1）经常涉及大量资源。企业的许多投资占用了其总资源的很大一部分。如果决策错误，对企业的影响可能是重大的，甚至是灾难性的。

（2）涉及的时间跨度相对较长。与企业其他决策相比，在做出决策和项目结束之间通常容易出错的时间更多。

（3）一旦实施，通常很难退出一项投资，或者退出的代价高昂。企业的投资往往是针对其需求的。例如，一家酒店企业可能会投资一家新的、定制的酒店综合楼。如果企业在投资后发现客房入住率明显低于预期，那么唯一的措施可能是出售该综合楼。然而，该综合楼的独特性质可能导致其转售价值相当有限。这意味着从投资中收回的金额远远低于初始成本。

真实世界 10-1 提供了一家英国知名企业的重大投资案例。

真实世界 10-1

布列塔尼渡轮公司的一项投资

跨海峡渡轮运营商布列塔尼渡轮公司（Brittany Ferries）正在新建一艘渡轮。这艘渡轮成本高昂，预计将远远超过 2 亿英镑。该渡轮将于 2019 年开始在朴茨茅斯至卡昂的航线上使用。虽然布列塔尼渡轮公司是一家大型企业，但是这一支出也是相当巨额的。显然，企业认为建造新渡轮将为其带来利润，但它是如何得出这一结论的呢？运输乘客和货物的预期未来收益以及人工、燃料和维护成本是做出这一决策的主要依据。

资料来源：www.brittany-ferries.co.uk.

布列塔尼渡轮公司投资所引发的问题将是本章的主题。

10.2 投资评价方法

考虑到投资决策的重要性，必须对投资方案进行适当的筛选。筛选过程的一个重要部分是确保使用适当的评价方法。研究表明，企业评价投资机会的方法基本上有四种，分别是：

（1）会计收益率（ARR）；

（2）投资回收期（PP）；

（3）净现值（NPV）；

（4）内部收益率（IRR）。

有些企业使用这四种方法的变体来评价投资机会。也有一些企业，尤其是规模较小的企业，它们不使用任何正式的评价方法，而是依赖管理者的"直觉"。然而，大多数企业都使用这四种方法中的一种（或多种）。

我们将评价每一种方法的有效性，但我们将看到，其中只有一种方法（NPV）是完全合乎逻辑的，其他三种方法都有缺陷。这就提出了一个问题，为什么我们要学习这些有缺陷的方法。答案是，尽管存在一些缺陷，但这四种方法都被管理者广泛使用，正如我们将在本章后面部分看到的那样。

为了帮助学习每一种方法，了解每种方法如何适用于特定的投资机会。让我们思考下面的例子。

例 10 - 1

Billingsgate Battery 公司进行了一项研究，表明它最近开发的标准服务是有市场的。

提供这项服务需要投资一台机器，成本是 100 000 英镑，并立即支付。这项服务将在未来 5 年内持续销售。到那时，估计这台机器可以卖到 20 000 英镑。

销售服务的现金流入和流出预计为：

时间		现金流（千英镑）
现在	机器成本	(100)
第 1 年	折旧前营业利润	20
第 2 年	折旧前营业利润	40
第 3 年	折旧前营业利润	60
第 4 年	折旧前营业利润	60
第 5 年	折旧前营业利润	20
第 5 年	机器处置收益	20

注意，一般来说，扣除折旧前的营业利润（即扣除非现金项目前的利润）等于流入企业的现金净额。一般情况下，除折旧外，企业的所有费用都会导致现金流出。销售收入往往会导致现金流入。目前，我们假设营运资本（包括存货、应收账款和应付账款）保持不变，这意味着折旧前的营业利润等于净现金流入。

为了简化问题，我们还假设销售产生的现金和服务费用分别在每年年底收到和支付，这在现实生活中不太可能是真的。每周或每月都会向员工支付现金（工资和薪金）。客户将在购买服务后的1～2 个月内付款。然而做出这样的假设可能不会导致严重的偏差。这只是一个简化的假设，在现实生活中经常会这样做，这会使事情变得更直接。然而，我们应该清楚这四种方法中没有任何一种需要做出这种假设。

介绍了这个例子后，现在让我们继续思考每种评价方法是如何应用的。

10.3 会计收益率

我们要学习的四种方法中的第一种是**会计收益率**（accounting rate of return，ARR）。该方法计算投资将产生的平均会计营业利润，并将其表示为项目整个生命周期内平均投资的百分比。换句话说：

$$会计收益率（ARR）=\frac{年平均营业利润}{赚取利润的平均投资}\times100\%$$

从公式中我们可以看到，要计算 ARR，我们需要关于特定项目的两条信息：

■ 年平均营业利润；
■ 平均投资。

在我们的例子中，5 年的折旧前年平均营业利润是 40 000 英镑（（20 000＋40 000＋60 000＋60 000＋20 000)/5）。假设采用直线法计提折旧（即每年折旧金额相等），年折旧费为 16 000 英镑（（100 000－20 000)/5）。因此，扣除折旧后的年平均营业利润为 24 000 英镑（40 000－16 000）。

5 年的平均投资计算如下：

$$平均投资^*=（机器成本＋处置价值）/2$$
$$=（100 000＋20 000）/2^①$$
$$=60 000（英镑）$$

* 要得到平均投资额，我们只需将投资期开始和结束时的投资额相加，然后除以 2 即可。

因此，投资的 ARR 为：

$$ARR=（24 000/60 000）\times100\%=40\%$$

当使用 ARR 法时，适用以下决策规则：

■ 对于任何可接受的项目，它必须至少达到目标 ARR。

■ 如果有多项竞争性项目都能超过这一最低比率（即企业必须在多个项目中进行选择），则应选择 ARR 较高（或最高）的项目。

为了决定 60％的收益率是否可以接受，我们必须将这一回报率与企业要求的最低回报率进行比较。

（一）ARR 和 ROCE

我们在第 6 章中看到，**已动用资本回报率**（return on capital employed ratio，ROCE）是一种广泛使用的经济绩效衡量指标。它表示为企业的营业利润占用产生该利润的资产价值的百分比。ROCE 和 ARR 用相同的方法来衡量企业绩效。它们都将营业利润与用来产生利润的资产成本联系起来。然而，ROCE 评价的是整个企业在完成经营后的绩效，而 ARR 则是在特定投资开展之前评价其绩效。

---

① 原书在此处计算时每平均投资额为"100 000＋20 000"疑有误，疑为"100 000－20 000"。——译者

基于这两个指标之间的联系，目标 ARR 可以根据先前实现的总 ROCE 来设定，也可以根据行业平均 ROCE 来设定。

ROCE 的普适性及其与 ARR 的联系可以作为支持 ARR 是投资评价的恰当方法的原因。此外，我们在第 6 章中看到，一些企业用目标 ROCE 来表示其财务目标。因此，使用一种与这一指标一致的投资评价方法似乎是明智的。支持 ARR 的第二个原因是，它提供了一个用百分比表示的结果，这是许多管理者所喜欢的。

（二）ARR 的问题

1. 平均投资的使用

用平均投资计算 ARR 存在重大缺陷。例 10 - 2 说明了可能出现的问题。

例 10 - 2

George 向老板提出了一项投资建议。该公司使用 ARR 评价投资建议，最低"门槛"率为 27%。该投资建议的细节是：

设备成本	200 000 英镑
设备预计残值	40 000 英镑
折旧前年平均营业利润	48 000 英镑
项目预计生命周期	10 年
年直线折旧费用	16 000 英镑（（200 000－40 000）/10）

项目的 ARR 为：

$$ARR=\frac{48\,000-16\,000}{(200\,000+40\,000)/2^{①}}\times100\%=26.7\%$$

老板拒绝了 George 的提议，因为该项目没有达到至少 27% 的平均回报率。虽然 George 很失望，但他意识到还有希望。

事实上，这家公司所要做的就是在设备的使用寿命结束时把它送出，而不是卖掉。然后，设备的剩余价值为零，年折旧费为 20 000 英镑（（200 000－0）/10）。修正后的 ARR 计算如下：

$$ARR=\frac{48\,000-20\,000}{(200\,000+0)/2}\times100\%=28\%$$

2. 会计利润的使用

我们已经看到 ARR 是以会计利润为基础计算的。然而，在衡量项目整个生命周期的绩效时，

---

① 此处计算疑有误，疑为"200 000－40 000"。——译者

重要的是现金流而不是会计利润。现金是衡量一项投资所产生的经济利益的最终指标。这是因为现金是用来获取资源和分配给所有者的。会计利润更适合于定期报告业绩，它是在相对较短的时间内（如一年或半年）生产率的有用度量。这实际上是一个"物尽其用"的问题。

3. 目标 ARR

我们在前面提到，必须选择一个评价投资机会的目标 ARR。没有客观目标可用，因此这完全取决于管理者的判断。所以，目标 ARR 可能会随着时间的推移和业务的不同而变化。

4. 竞争性投资

在考虑不同规模的竞争性投资时 ARR 方法可能会产生问题。

10.4 投资回收期

另一种评价投资的方法是**投资回收期**（payback period，PP）。这是用项目净现金流入偿还初始投资所需的时间。由于 PP 法考虑了时间，而且它是以现金而不是会计利润为基础计算的，因此乍一看它似乎克服了 ARR 法的两个主要缺陷。

让我们以 Billingsgate Battery 公司为例来计算 PP。项目现金流是：

时间		现金流（千英镑）
现在	机器成本	(100)
第 1 年	折旧前营业利润	20
第 2 年	折旧前营业利润	40
第 3 年	折旧前营业利润	60
第 4 年	折旧前营业利润	60
第 5 年	折旧前营业利润	20
第 5 年	机器处置收益	20

注意，所有这些数字都是将要支付或收到的现金金额（我们之前看到折旧前营业利润是对项目现金流的粗略衡量）。

投资回收期可通过计算累计净现金流得到，如下所示：

		净现金流（千英镑）	累计净现金流（千英镑）
现在	机器成本	(100)	(100)
第 1 年	折旧前营业利润	20	(80)（−100＋20）
第 2 年	折旧前营业利润	40	(40)（−80＋40）
第 3 年	折旧前营业利润	60	20（−40＋60）
第 4 年	折旧前营业利润	60	80（20＋60）
第 5 年	折旧前营业利润	20	100（80＋20）
第 5 年	机器处置收益	20	120（100＋20）

我们可以看到累计现金流在第 3 年年底变为正值。如果现金流在一年内平均增长，则投资回收期为：

$$2+\frac{40}{60}=2.67(年)$$

其中，分数的分子（40）表示第 3 年年初收回初始投资所需的现金，分母（60）表示第 3 年的预计现金流。

当使用 PP 法时，适用以下决策规则：

- 对于一个可接受的项目，它的投资回收期不应超过企业设定的最长回收期。
- 如果两个（或多个）竞争性项目的投资回收期都短于最长回收期，则应选择回收期较短（或最短）的项目。

例如，如果 Billingsgate Battery 公司可接受的最长投资回收期为 4 年，那么该项目就可以实施了。投资回收期超过 4 年的项目是不可接受的。

使用 PP 法的逻辑是，能够快速收回成本的项目比投资回收期较长的项目在经济上更有吸引力。换句话说，它强调的是流动性。

PP 法具有一定的优点，它易于计算，管理者也很容易理解。然而它也有一些问题，我们现在来讨论。

PP 法是对 ARR 法的改进，因为它使用了现金流（而不是会计利润），并考虑了现金流的时间。然而，这并不是问题的完整答案。为了理解为什么会出现这种情况，请思考以下三个相互竞争的项目产生的现金流：

时间		项目 1（千英镑）	项目 2（千英镑）	项目 3（千英镑）
现在	机器成本	(200)	(200)	(200)
第 1 年	折旧前营业利润	70	20	70
第 2 年	折旧前营业利润	60	20	100
第 3 年	折旧前营业利润	70	160	30
第 4 年	折旧前营业利润	80	30	200
第 5 年	折旧前营业利润	50	20	440
第 5 年	机器处置收益	40	10	20

你能看出来为什么 PP 法不能完全解决现金流的时间问题吗？

每个项目的 PP 都是 3 年，所以三个项目都是同等可接受的。但是，这个结论没有考虑全部现金流的时间。它没有考虑这些项目是在 3 年回收期内较早收回投资还是较晚收回投资。

PP 法也忽视了回收期之后的现金流。管理者出于对所有者财富的关注，应该首选项目 3，因为它的现金流收回得最早。大部分初始投资成本在第 2 年年末就收回了。进一步地，项目 3 在整个项目寿命中的现金流量总和最大。

每个项目的累计现金流量如图 10-1 所示。

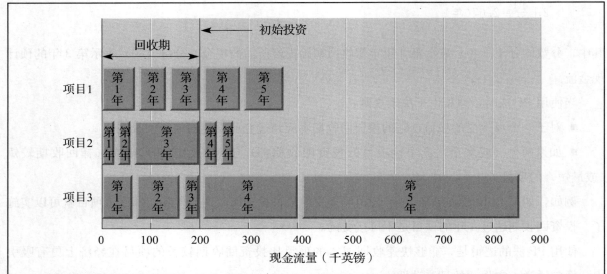

使用投资回收期法评价投资，会将项目 1、2、3 视为是同等可接受的。这样做忽视了这一事实：项目 3 在 3 年的投资回收期内较早收回大部分现金，并且在之后的年份中产生了更多的收益。

图 10-1　每一项目的累计现金流量

现在来分析 PP 法的其他问题。

1. 相关信息

我们在前面看到，PP 法只与初始投资的回收速度有关。虽然这巧妙地避免了预测长期现金流的实际问题，但这意味着并非所有的相关信息都能被考虑在内。在投资回收期之后产生的现金流被忽略了。

2. 风险

通过支持投资回收期短的项目，PP 法提供了一种处理风险的方法。然而，它提供了一个相当粗糙的方法来解决这个问题，即它只处理项目提前结束的风险，这只是众多风险中的一个。例如，产品需求低于预期的风险怎么处理？有许多应对风险的系统方法可用。

3. 财富最大化

尽管 PP 法注意到了项目成本和收益的时间问题，但它并不关心企业所有者财富的最大化。它仅偏向于能快速收回成本的项目。

4. 要求的投资回收期

管理者必须选择一个可接受的最长投资回收期。这样做时会遇到一个与设定目标 ARR 相似的问题。没有客观依据可以确定这一投资回收期，这只是一个判断问题。

真实世界 10-2 是《金融时报》文章的简短摘录，该文章讨论了中国制造商对机器人的使用日益增加以及投资回收期的迅速下降。

真实世界 10-2

现在是收回时间

每年，公司收回对机器人的投资所花费的时间（称为投资回收期）都在急剧缩短，这使得自动化的投资对中国小型公司和工厂更具吸引力。根据花旗分析师的计算，中国汽车行业焊接机器人的投资回收期从 2010 年的 5.3 年降至 2015 年的 1.7 年。到 2017 年，投资回收期预计将缩短至 1.3 年。

资料来源：Bland，B.（2016）'China's robot revolution'，*Financial Times*，6 June.

10.5　净现值

到目前为止我们看到，要做出明智的投资决策，需要一种评价方法，同时满足以下两个条件：

- 考虑每个投资机会的所有成本和收益；
- 对这些成本和收益的时间进行合理的考虑。

四种投资评价方法中的第三种，即**净现值**（net present value，NPV）法，恰好能够满足上述条件。

Billingsgate Battery 公司（例 10-1）的现金流为：

时间		现金流（千英镑）
现在	机器成本	（100）
第 1 年	折旧前营业利润	20
第 2 年	折旧前营业利润	40
第 3 年	折旧前营业利润	60
第 4 年	折旧前营业利润	60
第 5 年	折旧前营业利润	20
第 5 年	机器处置收益	20

假设财务目标是使所有者财富最大化，如果所有现金流入和流出都是立即发生的，就很容易评价这项投资。只需将现金流入相加（总计 220 000 英镑），并与现金流出（100 000 英镑）进行比较即可。我们会得出结论说该项目应该继续进行，因为所有者将得到 120 000 英镑。当然，由于涉及

时间，情况并不是这么简单。现金流出立即发生，而现金流入将在未来的不同时间发生。

（一）为什么时间很重要？

时间很重要，因为人们通常不会认为现在支付的金额与一年后收到的相同金额一样。因此，如果我们现在支付 100 英镑，一年后可以得到 100 英镑，我们就不会感兴趣，除非我们想帮别人一个忙。

（二）收益损失

失去的收益是机会成本。正如我们在第 7 章中所看到的，当一个行动方案剥夺了我们从另一个行动中获得某些利益的机会时，就会产生机会成本。

一项投资要想有价值，其收益就必须超过所投资资金的机会成本。如果 Billingsgate Battery 公司还可以进行其他投资来替代投资机器，那么投资机器的回报必须比其他投资高，否则就没有经济上的理由购买这台机器。

（三）风险

所有的投资都会让投资者面临**风险**（risk）。因此，根据购买前的估计值购买一台机器会让企业面临风险。事情可能不会如预期的那样发生。我们在第 1 章中看到，人们通常希望以承担更大的风险换取更高的回报，在现实生活中不难找到这样的例子。其中一个例子是，银行倾向于向风险更高的借款人收取更高的利率，而向那些为贷款提供良好担保并有固定收入的人收取较低的利率。

回到关于 Billingsgate Battery 公司的投资机会的讨论，如果只是由于购买机器的预期回报高于其他投资的回报，就说我们应该购买这台机器，还是不够的。投资这台机器的等价物应该是具有类似风险的投资。然而确定一个特定项目的风险性以及**风险溢价**（risk premium）的大小是一项困难的任务。

（四）理性投资者会怎么做？

综上所述，寻求增加财富的理性投资者只有在他们认为其他投资的机会成本得到充分补偿时才会进行投资。这通常包括检查投资是否会产生高于基本利率（通常包括通货膨胀）加上适当风险溢价的回报。

（五）处理货币时间价值

我们已经看到货币具有时间价值。也就是说，今天收到的 100 英镑与将来某个日期收到的 100 英镑并不相等。因此，我们不能简单地比较一项投资在不同时点的现金流入和现金流出。每一项现金流量都必须用类似的方式表示，只有这样才能直接比较。

为了说明如何做到这一点，让我们回到 Billingsgate Battery 公司的例子。这项投资预计产生的现金流为：

时间		现金流（千英镑）
现在	机器成本	（100）
第 1 年	折旧前营业利润	20
第 2 年	折旧前营业利润	40
第 3 年	折旧前营业利润	60
第 4 年	折旧前营业利润	60
第 5 年	折旧前营业利润	20
第 5 年	机器处置收益	20

我们假设，公司如果不进行这项投资，而是进行风险类似的替代投资，每年可以获得 20% 的回报。

我们现在知道，Billingsgate Battery 公司可以用其现金进行投资，每年获得 20% 的回报。那么，预计第 1 年收到的 20 000 英镑，其现值是多少？换句话说，公司现在的多少钱相当于一年之后的 20 000 英镑？

现在的金额应该比一年之后的金额低。这是因为，这些钱可以投资并获得 20% 的回报。因此，现在的金额加上一年的收益，等于 20 000 英镑。我们将现在的金额称为**现值**（present value, PV），即：

$$PV + (PV \times 20\%) = 20\ 000（英镑）$$

也就是，现值加上这些钱一年的投资收益等于 20 000 英镑。

上面的方程可以转换为：

$$PV \times (1 + 0.2) = 20\ 000（英镑）$$

（注意，0.2 与 20% 是相同的）进一步转换得到：

$$PV = \frac{20\ 000}{1 + 0.2} = 16\ 667（英镑）$$

因此，在 Billingsgate Battery 公司的管理者看来，现在拥有 16 667 英镑和一年之后拥有 20 000 英镑是相同的（假设有 20% 的回报率）。即 16 667 英镑是一年之后 20 000 英镑的现值。

特定现金流量的现值可以表述如下：

$$某一现金流量第\ n\ 年的现值 = \frac{第\ n\ 年的实际现金流量}{(1 + r)^n}$$

式中，n 是现金流量的年数，r 是机会融资成本。

如果我们计算出 Billingsgate Battery 公司每年现金流量的现值，就可以将其与初始投资成本（100 000 英镑）直接比较。

我们已经看到如何计算第 1 年 20 000 英镑现金流入的现值。第 2 年可以计算如下：

$$第 2 年现金流量（40\ 000\ 英镑）的现值 = \frac{40\ 000}{(1+0.2)^2} = 27\ 778（英镑）$$

即两年后收到的 40 000 英镑的现值是 27 778 英镑。

因为公司可以将 27 778 英镑转换为两年后的 40 000 英镑，这两个金额是等同的。我们可以说 27 778 英镑是两年后收到的 40 000 英镑的现值（假设机会融资成本是 20%）。

考虑当前时间和预计现金流量时间之间的差异，减少现金流量金额的做法，称为**折现**（discounting）。折现实际上是对项目融资成本的付费。如果忽视了融资成本，就会导致忽视了投资项目中的一个重要成本。

（六）计算净现值

现在让我们计算与 Billingsgate Battery 机器项目相关的所有现金流的现值，并从中计算出整个项目的净现值（NPV）。

相关现金流和计算如下：

时间	现金流（千英镑）	PV 的计算	PV（千英镑）
现在	(100)	$(100)/(1+0.2)^0$	(100)
第 1 年	20	$20/(1+0.2)^1$	16.67
第 2 年	40	$40/(1+0.2)^2$	27.78
第 3 年	60	$60/(1+0.2)^3$	34.72
第 4 年	60	$60/(1+0.2)^4$	28.94
第 5 年	20	$20/(1+0.2)^5$	8.04
第 5 年	20	$20/(1+0.2)^5$	8.04
净现值（NPV）			24.19

注：$(1+0.2)^0 = 1$。

接着，我们必须决定机器项目是否可以被接受。为了帮助我们，应该采用以下净现值决策规则：

■ 如果净现值为正，则该项目应被接受；如果为负，则应拒绝该项目。

■ 如果有两个（或多项）竞争性项目的净现值均为正，则应选择净现值较高（或最高）的项目。

在这种情况下，净现值是正的，所以我们应该接受该项目并购买机器。这个决策规则背后的道理非常简单。投资于这台机器可以让公司及其所有者得到比其他投资机会多 24 190 英镑的收益。

投资于这台机器总收益的现值是 124 190 英镑。因为公司现在只需 100 000 英镑就能"买到"这些收益，因此应该进行投资。但是如果收益的现值低于 100 000 英镑，那就低于"购买"这些收益的成本，因此应该拒绝投资。

（七）使用现值表

为了计算 Billingsgate Battery 公司项目中的每个现值，我们采用相关的现金流并将其乘以 $1/(1+r)^n$。有一种稍微不同的方法可以做到这一点。本书附录现值表显示了不同 r 和 n 下的**折现系数**（discount factor）。

从现值表中可以看到 20%、1 年对应的折现系数为 0.833。这意味着一年后 1 英镑现金的现值为 0.833 英镑。因此，一年后 20 000 英镑的现值为 16 660 英镑（0.833×20 000）。忽略四舍五入的误差，这与我们之前使用方程计算的结果一样。

现值表显示了 1 英镑如何随着时间而减少。假设机会融资成本是 20%，现在收到 1 英镑的现值就是 1 英镑。但是，随着时间的推移，现值急速减少（见图 10 - 2）。

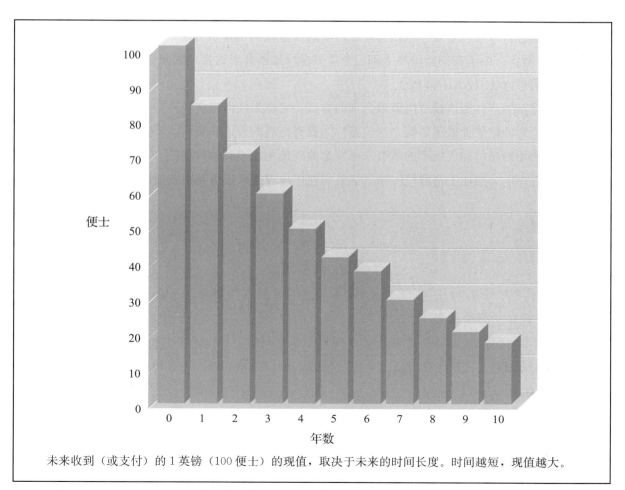

未来收到（或支付）的 1 英镑（100 便士）的现值，取决于未来的时间长度。时间越短，现值越大。

图 10 - 2　假设年融资成本是 20%，未来不同时间 1 英镑的现值

（八）折现率和资本成本

我们已经看到，在 NPV 评价中使用的折现率是融资的机会成本。实际上，这就是企业为投资进行融资所需的成本。企业使用的混合资金（股东资金和借款）的成本，通常被称为**资本成本**（cost of capital）。从现在开始，我们将其称为资本成本。

10.6 为什么 NPV 更好？

如前所述，NPV 提供了一种比 ARR 或 PP 更好的评价投资机会的方法。这是因为它充分考虑了以下方面：

■ 现金流量的时间。通过对项目相关的各种现金流量进行折现，NPV 考虑了货币的时间价值。由于折现过程包含了资本的机会成本，因此确定了满足融资成本后的净收益（即项目的净现值）。

■ 完整的现金流量。净现值包括所有相关现金流量。根据它们出现的日期，对它们进行不同的处理，但它们都被考虑在内。因此，它们都会对决策产生影响。

■ 企业目标。净现值是唯一直接与企业所有者财富挂钩的评价方法。正的 NPV 增加财富；负的 NPV 减少财富。由于我们假设私人部门企业寻求增加所有者财富，因此，NPV 优于到目前为止讨论的其他两种方法（ARR 和 PP）。

净现值是对生产性资产投资决策最合理的方法。它也为任何经济资产（也就是任何能够产生财务利益的资产）的估值提供了依据。这包括作为投资持有的股票和贷款。事实上，当我们谈论经济价值时，我们指的是将相关资产的所有未来现金流现值相加得到的价值。

真实世界 10-3 描述了新西兰一家电信公司使用净现值来评价其财务能力。

真实世界 10-3

全面考虑

《弦乐航班》（*Flight of the Conchords*）是一部讲述几个新西兰人在对自己国家一无所知的纽约人中漂泊的情景喜剧。它催生了一个讽刺的口号："新西兰不属于澳大利亚。"新西兰天空网络电视台（SNT）也不是英国天空广播电视台的一部分。但这家电视台将以 34 亿新西兰元的价格成为渴望交易的电信集团沃达丰（Vodafone）的子公司。为了便于阅读，我们把它折算为 24 亿美元。

电话通话时间日益商品化，付费电视竞争激烈。SNT 和沃达丰在新西兰的业务合并预计将产生成本和资本支出协同效应（收益），净现值为 2.95 亿美元。

资料来源：Guthrie, J. (2016) 'Kiwi combo, Lombard', *Financial Times*, 9 June.

10.7　内部收益率

这是实践中常用的四种主要投资评价方法中的最后一种。它与净现值法密切相关，因为二者都涉及对未来现金流的折现。投资的**内部收益率**（internal rate of return，IRR）是一个折现率，使用这一折现率对预计未来现金流量进行折现，净现值为零。从本质上讲，它代表了一个特定投资机会的收益。

内部收益率通常不能直接计算，而是采用插值法（反复试错）得到。然而，手工计算相当费力。幸运的是，计算机电子表格可以很容易地做到这一点。

尽管有些复杂，我们仍以 Billingsgate Battery 公司的项目为例，手工计算得出 IRR。我们增加折现率来降低净现值，因为较大的折现率会得到较小的折现金额。

让我们试试更大的折现率，比如 30%，来看看会发生什么。

时间	现金流（千英镑）	折现率（30%）	现值（千英镑）
现在（时间为 0）	(100)	1.000	(100.00)
第 1 年	20	0.769	15.38
第 2 年	40	0.592	23.68
第 3 年	60	0.455	27.30
第 4 年	60	0.350	21.00
第 5 年	20	0.269	5.38
第 5 年	20	0.269	5.38
净现值			(1.88)

将折现率从 20% 增加到 30%，净现值从正的 24 190 英镑降低到负的 1 880 英镑。因为 IRR 是净现值等于零时的折现率，我们可以得出 Billingsgate Battery 公司机器项目的 IRR 比 30% 略低。进一步试错可以得到精确的折现率，但是这并不重要，因为预计现金流量也不是十分准确的。对于大多数现实情况，认为 IRR 约为 30% 已经足够了。

基于 Billingsgate Battery 公司的数据，NPV 和 IRR 的关系如图 10-3 所示。

在图 10-3 中，如果资本成本（折现率）等于零，NPV 将等于净现金流量之和。换句话说，没有考虑货币的时间价值。然而，项目的 NPV 随着折现率的增加而下降。当 NPV 线与横轴相交时，NPV 为零，交点即为 IRR。

使用 IRR 法的决策规则如下：

■ 对于任何可接受的项目，它必须满足最低的 IRR 要求，通常被称为最低预期回报率，这应该是资本的机会成本。

■ 如果有竞争性项目，应该选择 IRR 较高（或最高）的一个。

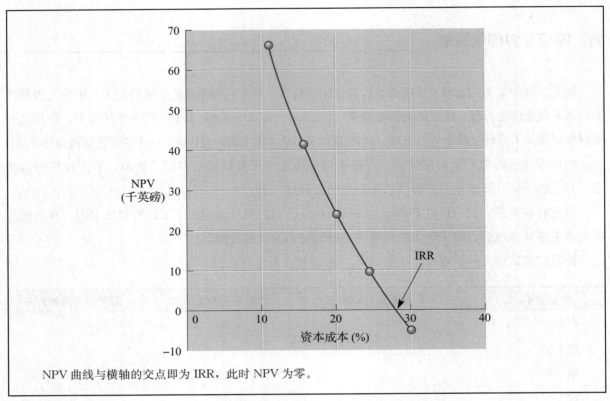

NPV 曲线与横轴的交点即为 IRR，此时 NPV 为零。

图 10 - 3   NPV 与 IRR 的关系

真实世界 10 - 4 显示了法国能源企业 EDF 使用 IRR 来评价在英国的一座核电站项目。

真实世界 10 - 4

EDF 的内部收益率

法国能源集团（EDF）在英国建造欣克利角核电站。该项目可能是这家法国国有企业的救星，也可能是灾难。

EDF 首席执行官 Jean-Bernard Lévy 对记者表示，这一决定是事关 EDF 未来的"重要时刻"，同时标志着"欧洲核能的重新启动"，这也将使该集团受益。

英国政府证实，未来 35 年，EDF 将支付每兆瓦时 92.50 英镑的电费，是目前批发电价的两倍多。

据该公司称，这将为这项生命周期 60 年、耗资 180 亿英镑的项目提供 9% 的内部收益率。

英国提供的固定价格与法国市场相比（法国正在解除管制），使该公司可以以市场价格出售越来越多的电力。

资料来源：Stothard，M.（2016）'Hinkley Point is risk for overstretched EDF, warn critics', *Financial Times*，15 September.

IRR 与 NPV 有某些共同的重要性质。所有的现金流以及现金流的时间问题都被考虑在内。然而内部收益率的主要问题是，它不能直接回答财富创造的问题。因此它可能导致做出错误的决策。这是因为内部收益率法总是把内部收益率为 25％的项目排在内部收益率为 20％的项目之前。虽然接受回报率较高的项目通常会产生更多的财富，但情况并非总是如此。因为内部收益率完全忽略了投资规模。

假设资本成本为 15％，用 1 500 万英镑以 20％的收益率投资一年，将使我们的财富增加 75 万英镑（1 500×（20％－15％））。在同样的资本成本下，用 500 万英镑以 25％的收益率投资一年，我们只会得到 50 万英镑（500×（25％－15％））。IRR 没有考虑到这一点。

竞争性项目通常不会表现出如此大的规模差异，因此内部收益率和净现值通常会给出相同的信号。然而由于 NPV 总是给出正确的信号，所以很难理解为什么要使用其他方法。

ARR 和 IRR 也存在同样的问题，这并不是巧合，因为它们都是回报率的相对指标。大多数企业的目标是创造财富，用货币度量的绝对回报比用百分比表示的相对回报更加相关。

IRR 法的另一个问题是，如果现金流不规则，它很难处理。到目前为止，我们所有的例子都是在项目开始时有一个负的现金流，然后出现正的现金流。但是在一些例子中，项目期间可能同时出现正的和负的现金流。这种现金流量可能导致不止一个 IRR，或者算不出 IRR。这将导致 IRR 法难以运用，尽管实践中很少出现这种情况。但使用 NPV 法则不存在这个问题。

10.8 一些实际问题

在进行投资评价时，要记住以下几点：

■ 相关成本。和所有决策一样，我们在分析中应该只考虑相关成本。正如我们在第 7 章中所讨论的，只应考虑随决策而变化的成本。这意味着所有过去的成本和未来的共同成本都应该被忽略。当然，也应该考虑机会成本。

■ 税费。所有者对企业产生的税后收益感兴趣。项目利润将被征税，资本投资可能会有税费减免等。由于税率通常很重要，所以税费是投资决策的一个重要考虑因素。除非考虑到税费，否则很容易做出错误的决策。这意味着税费现金流出的金额和时间都应该反映在项目的现金流中。

■ 现金流而非利润流。我们已经看到，对于 NPV、IRR 和 PP，与投资项目评价相关的是现金流而不是利润流。然而，有些项目可能只包含投资期内利润的相关数据。为了得到现金流，需要对其进行调整。如前所述，非现金支出（如折旧）前的营业利润与该期间的现金流近似。因此，我们应该回到这个数字上来。

■ 营运资本调整。当数据以利润而非现金流表示时，可能还需要对营运资本的变化进行一些调整。例如，推出一种新产品可能会增加营运资本的净投资（应收账款和存货减去应付账款），这通常需要立即支付现金，在净现值计算中应显示为现金流出。但是在项目结束时将释放额外的营运资本，会产生有效的现金流入，这应在收到时显示在 NPV 计算中。

■ 年末假设。迄今为止在所考虑的例子中，我们假设现金流产生于年末。这种简化的假设让计算更容易。正如我们前面看到的，这种假设是不现实的，因为钱必须每周或每月支付给员工，赊销客户将在销售后的 1～2 个月内付款等。但是，这可能不是严重的失真。如果需要，完全可以更精确地处理现金流量的时间问题。

■ 利息支出。当使用折现现金流技术（NPV 和 IRR）时，计算现金流量不应考虑利息支出。折现已经考虑到了融资成本。因此，把影响该期间现金流的利息费用包括在内是重复计算。

■ 其他因素。投资决策不能简单地看作是一种机械操作。特定投资评价方法得出的结果将仅作为决策的一个考虑因素。还可能存在与决策相关的更广泛的问题，可能难以量化或无法量化。

投资评价的主要方法如图 10 - 4 所示。

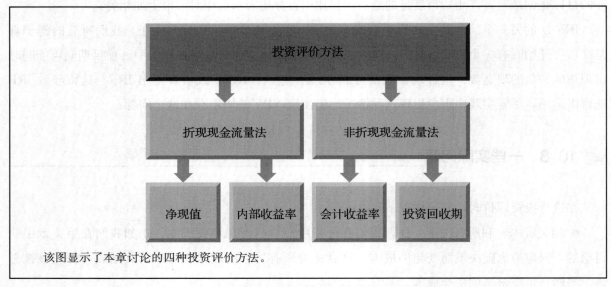

图 10 - 4　投资评价的主要方法

10. 9　实践中的投资评价

世界各国已经对企业使用的投资评价方法进行了许多调查。它们透露了以下情况：

■ 企业倾向于使用多种方法来评价每个投资决策。

■ 随着时间的推移，折现方法（NPV 和 IRR）变得越来越流行。NPV 和 IRR 是目前四种方法中最流行的。

■ PP 依旧受欢迎，ARR 也是如此。尽管这两种方法都存在严重的理论缺陷。

■ 大企业比小企业更依赖于折现方法，并且更倾向于使用多种方法。

对包括英国在内的五个主要工业化国家的大型企业进行的一项调查也显示，NPV 和 IRR 方法得到了相当多的支持。虽然对 PP 法的支持较少，但它似乎仍被广泛使用。

PP 法的流行可能说明管理者在评价投资方面不够老练。这种批评经常被规模较小的企业的管理者反驳。调查显示，小企业比大企业更少使用折现现金流量方法（NPV 和 IRR）。

IRR 的流行可能是因为它是以百分比形式而不是绝对数形式表达的。百分比形式更受管理者欢迎，尽管它有缺陷。这是因为管理者习惯用百分比作为目标（如已动用资本回报率）。

10.10　投资评价与战略规划

迄今为止，我们倾向于将投资机会视为不相关的、独立的事件。然而在实践中，成功的企业是那些为选择的投资项目制定明确战略框架的企业。除非有这个框架，否则很难确定那些可能产生正净现值的项目。最好的投资项目通常是与企业内部优势（例如技能、经验、融资渠道）相匹配的项目。在不存在这种匹配的领域，其他能匹配的企业将具有明显的竞争优势。这意味着他们可以以更好的价格和更高的质量提供产品或服务。

关键术语

会计收益率（ARR）	风险溢价	已动用资本回报率（ROCE）
折现	折现系数	投资回收期（PP）
资本成本	净现值（NPV）	内部收益率（IRR）
风险	现值	

复习题

10.1　投资回收期法的缺点是没有考虑货币的时间价值。这一缺陷可以克服吗？如果能克服，这种方法比净现值法更好吗？

10.2　研究表明，尽管与 NPV 法相比有缺点，但 IRR 法仍非常流行。在使用折现现金流法进行评价时，与 NPV 相比，为什么管理者更喜欢 IRR？

10.3　某公司使用 IRR 评价其投资项目。为什么公司需要知道资本成本？为什么计算 IRR 超出它的大小会有帮助？

📖 练习

基础练习

10.1 Mylo 公司的董事目前正在考虑两个竞争性的投资项目。这两个项目都与购买新工厂有关。每个项目的数据如下：

	项目 1（千英镑）	项目 2（千英镑）
成本（立即付款）	100	60
预计年营业利润（亏损）：		
第 1 年	29	18
第 2 年	(1)	(2)
第 3 年	2	4
工厂 3 年后的预计残值	7	6

这家企业的资本成本约为 10%。它在计算营业利润时对所有非流动（固定）资产采用直线法计提折旧。这两个项目都不会增加企业的营运资本。企业有足够的资金来满足所有投资需要。

要求：

（a）计算每个项目的：

①净现值；

②近似内部收益率；

③投资回收期。

（b）说明 Mylo 公司董事应接受两个投资项目中的哪一个，并说明理由（如有）。

中级练习

10.2 牛顿电子公司在过去 3 年中花费了 500 万英镑来研究和开发微型助听器。助听器现在已经开发出来。董事们正在考虑采取三种竞争性方案中的哪一种来生产新产品。选项包括：

1. 公司可以自己生产助听器。这将是一个新的转变，因为该公司迄今为止一直专注于研发项目，但该公司有可用的生产空间，目前正以每年 10 万英镑的价格出租给另一家企业。如果决定不生产，该空间将不会继续出租。为了生产，公司必须耗资 900 万英镑购买厂房和设备，并立即投入 300 万英镑的营运资本。

一份市场调查报告（公司为此支付了 5 万英镑）显示，新产品的预期生命周期为 5 年。产品销售预测如下：

截至 11 月 30 日的年度预计销售				
.	第 1 年	第 2 年	第 3 年	第 4 年	第 5 年
数量（千）	800	1 400	1 800	1 200	500

第 1 年的单位售价为 30 英镑，但在接下来的 3 年内将降至 22 英镑。在产品生命周期的最后一年，售价将降至 20 英镑。变动生产成本预计为每单位 14 英镑，固定生产成本（包括折旧）为每年 240 万英镑，每年的营销成本为 200 万英镑。

公司打算采用直线法并根据 5 年后的预计净残值 100 万英镑对厂房和设备计提折旧。公司每年的资本成本为 10%。

2. 牛顿电子公司可以许可另一家企业生产和销售该产品。一家跨国公司法拉第电气公司已表示愿意承担该产品的生产和销售。作为回报，它将向牛顿电子公司支付每台 5 英镑的许可费。据估计，如果是跨国公司而不是牛顿电子公司生产和销售这种产品，助听器的年销售量将增加 10%。

3. 牛顿电子公司可以将专利权以 2 400 万英镑的价格出售给法拉第公司，分两次等额支付。第一期付款将立即支付，第二期将在两年后支付。这一选择将赋予法拉第公司生产和销售新产品的专有权。

要求：

忽略税费：

（a）计算牛顿电子公司可用的每种选项的净现值（在第 1 年年初）。

（b）确定并讨论牛顿电子公司在做出决策前应考虑的其他因素。

（c）说明你认为最合适的选择，并说明理由。

10.3 Chesterfield Wanderers 公司是一家职业足球俱乐部，它在近几年取得了相当大的成功。因此俱乐部积累了 1 000 万英镑用于进一步发展。董事会目前正在考虑两个竞争性方案来使用现有资金。

第一个选择是收购一个足球运动员。球队经理表达了对收购 Basil（"Bazza"）Ramsey 的浓厚兴趣，Ramsey 是一名中后卫，目前效力于一家竞争对手俱乐部。对手俱乐部已经同意立即以 1 000 万英镑的价格让出这名球员。获得 "Bazza" Ramsey 意味着现有的中后卫 Vinnie Smith 可能会被让给另一家俱乐部。Chesterfield Wanderers 最近收到了关于这位球员的 220 万英镑的报价。这一报价仍然有效，但只有当 "Bazza" Ramsey 加盟 Chesterfield Wanderers 时才会被接受。如果这件事不发生，Vinnie Smith 将会留在俱乐部直到 5 年后职业生涯结束。在此期间，Vinnie 在他 5 年的俱乐部任期结束时将获得 40 万英镑的年薪和 20 万英镑的奖金。

　　假设收购了"Bazza" Ramsey，球队经理估计第一年门票收入将增加 250 万英镑，接下来的 4 年里每年将增加 130 万英镑。如果球员被收购，广告和赞助收入也将在未来 5 年每年增加 120 万英镑。5 年后，这名球员可以被出售给一家级别较低的俱乐部，而 Chesterfield Wanderers 有望获得 100 万英镑的转会费。"Bazza" Ramsey 在俱乐部期间将获得 80 万英镑的年薪，5 年后将获得 40 万英镑的奖金。

　　第二个选择是俱乐部改善它的地面设施。西区看台可以扩建，包厢可以为希望提供企业招待的客户建造。这些改进将耗资 1 000 万英镑，需要一年时间完成。在此期间西区看台将关闭，导致门票收入减少 180 万英镑。但是，接下来 4 年的门票收入比现在高 440 万英镑。5 年后，俱乐部计划出售现有场地并搬到附近的一个新体育场。改善地面设施预计不会影响土地出售时的价值。第一年年底完成改善工作后将会支付改进费用。

　　无论选择哪种方案，董事会都决定增加地面工作人员。预计在未来 5 年额外的工资账单将达到每年 35 万英镑。

　　该俱乐部的资本成本为 10%。忽略税费。

要求：

（a）计算俱乐部每个选项产生的累计现金流，并计算每个选项的净现值。

（b）根据上面（a）中的计算，你会选择这两个选项中的哪一个？为什么？

（c）讨论净现值法在职业足球俱乐部投资决策中的有效性。

融　资

▨ 11.1　融资政策的主要目标

　　管理者应该以企业与所有者的财富最大化的方式来筹集资金。要做到这一点，所选择的资金来源应权衡成本和风险，最大限度地降低整体资本成本。企业的价值可以以它所产生的未来现金流量折现的总和来表示，其中折现率是企业的资本成本。降低资本成本，使得折现率最小化，这意味着企业的价值将最大化。

11.2 融资来源

在考虑企业可用的各种资金来源时，区分内部和外部资金来源很有必要。内部来源是指除了企业的董事和经理外不需要任何人同意的来源。因此，留存收益被视为一种内部来源，因为董事无须股东的同意便有权保留收益。相反，通过发行新股筹集的资金是一种外部来源，因为它需要潜在股东的同意。

在这两类融资（内部与外部）中，我们可以进一步区分长期和短期的资金来源。对于这些术语，并没有一个既定的定义，但大多数人将长期来源视为提供的资金期限至少为一年的来源。短期资金来源是指提供的资金期限是一年以内的来源。我们将会看到，最初筹集资金时被视为短期的资金来源，最终往往被企业长期使用。

我们将在本章开始时学习各种可用的内部资金来源，然后我们继续学习各种外部资金来源。这可能是一个恰当的顺序，因为企业倾向于先考虑内部融资，然后再寻求外部融资。

11.3 融资的内部来源

内部融资来源通常具有灵活性，并能快速获取资金，尤其是营运资本。图 11-1 总结了资金的主要内部来源，并且进行了说明。

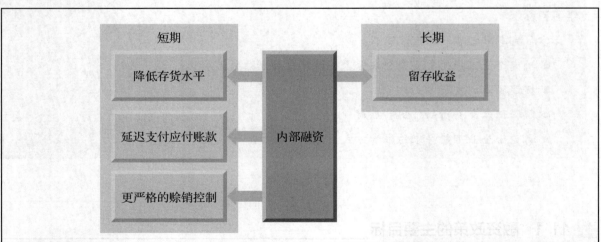

长期融资的主要内部来源是留存收益（而不是分配给股东的利润）。短期融资的主要内部来源包括降低应收账款和存货的水平以及提高应付账款的水平。

图 11-1 内部融资的主要来源

11.4　长期融资的内部来源

迄今为止，英国企业最大的新融资来源是企业内部的留存收益（没有作为股利分配给股东的收益）。

考虑到机会成本，股东希望留存收益的回报率与将资金投资于具有相同风险水平的另一个机会所获得的回报率相等。

尽管利润的再投资会给企业带来成本，但是通过这种方式从权益（普通股）投资者那里筹集资金，比发行股票更好，不会产生发行成本，并且筹集金额是确定的。如果发行新股，发行成本可能很高，发行成功与否也不确定，正如我们将在本章后续内容中看到的。此外，任何向外部投资者发行的新股都将会导致现有股东的控制权受到一定程度的稀释。

与要求投资者认购新股相比，留存收益可能是一个更容易的选择。这些收益已经由企业持有，因此在接收资金方面没有任何延迟。此外，与发行新股相比，留存收益用于再投资的限制往往更少。投资者倾向于仔细研究任何新股发行的原因。然而，将留存收益作为资金来源的一个问题是，它们产生的时间和未来水平并不总是能够可靠地确定。

人们有种错误的印象，认为企业要么留存全部利润，要么将它们全部作为股利支付。实际上，规模较大的企业往往会派发股利，但派发的股利通常不超过利润的 50%。

并不是所有的企业每年都会派发股利，即使它们已经盈利了。在线时尚美容零售商 Asos 公司就是一个例子。Asos 成立于 2004 年，尽管截至目前，每年都能盈利，但至今尚未派发股利。这是因为它需要大量的资金来扩张。真实世界 11 - 1 是该公司 2017 年年报的节选，它解释了这种情况。

真实世界 11 - 1

股利过时

董事会再次决定不发放股利。我们的投资资本能够产生可观的回报，我们坚信，对公司和股东来说，正确的做法是投资于未来的机遇。

资料来源：Asos plc，2017 Annual report，p. 19.

11.5　短期融资的内部来源

正如图 11 - 1 所示，短期融资的主要内部来源有：

- 更严格的赊销控制；
- 降低存货水平；
- 延迟支付应付账款（供应商）。

我们在第 5 章看到，在现金流量表中，这些营运资本项目的增加和减少对现金有直接影响。如果资金被套牢在应收账款和存货中，或者无法从供应商那里获得无息信贷，就会产生融资机会成本。

现在让我们简单分析一下短期融资的这三种内部来源。

（一）更严格的赊销控制

通过更严格地控制赊销客户的欠款金额，企业可能能够减少被冻结的资金。然而，重要的是要权衡加强赊销控制的好处与可能损失的客户好感度和销售额。为了保持竞争力，企业必须考虑其客户的需求和竞争对手采取的赊销政策。

（二）降低存货水平

这种内部资金来源可能对企业更有吸引力，因为它不会直接影响外部各方。然而，企业必须确保有足够的存货来满足未来可能的生产和销售需求。如果不这样做，很可能会导致生产混乱，进而增加生产成本，失去信誉或失去销售收入。

所持有存货的性质和状况将决定是否可以采用这种融资形式。错误的购买决策，可能使企业持有过多的存货。这可能意味着所持有的存货有很大一部分周转缓慢或过时，因此无法轻易变卖。

（三）延迟支付应付账款

供应商提供一段信用期，实际上就是向客户提供无息贷款。如果企业延迟付款，"贷款"的期限就会延长，资金就会保留在企业里。这可能会给企业带来很大的好处，尽管情况并非总是如此。如果企业未能在约定的信用期限内付款，可能会付出巨大的代价。例如，因为它有延迟付款的名声，将很难继续赊购。

（四）其他要点

上述资金来源是短期的，可以在短时间内恢复。例如，应收账款水平的降低可以在几周内恢复。然而，一旦企业形成了一个更短的应收账款结算期、更短的存货持有期或更长的应付账款结算期，它将倾向于保持这些新的水平。

在第 12 章中，我们将看到如何管理营运资本的这三个要素。我们还将看到，对许多企业来说，投入到营运资本项目的资金是巨大的，而且在许多情况下，这是不必要的。通过更有效地管理营运资本，往往有相当大的融资空间。

11.6　融资的外部来源

图 11-2 概括了长期和短期融资的主要外部来源。

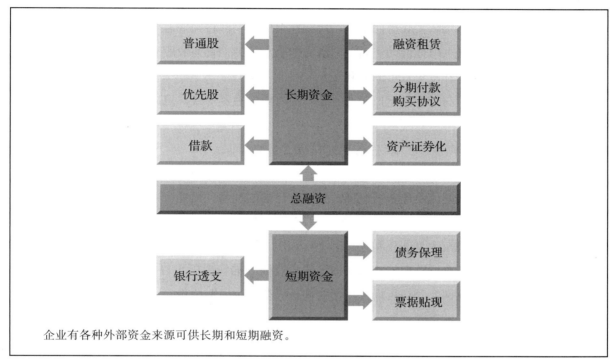

企业有各种外部资金来源可供长期和短期融资。

图 11-2　外部融资的主要来源

11.7　长期融资的外部来源

长期融资的主要外部来源是：

- 普通股；
- 优先股；
- 借款；
- 融资租赁（包括售后回租安排）；
- 分期付款购买协议；
- 资产证券化。

下面逐一进行介绍。

（一）普通股

普通股（权益）代表企业的风险资本，是企业财务结构的支柱。普通股没有固定的股利率，甚至不用发放任何股利。但普通股股东只有在其他投资者（优先股股东和贷款人）收到股利或利息后，仍有可供分配的利润时，才能获得股利。如果公司破产，只有在贷款人和债权人（某些情况下还有优先股股东）获得其权益后，普通股股东才能从资产处置中分得收益。由于这种投资形式风险较高，普通股股东通常会期望获得较高的回报率。

虽然普通股股东的潜在损失以他们已经投资或同意投资的金额为限，但他们投资的潜在回报是无限的。在优先股股东和贷款人获得回报后，所有剩余的利润都将归普通股股东所有。因此，尽管他们的"向下"风险有限，但他们的"向上"潜力却是无限的。普通股股东通过他们的投票权控制公司，这赋予了他们选举和罢免董事的权利。

从企业的角度来看，与借款相比，普通股是一种有效的融资形式。可以避免支付股利，但通常不能避免支付利息。

（二）优先股

优先股给投资者带来的风险比普通股低。如果有足够的利润，优先股通常会每年获得固定的股利，也会优先获得股利。如果公司破产，优先股股东可以优先于普通股股东的要求权（公司的专门文件将明确规定优先股股东的具体权利）。

优先股股东通常不享有投票权，如果在拖欠优先股股利的情况下可以被授予投票权。实际上，优先股和普通股都可以赎回，公司可以在任何时候从股东手中回购股份。

优先股不再是新融资的重要来源。一个主要原因是支付给优先股股东的股利，就像支付给普通股股东的股利一样，不能完全抵扣应税利润，而贷款利息则是允许抵扣的费用。从公司的角度来看，优先股和贷款是非常相似的，所以贷款利息的税收优惠是一个重要因素。此外，近年来，借款利率一直处于历史最低水平。

（三）借款

大多数企业依靠借款和股本来融资。贷款人与企业签订合同，合同中写明利率、付息日期、还本安排和贷款担保。如果企业取得成功，债权将变得更加安全。如果企业出现财务困难，就会存在约定的利息和本金无法偿还的风险。为了保护自己免受这种风险的影响，贷款人经常从企业处寻求某种形式的**担保**（security）。可以采取资产抵押的形式，对企业持有的特定资产进行**固定抵押**（fixed charge），或者对企业的全部资产进行**浮动抵押**（floating charge）。在企业无法履行其义务的情况下，浮动抵押可只针对特定资产。

并不是所有资产都是对贷款人有相同吸引力的抵押物。要想被接受，它们通常必须不易腐烂、容易销售、价值较高且稳定（房地产通常符合这些标准，因此经常受到贷款人的青睐）。在发生违约的情况下，贷款人有权出售抵押的资产。在还清贷款后，出售所得的剩余部分将转移给企业。在某些情况下，可能采取企业所有者或第三方提供个人担保的形式。这种情况最常发生在小企业中。

贷款人可以通过使用**贷款协议**（loan covenant）寻求进一步的保护。贷款合同的部分内容是对企业的限制或企业应承担的义务。协议可能要求：

- 贷款人有获取企业定期财务报告的权利；
- 对作为担保的资产进行投保的义务；
- 对未经现有贷款人事先许可而进一步借款（例如发行新的贷款票据）的权利进行限制；
- 对出售所持特定资产的权利进行限制；
- 对股利支付和/或支付给董事的款项进行限制；
- 流动性的最低水平和/或财务杠杆的最高水平。

任何违反这些协议的行为都会造成严重的后果。如果发生重大违约，贷款人可以要求立即偿还贷款。

真实世界 11-2 描述了日本知名制造商东芝（Toshiba）如何努力盈利，而这又导致它违反了贷款协议。这可能致使欠下的贷款需要立即偿还给银行。东京证券交易所（Tokyo Stock Exchange）也可能因此拒绝其会员买卖东芝股票。

真实世界 11-2

陷入困境的东芝公司

东芝股价周三暴跌 13%。这家陷入困境的企业正努力说服各银行延长违约豁免。投资者担心，这家日本最大的工业企业之一可能会从东京证券交易所摘牌。在有关管理层失职、与审计机构发生摩擦以及可能存在会计违规行为的新指控中，东芝股价跌至新低。日本证券交易商协会会长 Kazutoshi Inano 公开质疑东芝是否"拥有有效的公司治理"。东芝于周三要求其贷款机构——日本四大国有银行以及其他几十家地区性银行和信托银行——进一步豁免其违反贷款协议的行为。日本四大国有银行向东芝提供了约 6 000 亿日元的贷款。

2016 年 12 月底东芝的问题出现时，该公司曾要求贷款机构给予其一个月的豁免期，并于 2017 年 1 月获得了批准。

东芝的投资者警告称，东芝已越来越难以拿出令人信服的理由，证明自己已经制定了可行的复苏计划。最严峻的考验之一可能会出现在 3 月，届时东京证券交易所将确定东芝是否改善了内部控制。自 2015 年东芝曝出 13 亿美元的会计丑闻以来，东京证券交易所一直让东芝处于"股票警戒"状态。"以前我认为退市是有可能的，但基于我们昨天看到的混乱局面，我现在认为这种可能性每天都在上升。"*

*更新：东芝设法让相关贷款机构同意在 2017 年 12 月 25 日之前不再催收该企业的借款，这给了东芝一点喘息的空间。

资料来源：Lewis, L.（2017）'Toshiba shares plummet on new fears over future of business', *Financial Times*. 15 February.

贷款协议和担保可以降低贷款人的风险，反过来，这可以决定贷款是否成功。它们还可以降低借款成本，因为贷款人要求的回报率取决于他们所承担的风险水平。

从投资者的角度来看，贷款、优先股和普通股融资的风险/回报特征如图11-3所示。

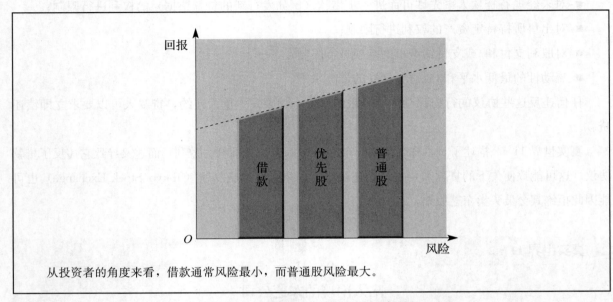

从投资者的角度来看，借款通常风险最小，而普通股风险最大。

图 11-3　长期融资来源的风险/回报特征

1. 借款形式

借款有多种形式，较为重要的有：

■ 定期贷款；

■ 贷款票据（或贷款股票）；

■ 欧洲债券；

■ 可转换贷款票据；

■ 抵押贷款。

（1）定期贷款。

定期贷款（term loan）是银行和其他金融机构根据企业需要提供的一种贷款。贷款的金额、期限、还款条件和利率都可以共同协商确定，这非常有用。例如，在不立即需要全部借款的情况下，企业可以与贷款人约定，只在需要时提取。这意味着，将只为实际提取的金额支付利息，而没有必要对尚未提取的借款支付利息。定期贷款的成本很低（从借款人的角度来看），而且条件也很灵活。因此，它们在实践中很受欢迎。

（2）贷款票据（或贷款股票）。

长期借款的另一种形式是**贷款票据**（loan note）（或贷款股票）。贷款票据通常被划分为若干单位（类似于股本），投资者可按需购买单位数量的贷款票据。贷款票据可能是可赎回的或不可赎回的。上市公司的贷款票据经常在证券交易所交易。它们的上市价值会随着企业的发展前景、利率变动等情况而波动。

贷款票据在美国通常称为**债券**（bond），在英国也逐渐称为债券。

真实世界 11-3 是一篇文章的摘录，文章描述了微软公司（美国的软件供应商）如何大规模发行债券，这也许是为了应对一般利率上升的可能性。

真实世界 11-3

微软公司的巨额借款

微软公司周一借款 170 亿美元，这是 2017 年规模最大的公司债券发行。在 2017 年预期利率上升之前，这家美国科技公司开始进军债券市场。该交易是有史以来规模最大的非并购公司债券发行之一，2017 年的债券发行开局强劲。2017 年，公司、政府及其代理机构借款超过 6 000 亿美元，这是自 2013 年以来最强劲的开局。

在该交易发生的 6 个月前，微软借款 200 亿美元收购社交网络领英，这是有记录以来的第五大公司债券。

"这是不平凡的一个月，"汇丰银行美洲债券业务负责人 Peter Burger 说，"公司认为市场情况可能会发生变化。1 月份我们的债券市场非常强劲，他们想把握住这个机会。"2017 年利率预期会上升，这引发了一个疑问，即发行速度加快是否可持续，以及 2017 年上半年发行的债券是否会提前偿还。

资料来源：Platt，E. and Hale，T.（2017）'Microsoft issues biggest bond of the year in debt market boom'，*Financial Times*，30 January.

© The Financial Times Limited 2017. All Rights Reserved.

贷款票据融资的一些特点，特别是贷款票据在证券交易所交易的可能性，可能导致贷款票据与股票容易混淆。我们应该清楚，股票和贷款票据不是一回事。股东是公司的所有者，因此，他们分享公司的亏损和利润。贷款票据持有人根据有法律约束力的合同向公司提供贷款，合同通常规定利率、利息支付日期和偿还贷款的日期。

（3）欧洲债券。

欧洲债券（Eurobond）是一种以发行企业的本国货币以外的货币计价的无担保贷款票据。它们是由不同国家的上市企业（和其他大型组织）发行的，在国际上融资。它们通常以美元计价，但也有许多是以其他主要货币发行的。它们是不记名债券（即债券持有人不登记，以债券持有人为所有者），通常按年支付利息，不减税。

欧洲债券是国际资本市场的一部分，不受特定国家当局规定的限制。这在一定程度上解释了为什么欧洲债券的发行成本通常低于类似的国内债券。世界各地的许多银行和其他金融机构建立了一个购买和销售欧洲债券的市场。这些债券可提供给金融机构，金融机构可以将其作为一种投资保留下来，也可以将其出售给客户。

近年来，英国企业以英镑以外的货币进行借款的规模大幅提升。由于国际资本市场的规模较大，企业经常被欧洲债券所吸引。接触到更多的潜在投资者可以增加债券成功发行的概率。

（4）可转换贷款票据。

可转换贷款票据（convertible loan note）（或可转换债券）赋予投资者以特定价格、在特定未来日期（或日期范围）将贷款票据转换为普通股的权利。指定的股票价格，也就是所谓的行权价格，通常高于贷款票据发行时普通股的市场价格。实际上可转换贷款票据就是当转换日期到来时，投资者有权将贷款票据转换成特定数量的股份。在转换完成之前，投资者仍然是企业的贷款人，并将收到贷款票据的利息。投资者没有义务转换成普通股，只有当转换日的股票市场价格超过约定的转换价格时，才会这样做。

投资者可能会发现这种投资形式是一种有效的风险"对冲"（也就是说，它可以降低风险水平）。这在考虑投资新企业时尤其有用。一开始，投资是以贷款票据的形式，并定期收取利息。如果企业成功获利，投资者就可以把投资转换成普通股。

企业也会发现这种融资方式很有用。如果企业成功获利，贷款票据就会自动清算（也就是说，不需要用现金赎回它们），因为投资者将行使他们的转换权。它也可能提供一个较低利率的贷款票据，因为有预期的未来转换收益。然而，如果可转换贷款票据的持有人行使其转换权，现有股东的控制权将会被稀释，收益可能也会被稀释。股东应得的收益不会自动被稀释，因为利息支出将减少，至少会有部分抵消效果。

可转换贷款票据是**衍生金融工具**（financial derivative）的一个例子。衍生金融工具可以是任何形式的金融工具，它们基于股权或债券，可以被投资者用来增加他们的收益或降低风险。

（5）抵押贷款。

抵押贷款（mortgage）是一种以资产（通常是土地和房产）为担保的贷款形式。银行、保险公司和养老基金等金融机构通常以此为基础向企业放贷。抵押贷款的期限可能很长（20年或更长）。

2. 利率

贷款票据的利率可以是浮动的，也可以是固定的。**浮动利率**（floating interest rate）意味着收益率会随着市场利率而上升或下降（浮动利率贷款票据规定了一个最高和/或最低的应付利率）。随着时间的推移，贷款票据的市场价值可能会保持稳定。

对于**固定利率**（fixed interest rate）的贷款，情况通常相反。利息支付不随市场利率的涨跌而变化。这意味着当利率上升时，贷款票据的价值会下降，当利率下降时，贷款票据的价值会上升。

利率的变动对借款水平较高的企业来说可能是一个重大问题。采用浮动利率的企业可能会发现，加息将给现金流和盈利能力带来压力。相反，采用固定利率的企业会发现，当利率下降时，它将无法享受到较低利率的好处。

（四）融资租赁

当企业需要一项特定资产时，例如一台设备，如果不直接从供应商那里购买，企业还可以：

■ 商定由银行（或其他金融机构）购买，然后租赁给企业。

■ 从供应商（可能是资产的制造商）那里租赁，而不是以正常方式购买。例如，罗尔斯·罗伊斯是一些航空发动机的出租人。

拥有资产并将其出租给企业的一方（金融机构或供应商）称为出租人。从银行租赁资产然后使用资产的企业称为承租人。

这种安排称为**融资租赁**（finance lease），融资租赁本质上是一种贷款形式。这是因为，如果承租人借款然后用来购买资产，效果大致相同。承租人使用该资产，但也要向贷款人承担财务义务——就像租赁协议一样。

在融资租赁中，资产的法定所有权属于出租人。然而，租赁协议实际上把与租赁项目有关的所有报酬和风险都转移给了承租人。融资租赁协议涵盖租赁项目的大部分使用期限，通常不能取消。

融资租赁与**经营租赁**（operating lease）不同，经营租赁的报酬和风险由资产所有者承担，租赁是短期的。经营租赁的一个例子是，建筑商租赁一周挖掘机来完成一项特定的工作。

多年来，融资租赁的一些重要好处已经消失。税法的变化意味着，它不再是一种具有税收收益的融资形式，而会计披露要求的变化也使得从投资者那里"借款"的这种形式不再可能被隐瞒。然而，融资租赁的流行趋势仍在继续。因此，企业采用这种融资方式必然有其他原因。这些原因包括以下几个方面：

■ 融资容易。租赁可能比其他形式的长期融资更容易获得。贷款人通常需要某种形式的担保和盈利记录，才会向企业提供贷款。但是，出租人会将资产出租给没有经营记录的新企业，并将租赁资产作为欠款的担保。

■ 成本较低。可以以合理的成本签订租赁协议。由于以租赁资产作为担保，可以采用规范的租赁协议，并且不必对承租人进行详细的资信审查。这可以减少出租人的管理费用，从而有助于提供有竞争力的租金。

■ 灵活性更高。租赁有助于在技术迅速变化的情况下提高灵活性。如果租约中包含取消权，企业可以行使该权利，并在新技术可用时进行投资。这将帮助企业降低资产被淘汰的风险。然而，为了避免这种风险，承租人将会付出一定的代价，因为风险被转移给了出租人，出租人将要求对这种增加的风险提供补偿。

■ 改善现金流。租赁而不是直接购买一项资产，意味着可以避免大量现金流出。租赁允许现金在资产的使用期内平滑流出。在某些情况下，可以在资产生命周期的最初几年安排较低的租赁付款，那时现金流入可能较低。随着资产产生较高的现金流，租赁付款再逐渐增加。

图 11-4 总结了这些好处。

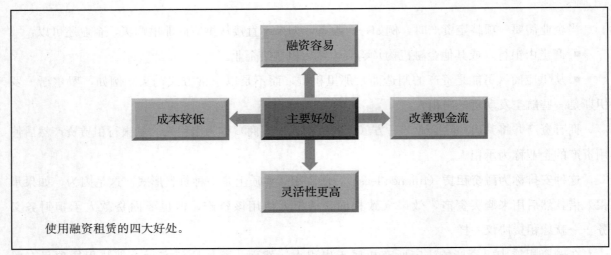

使用融资租赁的四大好处。

图 11-4　融资租赁的主要好处

售后回租（sale-and-leaseback）协议涉及通过向金融机构出售资产来融资的企业。在出售资产的同时，还要签订一份协议，将资产回租给企业，让企业继续使用资产。租金是企业的一项费用，在纳税时可从利润中扣除。

在整个租赁期内，通常会定期进行租金审查，而未来的应付金额可能难以预测。在租赁协议结束时，企业必须续租或寻找替代资产。尽管出售资产会立即为企业注入现金，但将失去资产未来的增值收益。如果向金融机构出售资产，则会产生资本利得，同时可能产生纳税义务。

许多著名的英国商业街零售商（例如，Boots、Debenhams、Marks and Spencer、Tesco 和 Sainsbury）都以售后回租的方式出售了它们的店面。

售后回租安排可用于帮助企业专注于其核心竞争领域。近年来，许多酒店企业都签订了这类协议，这让它们专注于成为酒店运营商，而不是酒店运营商和拥有者的结合体。

（五）分期付款购买协议

分期付款购买（hire purchase）是一种用于取得资产的信贷形式。根据分期付款购买协议的条款，客户在约定的期限内分期付款购买资产。通常情况下，客户会先支付一笔订金（首付），然后定期分期付款，可能是每月一次，直到未付余额付清为止。客户通常会在支付初始订金后占有该资产，尽管在最后一期付款之前，资产的法定所有权不会转移。协议通常涉及三方：

■ 供应商；

■ 客户；

■ 金融机构。

虽然供应商将向客户交付资产，但金融机构将从供应商处购买该资产，然后与客户签订协议。金融机构所起的中介作用使供应商能够立即收到资产的付款，但也允许客户有一段时间的延期信贷。

图 11-5 列出了分期付款购买流程的主要步骤。

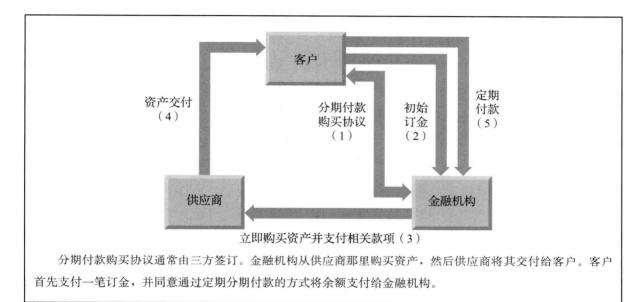

分期付款购买协议通常由三方签订。金融机构从供应商那里购买资产，然后供应商将其交付给客户。客户首先支付一笔订金，并同意通过定期分期付款的方式将余额支付给金融机构。

图 11-5 分期付款购买流程

分期付款购买协议可能通常与私人消费者购买大型家居用品或汽车联系在一起。然而，它也是企业融资的一种重要形式。

分期付款购买协议与融资租赁类似，允许客户在不支付全部成本的情况下立即使用资产。然而，根据分期付款购买协议的条款，客户最终将成为资产的合法所有者，而根据融资租赁的条款，所有权属于出租人。

（六）资产证券化

证券化（securitisation）包括将流动性较差的同一类型金融或实物资产捆绑在一起，以便为债券的发行提供资金支持。在这个意义上，"流动性较差"的意思是不容易出售。这种融资方式最初是由美国的银行采用的，它们将住房抵押贷款捆绑在一起，为向投资者发行的债券提供资产支持。（银行持有的抵押贷款是一种金融资产，它以应收利息和贷款偿还的形式提供未来现金流。）

证券化已扩展到银行业以外的领域，现在已成为各行各业的重要融资来源。各种流动性较差的资产的未来现金流现在被用作债券发行的担保，包括：

- 信用卡收据；
- 水费；

- 向以前的学生借款的借据；
- 大学宿舍租金收入；
- 足球比赛门票收入；
- 音乐版权使用费；
- 消费者分期付款合同；
- 向酒吧租户销售啤酒的收入。

证券化的作用是将流动性较差的资产所产生的未来现金流资本化。这些资本化的金额通过金融市场出售给投资者，为持有这些资产的企业筹集资金。证券化债券的购买者实际上是购买了相关资产未来现金流的一部分，与任何债券或股票的购买者大体相同。

证券化也可以用来帮助控制风险。例如，一家银行向某个特定行业发放了大量贷款，它的行业风险敞口可以通过将一些未偿还贷款合同捆绑在一起并发行证券来降低。这意味着，那些投资证券化债券的人（而不是银行）将承担与贷款合同相关的风险。

证券化通常建立一个特殊目的实体（SPV），从希望筹集资金的企业那里取得资产。然后，这个特殊目的实体向投资者发行债券。证券化资产产生的收益由特殊目的实体收取，用于支付债券的利息。

证券化过程的主要要素见图 11 - 6。

图 11 - 6　证券化过程

20 世纪初，抵押贷款证券化在美国抵押贷款机构中流行起来。在采用这种方法的情况下，相关抵押贷款借款人的每月到期还款被"证券化"，并出售给许多主要银行，特别是在美国。不幸的是，许多抵押贷款发放给了那些没有良好信用的低收入者（次级贷款）。当借款人开始拖欠债务时，很明显，现在由银行持有的这些证券的价值远远低于银行支付给抵押贷款机构的价格。这导致了所谓的"次贷危机"，并引发了 2008 年出现的全球经济问题。然而，证券化并不是造成这一问题的内在原因，不幸的是，这种做法与"次贷危机"有关。对于企业来说，这是一种既合乎道德又实用的融资方式。

11.8　短期融资的外部来源

短期通常指期限在一年以内。短期融资的主要外部来源（如图 11-2 所示）包括：

- 银行透支；
- 债务保理；
- 票据贴现。

现在我们将逐一讨论这些来源。

（一）银行透支

银行透支（bank overdraft）使得企业银行账户余额为负。它代表了一种非常灵活的借款形式，因为透支的规模（经银行批准）可以立即增加或减少。这种贷款安排成本相对较低，利率通常也很有竞争力，尽管通常比定期贷款要高。与所有贷款一样，利率将取决于银行对客户信誉的判断。透支很容易安排——有时给银行打个电话就可以达成一致。鉴于这些优势，透支是一种非常流行的短期融资形式就不足为奇了。

银行倾向于授权给自动清算的透支，也就是说，资金被用于产生现金流入以偿还透支余额。银行可能会要求企业提供一份现金预算，以了解预计何时将偿还透支，以及融资额度是多少。银行也可能需要某种形式的担保。

这种融资方式的一个潜在缺点是，它是按银行的要求偿还的。这可能会给缺乏流动性的企业带来压力。然而，许多企业使用透支方式经营多年，仅仅是因为银行对其偿还能力充满信心，而且这种安排适合企业。因此，银行透支虽然在理论上被认为是短期的，但在实践中却可以成为长期融资的来源。

（二）债务保理和票据贴现

债务保理（debt factoring）和**票据贴现**（invoice discounting）是金融机构提供的类似的服务，这些金融机构中许多都是商业银行的子公司。

债务保理包括将企业的应收账款管理外包给专业的分包商。除了开展正常的赊销控制程序之外，保理可能需要进行赊销调查，并就客户的信用提出建议，它也可以为已批准的赊销提供保护。保理通常会将被批准的应收账款的 80% 左右提前支付给企业。这种预付款通常在货物提供给客户后立即支付。债务余额减去交易费用和利息后，将在约定期限内或在应收账款收回时支付。保理服务的费用是根据销售总收入计算的，大约占销售收入的 2% 或 3%。企业通过保理预收的款项将产生一个类似于银行透支利率的利率。

许多企业认为办理保理业务非常方便。它可以节省信用管理方面的费用并创造更多确定的现金流。它还可以释放关键人员的时间，进行盈利性更强的活动。这对于依赖少数关键人物的才能和技能的小企业来说可能是极其重要的。然而，也有一种可能，保理安排被视为企业正在经历财务困难的一种迹象。这可能会对客户、供应商和员工的信心产生不利影响。因此，一些企业试图通过代保理公司催收应收账款来掩盖保理安排。在考虑保理协议时，必须确定并仔细权衡成本和可能产生的收益。

图 11-7 展示了债务保理流程。

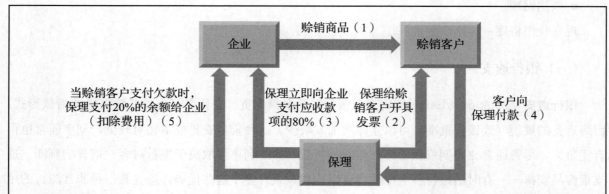

保理协议主要有三个方面。企业赊销货物，保理负责向客户开具发票并收取欠款。然后，保理分两个阶段向企业支付发票金额（扣除费用和利息）。第一阶段通常为发票金额的 80%，在货物交付给客户后立即支付。第二阶段为未付的余额，通常在客户付清欠款后支付。

图 11-7　债务保理流程

通过票据贴现，机构按照企业未收回的赊销金额面值的比例提供贷款。预先收取的金额通常是已批准销售发票价值的 75%～80%。企业必须同意在相对较短的时间内偿还预收款——可能是 60 天或 90 天。对应收账款的催收仍由企业负责，预收款的偿还不依赖于被催收的应收账款。票据贴现的服务费仅占销售收入的 0.2%～0.3%，比债务保理的服务费要低得多，但服务的综合性要差得多。

对企业来说，票据贴现是比债务保理更重要的资金来源。债务保理和票据贴现都是**基于资产融资**（asset-based finance），因为应收账款实际上是企业收到现金预付款的担保。

11.9　长期借款与短期借款

当企业明显需要某种形式的借款来融资时，必须决定是长期借款合适还是短期借款合适。在决定短期和长期来源时可能考虑的关键因素有：

■ 匹配性。企业可能会试图将借款的类型与所持有资产的性质相匹配。也就是，长期借款为构成企业永久经营基础的那部分资产融资。这些资产通常包括非流动资产和一定水平的流动资产。

短期持有的资产，比如用于满足季节性需求增长的流动资产，通过短期借款来融资，短期借款可以立即筹集和偿还，往往更灵活。图 11-8 显示了资金的分配。

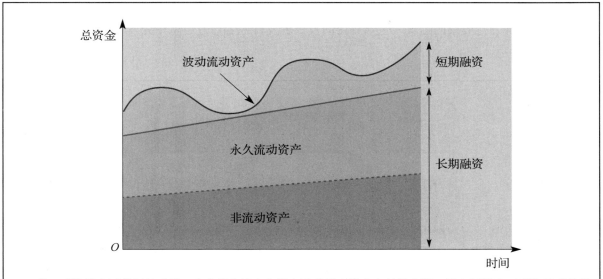

关于融资的广泛共识似乎是，企业所有的永久资金需求都应该来自长期来源。只有短期内（可能是季节性的）波动的流动资产才应由短期来源提供资金。

图 11-8 短期和长期融资需求

企业可能希望借款期限与资产寿命完全匹配。然而，这是不可能的，因为许多资产的寿命很难预测。

■ 灵活性。短期借款可被用作推迟对长期借款的承诺的一种手段。短期借款通常不会因提前还款而受到经济处罚，但如果长期借款提前还款，则可能会受到经济处罚。

■ 再融资风险。短期借款的续借比长期借款更频繁。如果企业陷入财务困境，或者借贷资金短缺，这可能会给企业带来问题。

■ 利率。长期借款的利息通常比短期借款要高，因为贷款人在资金被长期锁定的情况下要求更高的回报。这可能会使短期借款对企业更有吸引力。但是，还要考虑其他与借款相关的成本（如手续费）。借款续借越频繁，这些成本越高。

11.10 杠杆与融资决策

在第 6 章我们看到，当企业存在借款融资时，会形成财务杠杆。我们还发现，在评估给普通股股东带来的风险和回报时，与企业相关的杠杆水平通常是一个重要因素。在例 6-3 中，我们考虑了在不同财务杠杆水平之间做出选择的影响。

11.11 发行股票

企业有多种发行股票的方式，包括直接向投资者发行或者通过金融中介发行。最常见的股票发行方式见图 11-9。

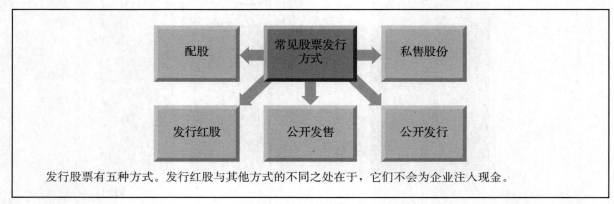

发行股票有五种方式。发行红股与其他方式的不同之处在于，它们不会为企业注入现金。

图 11-9 发行股票的常见方式

接下来讨论这些发行方式。

（一）配股

正如我们在第 4 章中看到的，企业向现有股东发行新股来筹集额外资金称为**配股**（rights issue）。公司法赋予现有股东优先决定是否购买公司发行的任何新股的权利，因此，新股将按照现有股东持股比例提供给他们。只有在现有股东同意放弃其权利的情况下，股票才能向投资公众出售。

配股是股票发行的一种相当常见的形式。2016 年，在伦敦证券交易所上市的企业发行股票筹集的资金中，配股占了大约 37%。不考虑法律因素时，企业通常更希望现有股东通过配股来购买股票。这有两个原因：

■ 企业的所有权（和控制权）仍然在现有股东手中，控制权没有被"稀释"。

■ 向现有股东发行新股的发行成本（广告、遵守公司法的各种要求）往往较低。据估计，一次配股的平均成本占筹资额的 2%～3%。很多成本是固定的，所以这个比例对较小规模的配股会更高，对较大规模的配股则会更低。相比之下，向公众发行的发行成本比例最高可达 4%。

为了鼓励现有股东行使购买新股的"权利"，新股发行价格会低于现有股票的当前市场价格。新股的发行价通常比当前市场价格低 30%～40%。

不能强迫股东购买新股。此外，他们还可以出售自己购买的已分配给另一个潜在投资者的股票的权利。他们甚至可以选择行使部分权利（通过购买一些他们有权购买的新股），然后出售剩余的权利。

计算股东所收到的配股价值非常简单，如例 11-1 所示。

例 11-1

Shaw 控股公司已发行 2 000 万股普通股，每股 50 便士。这些股票目前在证券交易所的价值为每股 1.60 英镑。董事们已决定以每股 1.30 英镑的价格按照四配一进行配股（即每持有四股原始股票就有权购买一股新股）。

估值过程的第一步是计算股票的价格。这就是所谓的除权价格，是配股发行前股票价格和配股价格的加权平均值。在这个例子中，我们按照四配一的方式配股发行。因此，理论除权价格计算如下：

	单位：英镑
配股前四股股权的价格（4×1.60）	6.40
一股配股股权的价格	1.30
	7.70
理论除权价格（7.70÷5）	1.54

由于在理论上，配股后每股股权的价格应该是 1.54 英镑，而一股配股股权的价格是 1.30 英镑，因此配股的价值将是二者之间的差值：

$$1.54-1.30=0.24(英镑)$$

市场力量通常会确保配股的实际价格与理论价格相当接近。

在实践中，企业通常会代表那些权利可能失效的投资者出售这些权利。然后，把收益转移出去，以确保他们不会受到这个问题的影响。

在考虑配股时，董事们必须首先考虑需要筹集的资金数额。这取决于未来的计划和企业的需求。然后，董事们必须决定配股的发行价格。通常，这个决定并不重要。在例 11-1 中，该公司进行了四配一发行，配股价格定为 1.30 英镑。不过，它也可以通过二配一、配股价格为 0.65 英镑，或者一配一、配股价格为 0.325 英镑等方式筹集同样的资金。最终确定的发行价格不会影响公司基础资产的价值，也不会影响每位股东享有的基础资产和收益的比例。然而，董事们必须努力确保发行价格不高于股票的当前市场价格，否则发行将不会成功。

（二）公开发售和公开发行

当企业希望向普通投资者出售新股时，它可以**公开发售**（offer for sale）或**公开发行**（public issue）。在前者的情况下，股票被卖给一家发行公司（实际上是一家新股的批发商），然后再卖给潜在的投资者。对于后者，股票由企业直接向潜在投资者发行。从企业的角度来看，公开发售的好处是股票的出售收益是确定的。

实际上，无论是公开发售还是公开发行，对企业的净影响都是一样的。正如我们所看到的，公开发行的成本是相当大的。上市公司的一些股票发行源于该公司的首次上市，通常称为首次公开发行（IPO）。已经上市并正在寻求投资者额外融资的企业，其股票发行通常称为增发（SEO）。

（三）私售股份

私售股份（private placing）不邀请公众认购股份。相反，这些股票会被"配售"给经过挑选的投资者，比如大型金融机构。这是一种快速且成本相对较低的筹资方式，因为可以节省广告和法律费用。然而，它可能导致企业的所有权集中在少数人手中。

新上市企业和成熟的上市企业都会采用私售股份的方式发行股票。2016 年，在伦敦证券交易所新上市的公司中，95％的融资来自私售股份，这一比例远高于前几年。此外，增发也倾向于采用私售的方式，约占 2016 年此类企业发行总量的 50％。过去的情况是，企业 IPO 之后会倾向于通过配股方式实现进一步股权融资。配股方式看上去正在减少，只占 2016 年融资的 37％左右。

未上市的企业也可能采取这种发行方式。

（四）发行红股

我们回忆一下第 4 章的内容，发行红股并不是一种融资方式。它只是将一部分所有者权益（储备）转换成另一部分（普通股）。没有现金易手，企业和股东都不会受益。

11.12　证券交易所的作用

之前，我们学习了企业可获得的各种形式的长期资本。在这一部分，我们将考虑**证券交易所**（stock exchange）在为企业提供资金方面所扮演的角色。在这里，证券交易所既是重要的一级资本市场，也是重要的二级资本市场。作为一级市场，它的功能是使企业能够筹集新的资金。作为二级市场，它使投资者能够方便地出售他们的证券（包括股票和贷款票据）。也就是，它提供了一个"二手"市场，已经发行的股票和贷款票据可以在这里进行买卖。

在通过证券交易所发行股票或贷款票据，或者将现有股票和贷款票据在证券交易所买卖之前，企业必须"上市"。要想上市，企业必须在规模、历年利润、信息披露等方面满足相当严格的要求。

（一）上市的优点

证券交易所的二级市场角色意味着股票和其他金融要求权可以很容易地被转让。投资者没有义务将证券交易所作为转让上市公司股份的场所。某一特定企业的现有股东可以将股票直接出售给证券交易所以外的另一个潜在股东，只需要双方相互认同即可实现交易。使用证券交易所提供的工具通常是买卖股票最方便、最安全的方式。

对于希望实现已创立企业的价值的成功企业家来说，证券交易所可能是一个有用的途径。通过在证券交易所成功上市，并向公众公开发售股票，企业家可以实现所持有股票的价值。所持有的部分或全部股票的"账面"价值可以转化为现金。

证券交易所经常被作为**有效资本市场**（efficient capital market）的例子。在这样的市场中，股价在任何时候都能够合理地反映所有可以获得的相关信息。这意味着，任何与某个企业及其股价有关的新信息，都会迅速而合理地包含在股价变动的规模和方向中。这有助于预测股票报价的趋势，即基于现有证据反映其在特定时间的真实价值。

（二）上市的缺点

在证券交易所上市对企业有一些不利影响。这些影响包括：

■ 对上市企业实施严格的监管，除国际财务报告准则的要求之外，还包括对上市企业财务披露水平的额外要求（例如，上市规则要求披露中期财务报告）。

■ 金融分析师、金融记者和其他人士密切关注上市企业的活动，尤其是大型企业。这种关注可能不受欢迎，尤其是在公司正在处理敏感问题或遇到经营问题的情况下。

■ 上市公司经常面临必须在短期内表现良好的压力。这种压力可能会损害那些只能在较长时间产生效益的项目。如果市场对公司的预期降低，公司股价就会下跌，这可能会使它很容易被其他公司收购。

■ 获得和维持上市地位的成本是巨大的，这可能对一些企业的存续构成真正的威胁。要进行首次公开发行（IPO），企业需要依赖律师、会计师和银行家等各种专业人士的帮助。正如我们所看到的，这对企业来说是巨大的成本。

尽管在伦敦证券交易所主板市场有超过 900 家上市公司，但就股票市值而言，市场由几家大型企业主导。

（三）私有化

由于在股票市场上市存在一些缺点，许多企业已经"退市"。这显然失去了上市的好处，但是也避免了上市的缺点。

11. 13　另类投资市场

另类投资市场（alternative investment market，AIM）由伦敦证券交易所设立，以满足规模较小、成立年限较短和成长中的企业的需求。它的功能与主板市场类似，它使企业能够筹集新的资金，并允许它们的证券进行交易。对于一家企业来说，进入 AIM 比进入主板市场成本更低，在 AIM 上市和筹集资金的成本通常在 50 万英镑左右。此外，AIM 的上市要求不如在主板上市要求那么严格。

在 AIM 上市的企业虽然总体上规模小于在主板市场上市的企业，但按一般小企业的标准来看，它们的规模往往较大。它们的市场价值通常在 100 万～2.5 亿英镑。一些在 AIM 上市的企业市值超过了 10 亿英镑。

在 AIM 上市的企业通常比在主板上市的企业规模更小、企业年限更短，因此它们的投资风险往往更高。尽管如此，这个市场还是吸引了很多投资者。

11.14 为小企业提供长期融资

证券交易所和 AIM 为大型企业提供了长期股权融资的重要来源，但是它们并不真正适合小企业。实际上，即便是 AIM，获得和维持上市地位的成本也很高。因此，小企业必须寻求其他途径来筹集股权资金。对小企业来说，更重要的融资来源是风险资本、天使投资和政府协助。下面将分别讨论这些问题。然而，我们首先要考虑的是小企业融资困难的程度，因为这一直是一个令人关注的问题。

（一）融资对小企业来说是一个特别的问题吗?

融资历来被视为小企业特别需要关注的一个问题。然而，证据表明，小企业的所有者并不把融资视为一个主要问题。例如，最近的一项调查发现，只有 18％ 的受访者认为融资困难是企业成功的主要障碍。它在最重要的问题中排名第八，远远落后于"竞争"（47％）、"监管/官僚习气"（42％）和"税费"（36％）等问题，更多的受访者表示这些问题是成功更大的障碍。与小企业问题有关的其他调查也显示融资困难的排名靠后。尽管这可能不是小企业最大的问题，但毫无疑问，小企业筹集外部资金仍然非常困难且成本较高。

（二）股权融资

对小企业来说，股权融资是困难的。由于这个原因，它们往往严重依赖个人储蓄，而且一旦企业建立并开始运营，还会依靠内部产生的股权融资（留存收益）。

1. 退出途径

小企业在寻求股权资本时面临的一个问题是缺乏"退出途径"。一般来说，投资者在投入资金之前需要某种方式来清算他们的投资。可使用以下三种可能的退出途径：

（1）股票回购。企业可以从股东手中回购股票。然而，这需要企业有多余的现金，且进一步投资不需要这些现金。这通常不是一个非常吸引企业的选择。股权融资的一个主要优点就是不用赎回。

（2）股票上市。企业可以在证券交易所上市，这将提供一个投资者可以出售其股票的市场。另类投资市场可能是合适的，但只有小企业中规模较大的企业可以利用这一途径。

（3）企业出售。企业被出售给另一家企业或管理团队。

然而，对于非常小的企业来说，这三种途径都不太可取。因此，寻找股权融资是一个真正的问题。在本章的后续部分，我们将简要地介绍小企业在实践中如何筹集资金。

2. 风险资本

风险资本（venture capital）是指为支持新兴的、正在扩张的创业企业提供的股权融资。风险投资家通常愿意与被投资企业产生密切的联系，包括参与企业的决策。很多风险资本来自机构投资者，比如养老基金和保险公司。也可以来自个人投资者，在许多情况下，他们可以利用某些税收优惠。

风险资本家往往被快速扩张的、通常是高科技领域的企业所吸引。他们寻求高回报（可能是每年 25%～35%）、相对短期（最多 5 年）和退出途径。他们倾向于持有高达 40% 的股权，投资通常超过 100 万英镑。

尽管风险资本发挥了重要的作用，但是并没有很多小企业使用这一途径。

3. 天使投资人

风险资本由专门从事此类投资的机构提供，而**天使投资人**（business angel）通常是对小企业进行股权投资的个人投资者。据估计，英国约有 18 000 名天使投资人。大多数天使投资人的投资金额在 1 万～75 万英镑之间，平均金额为 4.7 万英镑。约 90% 的投资金额不到 10 万英镑。一般来说，天使投资占总股本的 40%，尽管平均比例只有 8%。天使投资人寻求与企业密切相关的利益。一个全国天使投资人网络已经在英国建立起来，让潜在的天使投资人与需要融资的企业联系起来。

4. 众筹

众筹（crowdfunding）是从大量投资者那里筹集资金。每个投资者通常会承诺一笔相对较小的金额。众筹已经存在很多年了，但是互联网让它成为一种更可行的融资方式。它尤其适用于那些没有办法采用传统股权融资方式的小企业。

一般来说，需要股权融资的小企业会求助于众筹平台（比如英国的 Crowdcube）。具体来说，企业制定计划和财务需求，平台将这些内容发布在网站上。邀请投资者出资，一般只有 10 英镑，用于购买该小企业的一股或多股股票。平台根据所募资金的数额向小企业收取佣金。众筹正在成为小企业融资环境的一部分，并且正在迅速扩张。

（三）非股权融资

对于非股权融资，小企业通常依赖一些与大企业相同的资金来源，如银行透支、定期贷款、分期付款购买和租赁。然而，还有一些其他资金来源更适用于规模较小的企业。

1. 信用卡

在这种情况下，小企业使用信用卡来支付那些可能需要立即支付现金的项目。如果应付给信用卡提供商的金额在当月月底结算，正常情况下不会向企业收取任何利息或费用。当然，由商品或服务的供应商向信用卡提供商支付佣金。如果小企业在信用期结束时没有清偿信用卡债务，就会产生相当高的利息。

2. 互联网借贷平台

互联网借贷平台（peer-to-peer lending），有时也被称为众筹平台，是之前讨论的众筹的非股权对等物。它的运作方式与众筹非常相似，一个商业"平台"充当潜在借款人和潜在贷款人之间的在线接口，每个贷款人可能提供小额贷款融资。

一些互联网借贷平台为个人消费提供资金，比如购买汽车。然而，其中很大一部分与寻求筹集资金来开展业务的小企业有关。和众筹一样，它最近才被广泛使用，但它正在成为越来越重要的融资来源。

3. 政府协助贷款融资

英国政府通过企业融资担保（EFG）（前身为小企业贷款担保计划）来帮助小企业。它的目的是帮助那些有可行的商业计划，但缺乏贷款担保的小企业。该计划适用于年销售收入不超过 4 100 万英镑的企业，其担保为：

- 贷款总额的 75％，借款人需要对未偿还贷款支付 2％的费用，作为对该计划运行的贡献；
- 贷款从 1 000 英镑到 120 万英镑不等，期限最长为 10 年。

2013 年，英国政府成立了英国商业银行（BBB）。它的目的是通过汇集公共和私人资金来支持经济增长，从而为中小型企业创造一个更有效的金融市场。除了采取新的举措，该银行还接管了英国政府在中小企业融资领域的现有承诺。融资形式可以是贷款或者风险投资/天使投资类型的股权融资。

2014 年 11 月，英国政府增加了对 EFG 和 BBB 的承诺，承诺向它们提供额外的公共资金。EFG 现在由 BBB 管理。

除了其他形式的融资支持外，如政府补助和鼓励投资者购买小企业股票的税收优惠，政府还帮助提供关于融资来源的信息。

（四）小企业融资的证据

小企业的原始所有者似乎提供了绝大部分的股权融资。从外部筹集的资金往往是通过各种类型的贷款。然而，关于小企业的融资在多大程度上依赖其所有者和各种类型的外部资金提供者，却缺乏公开的信息。贷款方通常不愿意提供资金，甚至不愿意给予商业信用，除非所有者提供了充足的担保。

📖 关键术语

担保	固定抵押	浮动抵押
贷款协议	定期贷款	贷款票据
债券	欧洲债券	可转换贷款票据
衍生金融工具	抵押贷款	浮动利率
固定利率	融资租赁	经营租赁
售后回租	分期付款购买	证券化
银行透支	债务保理	票据贴现
基于资产融资	配股	公开发售
公开发行	私售股份	证券交易所
有效资本市场	另类投资市场	风险资本
天使投资人	众筹	互联网借贷平台

📖 复习题

11.1 有证据表明伦敦证券交易所是一个有效市场。这是否意味着上市公司的当前股价是正确的?

11.2 证据表明,在伦敦证券交易所上市的股票有一半以上由海外投资者所拥有。为什么海外投资者想要购买在伦敦上市的股票?

11.3 调查显示,许多小企业使用信用卡来为它们的业务融资。它们为什么要这样做?

11.4 如果高财务杠杆能够为股东带来更高的每股收益,为什么大多数企业不承担较大比例的借款?

📖 练习

基础练习

11.1 说明企业为什么会决定:

(a) 租赁而不是购买长期使用的资产;

(b) 用留存收益融资,而不是发行新股;

(c) 在指定的还款日期之前偿还长期借款。

11.2 布朗（朴茨茅斯）公司生产一系列中央供暖系统，销售给建筑商。由于公司产品的需求日益增加，董事们决定扩大生产。购置新工厂和机器的成本以及所需营运资本的增加，计划由长期和短期借款组合来提供资金。

要求：

（a）讨论在决定为扩张方案提供所需的长期和短期借款组合时应考虑的主要因素。

（b）讨论贷款人在决定是否给予企业长期贷款时应考虑的主要因素。

（c）说明长期贷款协议中可能包括的三个条件。

中级练习

11.3 截至第 4 年 11 月 30 日，Devonian 公司拥有以下权益：

	单位：百万英镑
普通股（每股 25 便士），付讫	50
普通准备金	22.5
留存收益	25.5
	98.0

在第 4 年 11 月 30 日之前的一年里，营业利润（息税前利润）为 4 000 万英镑，预计在接下来的一年里，这一数字将增加 25%。该公司已在伦敦证券交易所上市，截至第 4 年 11 月 30 日其股价为 2.10 英镑。

该公司希望筹集 7 200 万英镑来重新装备一家工厂，目前正在考虑两种可能的融资方案。第一种选择是以每股 1.80 英镑的折扣价进行五配一配股。第二种选择是以每年 10% 的利率借入长期资金。如果采取第一种方案，预计未来一年的市盈率将保持不变。如果采取第二种方案，预计到明年年底，市盈率将下降 10%。

假设税率为 20%。

要求：

（a）假设进行配股，计算：

①普通股的理论除权价格；

②每一原始普通股的权利价值。

（b）计算普通股一年后的价格，假设：

①进行配股；

②所需的资金都是借来的。

对你的发现做出评论。

（c）解释为什么配股通常以折价发行。

（d）从企业的角度来看，配股的定价可能有多重要？

第 **12** 章

管理营运资本

本章概要

　　本章学习管理企业营运资本时应考虑的因素。我们将学习营运资本的每一个组成部分，并讨论这些组成部分的主要问题。营运资本通常是企业的一项重要投资，因此对其进行适当的管理至关重要。我们在第 10 章中看到，营运资本投资通常是许多新投资方案的重要方面。

学习目标

学习完本章之后，你应该能够：

- 确定营运资本的主要组成部分；
- 讨论营运资本的目标和营运资本循环的性质；
- 解释制定营运资本控制政策的重要性；
- 解释在管理营运资本的每个组成部分时必须考虑的因素。

12.1　什么是营运资本？

　　营运资本（working capital）通常定义为流动资产减去流动负债。流动资产的主要组成部分包括：

- 存货

- 应收账款；

- 现金（包括库存现金和银行存款）。

流动负债的主要组成部分包括：

- 应付账款；

- 银行透支和其他短期借款。

营运资本的规模和构成因行业而异。对某些类型的企业来说，对营运资本的投资可能是巨大的。例如，制造企业通常会大量投资于原材料、在产品和产成品。它通常也会赊销货物，产生应收账款。零售商只持有一种形式的存货（产成品），通常会以现金而非赊销的方式销售商品。许多服务企业不持有存货。企业在经营过程中几乎都会有一定的现金余额，但在某些情况下，它是负的（银行透支）。大多数企业赊购商品或服务，产生应付账款。

营运资本的规模和构成在同一行业内规模相似的企业之间也可能有所不同。这通常反映出企业对管理营运资本及其各个组成部分的不同态度，而这又往往与对风险的不同态度有关。

营运资本是对短期资产的净投资。这些资产不断流入和流出企业，对企业的日常运营至关重要。营运资本的各个组成部分相互关联，形成短期循环的一部分。对于制造企业而言，营运资本循环如图 12-1 所示。

零售企业的情况与图 12-1 类似，但存货只有产成品，没有在产品和原材料。纯服务企业的营运资本循环也类似于图 12-1，存货没有产成品和原材料，然而，由于许多形式的服务需要时间才能完成，因此可能有在产品。例如，律师处理案件可能需要几个月的时间，在这段时间内，成本将在向客户付款前累积起来。

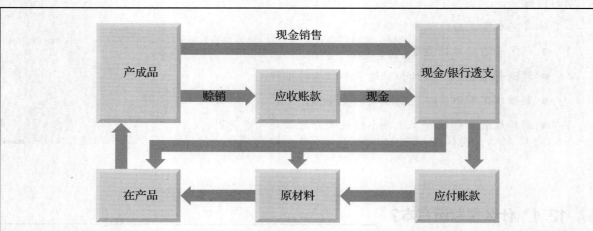

现金用于支付购买原材料产生的应付账款，或者直接用现金购买原材料。现金还用于支付人工成本和其他项目，从而将原材料转化为在产品并最终转化为产成品。产成品以现金或赊销方式销售给客户。如果是赊销客户，将延迟收到现金，收到现金就完成了这一循环。

图 12-1 营运资本循环

营运资本的管理是企业短期计划过程中必不可少的一部分。管理层必须决定营运资本中每个组成部分应该持有多少。我们稍后会看到，有些组成部分持有太多或太少，都会产生一些成本。为了有效地管理营运资本，管理者必须意识到这些成本，包括机会成本。然后，必须将潜在收益与可能的成本进行权衡，以便在营运资本每个组成部分上实现最佳投资。

由于商业环境的变化，企业的营运资本需求可能会随着时间的推移而变化。管理者必须监控这些变化，以确保企业在营运资本方面处于适当的投资水平。

企业内部发生的变化也可能改变营运资本的需求。这些内部的改变可能包括使用不同的生产方法（可能导致需要持有不同水平的存货）以及管理者准备承担的风险水平的变化。

12.2　营运资本的规模

人们很容易认为，与非流动资产的投资规模相比，在营运资本上的投资额是微不足道的。然而，事实并非如此。对许多企业来说，营运资本的投资规模很大。

真实世界 12-1 列示了五家英国企业的营运资本投资，这些企业要么非常有名，要么其产品对我们大多数人来说是日常用品。这些企业都是随机挑选出来的，每一家的知名度都很高，并且它们来自不同行业。对于每个企业，资产负债表上出现的主要项目均以长期融资（股权和非流动负债）占总投资的百分比表示。

真实世界 12-1

五家英国企业资产负债表汇总

	Next	Ryanair	Babcock	Tesco	Severn Trent
资产负债表日期	2017-01-28	2017-03-31	2017-03-31	2017-02-25	2017-03-31
非流动资产	45	81	105	115	106
流动资产					
存货	27	—	3	9	—
应收账款和其他应收款	67	1	19	6	6
其他流动资产	2	6	1	18	—
现金和现金等价物	3	46	4	25	1
	99	53	27	58	7
资产总计	144	134	132	173	113
权益和非流动负债	100	100	100	100	100

续表

	Next	Ryanair	Babcock	Tesco	Severn Trent
流动负债					
应付账款和其他应付款	36	29	28	34	6
其他短期负债	6	5	—	29	—
透支和短期借款	2	—	4	10	7
	44	34	32	73	13
权益和非流动负债合计	144	134	132	173	113

　　非流动资产、流动资产和流动负债以其占相关企业长期投资总额（股权加非流动负债）的百分比表示。Next 以零售和家庭购物为主营业务。Ryanair 是一家领先的航空公司。Babcock 是一家大型工程企业。Tesco 是英国领先的超市之一。Severn Trent 是英国一家重要的供水、排污服务和废弃物管理供应商。

　　资料来源：根据截至 2017 年的财务报表中出现的信息，针对五家企业编制财务报表。

　　真实世界 12-1 揭示了不同企业间资产负债表组成的差异。以流动资产和流动负债为例，流动资产总额与长期投资总额相差比较大，各企业之间的百分比差异也很大。从流动资产的组合来看，我们可以看到，只有生产和销售商品的 Next、Babcock 和 Tesco 持有一些存货。另外两家公司都是服务提供商，因此存货是一个微不足道的项目。我们还可以看到，Tesco、Ryanair 和 Severn Trent 的销售很少是赊销的，它们对应收账款的投资相对较少。

　　请注意，Tesco 的应付账款远远高于其存货。由于应付账款是指应付给存货供应商的款项，这意味着 Tesco 在支付货款之前就会从销售货物中得到现金。Tesco 相对较多的"其他流动资产"和"其他短期负债"分别来自向客户提供的预付款和存款，这些预付款和存款是该公司参与银行业务而产生的。

　　在后面的部分，我们将分别考虑营运资本的每一部分，以及如何妥善管理它们。

12.3 管理存货

　　企业持有存货可能出于多种原因，其中最常见的是满足客户和生产的即时日常需求。但是，如果未来的供应可能中断或短缺，企业可能持有超过所需数量的存货。同样，如果未来存货成本有增加的风险，企业可能就会决定大量购入存货。

　　对于某些类型的企业，持有的存货可能占总资产的很大一部分。例如，一家出租场地的汽车经销商几乎所有的资产都以存货的形式存在。制造企业也倾向于大量投资存货，它们通常需要持有三种存货：原材料、在产品和产成品。每种形式的存货都代表生产周期中的特定阶段。

对于有季节性需求的企业来说，存货水平在一年中可能会有很大的变化，其中一个例子是贺卡制造商。对于那些需求相对稳定的企业来说，存货水平在每个月变化可能不大。

那些为满足客户日常需求和生产需求而持有存货的企业，通常会寻求将持有的存货量降到最低。这是因为持有存货会产生巨大的成本。这些成本包括：

- 储存和搬运成本；
- 存货取得成本；
- 存货失窃和报废的成本；
- 以这种形式的资产占用资金所放弃的机会成本。

鉴于持有存货的成本可能很高，人们可能会认为企业应该尽量少持有或不持有存货。然而，当存货水平过低时，也可能会产生成本。

为了帮助管理存货，可以采用一些程序和技术。下面介绍一些比较重要的程序和技术。

（一）预测未来需求

编制适当的预算是确保存货能够满足未来生产和销售需求的最佳方法之一。这些预算应涉及企业购买、生产和销售的每种产品。预算应符合实际，因为它们将决定未来的订购和生产水平。预算可以通过各种方式获得，可以使用统计技术（如时间序列分析），也可以基于市场营销人员的判断。我们在第 9 章详细讨论过预算和预算编制。

（二）财务比率

我们在第 6 章中学过的存货平均周转期可以用来帮助监控存货水平。该比率的计算如下：

$$存货平均周转期 = \frac{持有的平均存货}{销售成本} \times 365$$

该比率反映了存货的平均持有期，可以作为比较的基础。可以计算单个产品线、特定类别的存货以及整个存货的平均周转期。

（三）记录和重新订购系统

健全的存货变动记录系统是管理存货的一个关键因素。应该有适当的程序来记录存货的购买和使用情况。应进行定期检查，以确保所持有的实物存货量与存货记录相符。

此外，还应制定明确的存货重新订购程序。采购和发出存货的授权应限于少数指定的工作人员。应该避免重复和缺乏协调的问题。为了确定存货应重新订购的时间点，需要提供有关**交货时间**（lead time，即从下订单到收到货物之间的时间）和可能的需求水平的信息。

对于大多数企业来说，需求水平、需求模式和交货期都会有一些不确定性。为了避免存货短缺情况发生，企业需要维持一个缓冲或安全存货水平。缓冲存货的数量有待判断。在做出这一判断时，应考虑以下因素：

- 上述因素的不确定性程度；
- 存货短缺可能导致的成本；
- 持有缓冲存货的成本。

持有缓冲存货的后果是将存货水平提高到再订货点，在这一点，需要订购新的存货。

持有缓冲存货将增加持有存货的成本。然而，必须考虑存货短缺进而损失销售、生产等问题的成本。

（四）控制水平

决定采用何种存货控制水平需要仔细权衡成本和收益。这可能导致根据所持存货的性质实施不同程度的控制。**ABC 存货控制系统**（ABC system of inventories control）基于选择性控制水平的思想，例如，企业可能发现可以将其存货分为三大类：A、B 和 C。每一类都以持有的存货价值为基础，如例 12 - 1 所示。

例 12 - 1

Alascan 公司生产门把手和门配件。这些产品用黄铜、钢和塑料制造。公司发现，黄铜配件占其持有的产成品存货实物量的 10%，但占所持有的产成品存货总价值的 65%，这些被视为 A 类存货。有复杂的记录程序，严格控制存货变动，黄铜存货的存放地有高度的安全性。这在经济上是可行的，因为这些存货在存货总量中所占的比例相对较小。

公司发现，钢配件占产成品存货总量的 30%，占所持有的产成品存货总价值的 25%，这些被视为 B 类存货，采用较低水平的记录和管理控制。

其余占产成品存货总量 60% 的存货是塑料配件，它们是价值最低的物品，只占所持有的产成品存货总价值的 10%。这些被视为 C 类存货，因此记录和管理控制的水平更低。对于这些存货，适用 A 类或 B 类存货的控制水平是不经济的。

按照例 12 - 1 所示的方式对存货进行分类，有助于将管理工作转移到最重要的领域。这也有助于确保控制存货的成本是合理的。

图 12 - 2 提供了控制存货的 ABC 方法的图解说明。

（五）存货管理模型

1. 经济订货批量

决策模型可用于帮助管理存货。**经济订货批量**（economic order quantity，EOQ）模型涉及确定特定存货项目每次应订购的数量。在最简单的形式中，EOQ 模型假设需求是恒定的。这意味着存货随时间均匀地耗尽，并在耗尽时得到补充。这些假设导致存货变动呈"锯齿"形，如图 12-3 所示。

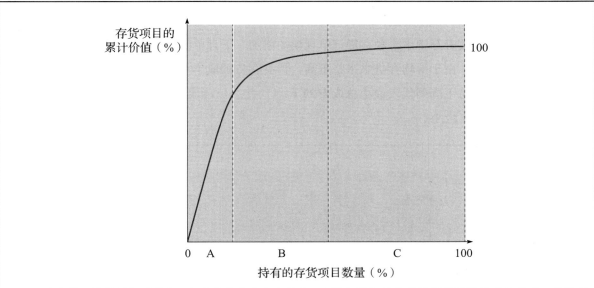

A 类存货虽然数量相对较少，但在总价值中占比很大。B 类存货包括价值较低但数量较多的物品。C 类存货包括数量众多但价值相对较低的存货项目。每一类别存货适用不同的存货控制规则。例如，更昂贵、更复杂的控制措施只适用于 A 类存货。

图 12-2　分析和控制存货的 ABC 方法

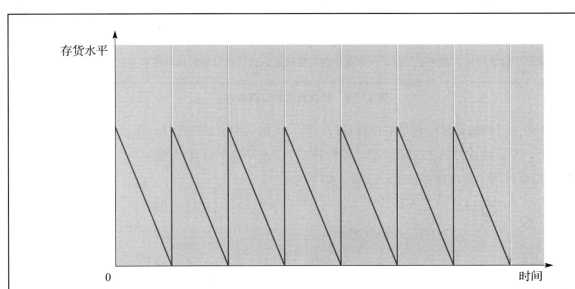

这里我们假设存货项目的使用速度是恒定的，并且当存货减少到零时，新的存货到达。在时间 0 时，存货水平最高。随着时间的推移，存货被均匀地耗用，当存货降到零时将得到补充。然后重复这个模式。

图 12-3　存货随时间变化的模式

从 EOQ 模型可以认识到，与存货管理相关的关键成本是持有存货的成本和订购存货的成本。持有存货的成本可能是巨大的，因此，管理层可能会尽量减少持有存货的平均数量，同时尽量减少持有成本。然而，这将增加在此期间下订单的数量，因此订购成本将上升。EOQ 模型寻求计算一个采购订单的最佳规模，以平衡这两个成本。

图 12 - 4 显示，随着存货水平和存货订单规模的增加，下订单的年度成本会降低，因为下订单的数量将减少。然而，由于平均存货水平将更高，持有存货的成本将增加。基于持有成本和订购成本之和的总成本曲线将下降到代表最小总成本的 E 点。此后，总成本开始上升。EOQ 模型确定了 E 点，在该点上总成本最小。

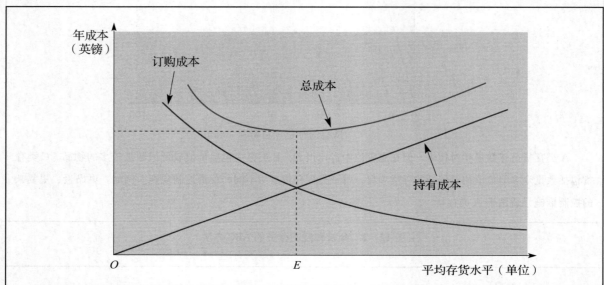

低存货水平意味着需要频繁的再订购导致年度订购成本较高。低存货水平也意味着存货持有成本相对较低。高存货水平恰恰相反。理论上，存在一个最优的订货规模，这将使订购和持有成本（总成本）最小。

图 12 - 4　存货持有和订购成本

这说明每次订购的数量应该是最佳数量的一半。正如我们所做的那样，假设存货在一段时间内被平均使用，并且在被替换之前降到零，那么平均存货水平等于订货规模的一半。

EOQ 模型可用于得出最经济的订货量，如下所示

$$EOQ = \sqrt{\frac{2DC}{H}}$$

式中：

D＝存货项目的年需求量（以存货项目的单位表示）；

C＝存货的单位订购成本；

H＝存货每年的单位持有成本。

请注意，存货成本（即支付给供应商的价格）不会直接影响 EOQ 模型。它只涉及下达和处理

每个订单的管理成本以及持有存货的成本。然而，价值更高的存货项目往往有更高的持有成本。这可能是因为使用了 ABC 存货控制系统。此外，价值更高的存货比价值低的存货占用更多的资金。因此，存货成本可能会对计算经济订货批量产生间接影响。

基本 EOQ 模型有许多限制性假设。具体来说，它假设：

- 存货项目的需求能够准确地预测；
- 需求在这段时间内是恒定的，不会因季节性或其他原因而波动；
- 不需要"缓冲"存货；
- 批量采购没有折扣。

可以根据限制性假设的变化来修改模型。但是，许多企业使用这个模型（或者它的改进版）来帮助管理存货。

2. 准时制存货管理

近年来，许多企业试图通过采用**准时制存货管理**（just-in-time（JIT）inventories management）来消除持有存货的需求。这种方法最初在第二次世界大战期间用于美国国防工业，但首先被日本制造企业大规模使用。JIT 的本质，顾名思义，就是将物资及时交付给企业，以便在生产过程或销售中使用。通过这种方法，存货持有成本可以从企业转移给供应商。一个管理良好的 JIT 系统应该能够显著降低各方的存货水平，从而显著地节约总成本。然而，如果一个供应商未能按时交货，可能就会给企业带来巨大的成本。因此，JIT 可以节省成本，但往往会增加风险。

为了使 JIT 成功，企业和供应商之间需要建立密切的关系。重要的是，企业必须提前通知供应商其存货需求，以便供应商可以安排自己的生产。然后，供应商必须在约定的时间交付质量合格的材料。任何交货失败都可能导致生产混乱，而且代价可能非常高昂。成功的 JIT 往往要求供应商在地理位置上靠近企业。

采用 JIT 通常需要重新设计企业的生产流程，以避免生产因任何原因而停止的风险存在。因此，生产布局和工作实践可能会发生变化。为了确保快速完成订单，生产过程必须灵活且响应迅速。生产流程可能会被重新设计，员工可能会被赋予更大的责任来处理意外的问题。还必须安装信息系统，以监控和促进不间断的生产流程。

虽然采用 JIT 的企业可以节省存货持有成本，但也可能会产生其他成本。例如，企业与其供应商之间的密切关系可能会阻碍企业利用可用的成本更低的供货来源。此外，如果供应商必须为企业持有存货，它可能会试图通过提高价格来弥补这一额外成本。然而，企业和供应商之间的密切关系应该使供应商能够预测企业的存货需求，这意味着它可以根据企业的需要调整自己的生产。

JIT 被广泛认为不仅仅是一个存货控制系统。支持这种方法的理念是全面质量管理，即消除浪费和追求卓越。预计供应商将始终按时交付存货，并且所供应的货物不会有任何缺陷。对于制造商来说，生产过程将以最高的效率运行。这意味着不会出现生产故障，生产产品的等待和储存时间将被消除，因为只有直接用于处理产品的时间才被视为能增加价值。这些预期可能很难实现，但它们形成了一种追求卓越和质量的文化。

最后值得一提的是，JIT 系统的成功实施取决于员工。只有工人经过良好的培训，并充分致力于追求质量，才能实现更精简、更高效的生产流程。作为团队的一员，他们必须做好准备，适应工作实践的性质和节奏的变化。他们还必须准备好主动处理生产过程中出现的问题。

12.4 管理应收账款

赊销商品或服务会导致企业产生成本。这些成本包括信用管理成本、坏账成本和放弃使用被占用资金的机会成本。但是，这些成本必须与客户延迟付款所带来的销售收入增加进行权衡。

赊销是除零售业之外的企业的常态。当企业提出赊销商品或服务时，必须有明确的政策：

- 哪些客户能够赊购；
- 信用额度是多少；
- 信用期限长度是多长；
- 为了促进付款，是否要提供折扣；
- 应采取何种收款政策；
- 如何降低拒付风险。

在这一部分，我们将讨论这些问题。

（一）哪些客户能够赊购以及信用额度是多少？

提供信用的企业面临无法收到所提供商品或服务款项的风险。因此，必须注意能够赊购的客户类型以及允许的信用额度。在考虑客户提出的赊购建议时，企业应该考虑到一些因素。**信用的 5C 原则**（five Cs of credit）提供了一个有用的指导：

- **资本**（capital）。在获得任何信用之前，客户必须保证其财务状况良好。对客户的财务报表进行检查时，应特别注意客户未来可能的盈利能力和流动性。此外，任何重大财务承诺（如未偿还的借款、资本支出承诺和与供应商签订的合同）都应予以考虑。
- **能力**（capacity）。客户必须有能力为赊购的商品付款。应检查客户迄今为止的付款记录，以提供重要线索。为了帮助进一步评估能力，应考虑企业的类型以及与客户总财务资源相关的信用需求。
- **抵押品**（collateral）。有时，可能有必要为赊销货物要求客户提供某种担保。当这种情况发生时，企业必须确信客户能够提供令人满意的担保形式。
- **经济状况**（conditions）。应考虑客户所在行业的状况，以及特定地区或国家的整体经济状况。客户的业务对经济状况变化的敏感性也会对客户按时付款的能力产生重要影响。
- **品质**（character）。评估客户的品质至关重要。支付意愿取决于客户的诚实和正直。如果客户是一家企业，就需要评估其高级管理人员的品质以及他们在行业内的声誉。销售企业必须确信客户会尽一切努力支付欠款。

为了帮助评估上述因素，可以使用各种信息来源。包括：

■ 交易证明。一些企业要求潜在客户提供与其他向它们提供过信贷的供应商的交易证明。只要提供的证明真实反映了所有供应商的意见，这就会非常有用。存在一个风险，就是潜在客户在提供其他供应商的详细信息时可能会有选择性，以给人留下一个更有利的印象。

■ 银行证明。可以要求潜在客户提供银行证明。虽然银行经常提供证明，但它们的内容不总是很有用。银行通常会对提供证明收费。

■ 公开的财务报表。根据法律的规定，有限公司有义务向公司注册处提交其年度财务报表的副本。这些资料都是可供公众查阅的，目的是帮助公众了解企业的经营业绩和财务状况。很多公司也会在其网站或信息系统上公布其年度财务报表。公开财务报表的一个问题是，当潜在的供应商查阅它们时，它们往往已经过时了。

■ 客户。访谈客户企业的董事并参观其经营场所，可以了解客户开展业务的方式。如果需要大额信用，企业可以要求客户提供内部预算和其他未公开的财务信息，以帮助评估所涉及的风险水平。

■ 信用机构。专业机构可以提供用于评估潜在客户信用水平的信息。信用机构提供的信息可能从各种来源（包括已公布和未公布的）收集，包括客户的财务报表和与客户有关的新闻，信用机构也可以为企业提供信用评级。信用机构会收取服务费。

■ 当地法院判决登记册。当地法院对企业或个人作出的任何金钱判决将在登记册上保留 6 年。登记册可供任何公民查阅，只需支付少量费用。

■ 其他供应商。相似的企业可以通过行业信用圈交换有关付款人或违约客户的信息。这是一种可靠且成本相对较低的获取信息的方法。

一旦客户被认为是可靠的，就应该设定信用限额。这样做时，企业会考虑自身的财务资源和风险偏好。遗憾的是，在设定信用限额时，没有任何理论或模型来指导企业，这是一个真正的判断问题。有些企业采用简单的"经验法则"，根据对客户的销售额（例如客户每月销售额的 2 倍）或所有客户应付给企业的最高金额（例如最高为营运资本的 20%）来设定限额。

（二）信用期限

企业必须确定向客户提供什么样的信用条款。提供给客户的信用期限在不同企业之间可能有很大的差异。这可能受以下因素影响：

■ 行业内的典型信用条款；

■ 行业内的竞争程度；

■ 特定客户的议价能力；

■ 拒付风险；

■ 企业提供信用的能力；

■ 企业的营销策略。

最后一点可能需要做出一些解释。信用政策可以作为企业与其竞争对手争夺客户的基础。举例来说，如果一家企业希望增加其市场份额，它可能会在信用政策上更加宽松，以刺激销售。提供更长的信用期可能会吸引潜在客户。然而，任何政策的变化都必须考虑可能产生的成本和收益。为了说明这一点，思考例 12 - 2。

例 12 - 2

Torrance 公司生产一种新型高尔夫推杆。该公司向批发商和零售商销售推杆，年销售收入为60 万英镑。每个推杆的相关数据如下：

	单位：英镑
销售价格	40
变动成本	(20)
分配的固定成本	(6)
利润	14

该公司的资本成本约为每年 10%。

Torrance 公司希望提高新推杆的销售量。它认为，提供更长的信用期限可以实现这一目标。该企业的应收账款平均结算期目前为 30 天。为了增加销售收入，公司正在考虑三个方案。具体如下：

	方案		
	1	2	3
平均结算期增加（天）	10	20	30
销售收入增加（英镑）	30 000	45 000	50 000

为了帮助企业确定最佳方案，应将每种方案的收益与成本进行权衡。收益将以销售额外推杆带来的利润增加来表示。从提供的信息中我们可以看出，单位边际贡献为 20 英镑（即售价 40 英镑减去变动成本 20 英镑），相当于售价的 50%。因此，无论销售收入增加多少，边际贡献都将是这个数字的一半。在我们的计算中可以忽略固定成本，因为无论选择哪个方案，它都将保持不变。

因此，每个备选方案的边际贡献增加额为：

	方案		
	1	2	3
销售收入增加的 50%（英镑）	15 000	22 500	25 000

每个方案下应收账款的增加额如下：

单位：英镑

	方案		
	1	2	3
预计应收账款水平：			
40×630 000/365（注）	69 041		
50×645 000 /365（注）		88 356	
60×650 000 /365			106 849
当前应收账款水平：			
30×600 000/365	(49 315)	(49 315)	(49 315)
应收账款增加	19 726	39 041	57 534

注：如果年销售收入总额为 630 000 英镑，并且允许 40 天的赊销（这两项都适用于方案 1），那么在一年中的任何时候，客户欠企业的平均金额是日销售收入（630 000/365）乘以客户付款间隔天数（即 40 天）。相同的逻辑也适用于方案 2 和方案 3 以及目前的应收账款水平。

每一种方案导致的应收账款增加意味着企业将面临额外的财务成本。

预计变动导致企业利润的净增加额为：

单位：英镑

	方案		
	1	2	3
边际贡献增加（见上文）	15 000	22 500	25 000
财务费用增加（注）	(1 973)	(3 904)	(5 753)
利润净增加额	13 027	18 596	19 247

注：方案 1 财务费用的增加是应收账款的增加（19 726×10%）。其他方案可以用类似方式得到。

计算结果表明，方案 3 是最有利的。

例 12-2 说明了企业评估信用条件变化的方法。延长信用期限可能会产生其他成本，包括坏账成本和额外的收款成本，在计算中也应考虑到这些成本。

（三）现金折扣

为了鼓励赊销客户及时付款，企业可以提供**现金折扣**（cash discount）或及时付款折扣。任何折扣的大小都会对客户是否决定及时付款产生重要影响。

从企业的角度来看，提供折扣的成本必须与降低应收账款的融资成本和坏账金额的可能收益进行权衡。例 12 - 3 说明了如何实现这一点。

例 12 - 3

Williams 公司目前要求其信用客户在交货当月的月末付款。实际上，客户平均需要 70 天才能付款。每年销售收入是 400 万英镑，坏账是 2 万英镑。

公司计划为在 30 天内付款的客户提供 2% 的现金折扣，预计 50% 的客户会接受这一条款，但其余客户往往付款缓慢，在销售之后 80 天才会付款。目前该公司的透支利率为每年 13%。如果这项计划得以实施，每年的坏账将减少到 10 000 英镑，而且每年还可节省 6 000 英镑的信用管理费用。

Williams 公司是否应该向客户提供新的信用条款？

解答：

第一步是确定由新政策带来的应收账款的减少额。

单位：英镑

现有应收账款水平	4 000 000×70/365		767 123
应收账款的新水平：	2 000 000×80/365	438 356	
应收账款减少	2 000 000×30/365	164 384	(602 740)
			164 383

提供折扣的成本和收益如下：

单位：英镑

政策的成本和收益		
折扣成本（2 000 000×2%）		40 000
减去：		
应收账款减少所节省的利息		
（164 383* ×13%）	21 370	
节省的管理成本	6 000	
节省的坏账成本（20 000－10 000）	10 000	(37 370)
政策净成本		2 630

* 可能会有人说，利息应以预期收到的金额为基础，即考虑折扣后的应收账款的价值。然而，根据预期收到的金额计算，并不会改变企业不应提供新信用条款的结论。

这些计算表明，提供新的信用期限，企业的状况将会更糟。

（四）债务保理和票据贴现

实际上，应收账款可以通过债务保理或将票据贴现而转化成现金。这两种形式都是以资产为基础的融资，即由金融机构向企业提供一笔高达应收账款 80% 的预付款。第 11 章中讨论了这些方法，这些方法是管理应收账款相当普遍的方法。

（五）信用保险

供应商通常可以为其全部应收账款、个别客户账户或与特定交易有关的未偿付余额投保。

（六）收款政策

提供信用的企业必须确保尽快收回应收账款，以便将未付款风险降至最低，并使经营现金流量最大化。可以采取以下步骤来实现这一点。

1. 发展客户关系

对于大客户来说，与负责支付销售发票的关键员工建立联系通常是有益的。这会使及时付款的概率增加。对于不太重要的客户，企业应至少确定负责支付发票的主要人员，在出现付款问题时，可以联系他们。

2. 公布信用条件

企业的信用条件应在所有相关信函中明确，如订单确认书、发票和报表。在与潜在客户的早期谈判中，应公开讨论信用条件并达成协议。

3. 及时开具发票

一个有效的收款政策需要一个有效的会计系统。发票（账单）必须及时发送给客户，月度报表也必须如此。催款单也必须及时发送给延迟付款的客户。如果客户未能对提醒做出回复，会计系统应提醒管理者，以便停止进一步的交货。

4. 使用财务比率监控未偿还应收账款

管理者可以通过使用财务比率来监控收款的效果。例如，他们可以计算应收账款平均结算期，我们在第 6 章中学到了这一点。该比率计算如下：

$$应收账款平均结算期 = \frac{平均应收账款}{赊销收入} \times 365$$

虽然这一比率可能有用，但必须记住，它得到的是一个未偿还债务天数的平均值。这个平均值可能会被一些付款速度很慢或很快的大客户严重扭曲。

5. 编制应收账款账龄分析表

一种更详细和信息含量更高的监测应收账款的方法是编制**应收账款账龄分析表**（ageing schedule of trade receivables）。应收账款按其未清偿的时间长短分类，可以定期编制账龄分析表，以帮助管理人员了解未偿付应收账款的模式。例 12－4 中给出了账龄分析表的示例。

例 12－4

	12 月 31 日应收账款账龄分析表（单位：英镑）				
客户	欠款天数				合计
	1～30 天	31～60 天	61～90 天	90 天以上	
A 公司	12 000	13 000	14 000	18 000	57 000
B 公司	20 000	10 000	—	—	30 000
C 公司	—	24 000	—	—	24 000
合计	32 000	47 000	14 000	18 000	111 000

该表显示了一家企业截至 12 月 31 日的应收账款数据，合计 111 000 英镑。每个客户的余额都是根据未偿付金额的长短进行分析的（这家公司只有三个赊销客户）。为了帮助管理者集中注意力，可以按规模顺序列出账户，其中最大的债务排在第一位。

从账龄分析表中可以看出，例如，A 公司拖欠 61～90 天的未偿付债务有 14 000 英镑（即 10 月的销售产生的债务），拖欠 90 天以上的未偿还债务有 18 000 英镑（即 9 月或之前的销售产生的债务）。这些信息对于信用控制非常有用。

通常，会计软件会将账龄分析表作为提供给管理人员的一种常规报告。这类软件通常有在客户达到信用限额时让它们"暂停"的功能。暂停客户意味着在过去销售的欠款结清之前，不会再对该客户进行赊销。

许多企业使用账龄来评估其应收账款收款流程的有效性。越来越多的公司在其年度报告中显示报告期末账龄分析的汇总。

6. 确定收款模式

对应收账款进行控制的另一种方法稍有不同，那就是每月确定赊销收入的模式。这涉及监控在赊销当月付款的百分比以及随后几个月付款的百分比。要做到这一点，每个月的赊销必须单独检查。例 12－5 说明了这一点。

例 12－5

一家企业 6 月份赊销总额为 25 万英镑。它在 6 月份收到了其中的 30%，7 月份收到了其中的 40%，8 月份收到了其中的 20%，9 月份收到了其中的 10%。赊销收入和收款的模式是：

赊销收款模式

	6 月赊销的收款（英镑）	收款金额比例（%）	月末 6 月销售未偿付金额（英镑）	未偿付比例（%）
6 月	75 000	30	175 000	70
7 月	100 000	40	75 000	30
8 月	50 000	20	25 000	10
9 月	25 000	10	0	0

　　这一信息可作为控制的基础，可设定赊销现金收款模式的目标。然后，可以将实际模式与目标收款模式进行比较，以确定是否存在重大偏差（见图 12 - 5）。在这种情况下，管理者应考虑采取纠正措施。

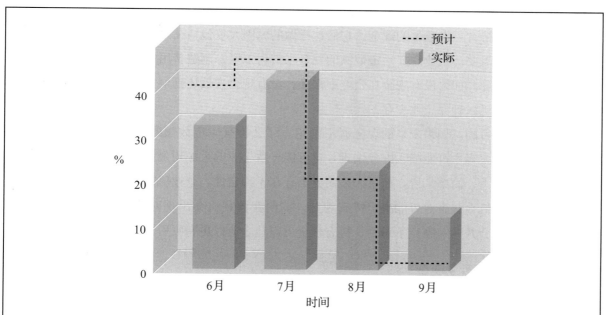

　　可以看出，6 月份销售收入的 30%是在当月收到的，其余的是在随后的 3 个月内收到的。上述内容中还描述了 6 月份销售收入的预计（目标）现金收款模式。通过比较实际和预计的收款模式，可以看出赊销是否得到适当控制，并决定是否需要采取纠正措施。

图 12 - 5　例 12 - 5 中实际和预计（目标）收款随时间的对比

7. 快速解答疑问

　　对于相关人员来说，快速有效地处理客户对所提供商品和服务的疑问是非常重要的。在客户的疑问得到处理之前，客户不太可能付款。

8. 处理付款速度较慢的付款者

一家赊销较多的企业，几乎不可避免地会遇到不付款的客户。当这种情况发生时，应制定处理问题的程序。应该有一个时间表，以便发出提醒，并将客户添加到"停止供货清单"中，以备将来使用。时间表还可以规定将未偿还金额转交给催收机构的时间点。这些机构通常以"收不回款不收费用"的方式工作，它们的服务收费各不相同，但最高可达所收回金额的15%。

也可以考虑对拖欠货款的客户采取法律行动。然而，这种行动的代价必须与可能的回报进行权衡。例如，如果有证据表明客户没有钱，那么为了收回所欠金额而花费高额法律费用是没有意义的。在可能的情况下，在确定产品或服务的价格时，应考虑坏账的预计成本。

12.5 管理现金

（一）为什么持有现金？

大多数企业都持有一定数量的现金。它们这样做的原因大致包括三个：

（1）满足日常需要。企业需要一定数额的现金来支付工资、制造费用、商品采购的金额等。现金是企业经营的命脉。如果没有现金在企业中循环、没有现金去偿还到期债务，企业的生存将面临风险。仅靠盈利不足以确保企业生存。

（2）为了预防目的。如果未来的现金流不确定，那么持有一定数额的现金是比较保险的。例如，有巨额欠款的大客户可能陷入财务困难，这可能导致企业的大额现金无法收回。企业持有现金可以维持其偿债能力。简单来说，如果未来的支出存在不确定性，企业就需要有现金余额。

（3）为了利用机会。企业可能决定持有现金，以便在盈利机会出现时能够利用这些机会。例如，如果突然有机会并购一家竞争对手，持有现金可以让企业以更有吸引力的价格实现并购。

（二）应该持有多少现金？

持有现金的数量在不同企业间有很大差异。企业应该持有多少现金，是一个复杂的决策。很多因素都可能影响最终的决定。这些因素包括：

■ 企业的性质。一些企业，如水、电、天然气等公用事业企业，它们的现金流既非常稳定又可预测，所以它们可以持有较低的现金余额。对于另一些企业，它们的现金流可能在一年中变化很大。季节性企业可以在旺季积累一些现金，以便在淡季履行义务。

■ 持有现金的机会成本。如果出现一些盈利的投资机会，最好抓住这些机会进行投资，而不是持有大量现金。

■ 通货膨胀水平。在物价上升时期持有现金，会导致购买力下降。通货膨胀越严重，这种损失越大。

■ 流动资产的可获得性。如果企业拥有有价证券，或者容易变现的存货，就没有必要持有很多现金。

■ 借款的可获得性。如果企业能够容易且快速地借款，持有现金的需要就会减少。

■ 借款的成本。如果利率很高，借款就没有太大吸引力。

■ 经济状况。当经济衰退时，企业可能更倾向于持有现金，以便在经济复苏时能够更好地进行投资。另外，在经济衰退时，企业可能很难收回应收账款，因此需要持有更多现金来满足偿债需要。

■ 与供应商的关系。现金太少会影响企业向供应商付款的能力。这可能会损害企业的信誉，也可能导致失去折扣。

（三）现金预算与现金管理

对企业来说，为了有效地管理现金，编制现金预算是很有用的。它是实现计划和控制目的的重要工具。现金预算已在第 9 章中学习过，我们不再详细讨论。然而，值得重申的是，这些预算表格使管理者能够了解计划的事项是如何影响现金余额的。现金预算将确定预计出现现金盈余和现金赤字的时期。

当预计会出现现金盈余时，管理者必须决定盈余资金的最佳用途。当预计会出现现金赤字时，管理者必须通过借款、清算资产或重新安排现金收支来进行处理。现金预算有助于控制现金持有水平。将实际现金流可与该期间的预计现金流进行比较。如果计划现金流与实际现金流之间存在重大差异，则必须寻求解释，并在必要时采取纠正措施。

你可以回顾一下第 9 章，唤醒你对现金预算的记忆。

（四）经营现金周期

在管理现金时，了解企业的**经营现金周期**（operating cash cycle，OCC）非常重要。对于赊购商品然后再赊销的企业，如批发商，该周期是购买存货支付现金到出售存货收到现金的期间。这类企业的经营现金周期如图 12-6 所示。

如图 12-6 所示，赊购存货的付款发生在购买存货之后的一段时间。因此，购买不会立即产生现金流出。类似地，赊销客户的现金收入也会在销售后的某个时间发生。销售不会立即产生现金流入。经营现金周期是从购买商品支付现金到销售商品收到现金之间的时间间隔。虽然图 12-6 描述的是批发企业的状况，但经营现金周期的定义可以很容易地适用于其他类型的企业。

经营现金周期之所以重要，是因为它对企业融资需求的影响很大。一般来说，周期越长，融资需求越大，财务风险也越大。因此，企业可能希望将经营现金周期缩到尽可能短的时间内。经营现金周期较短的企业是有着"良好（或强劲）现金流"的企业。

对于赊购和赊销商品的企业，经营现金周期可以通过使用某些财务比率从财务报表中推导出来，所需的计算如图 12-7 所示。

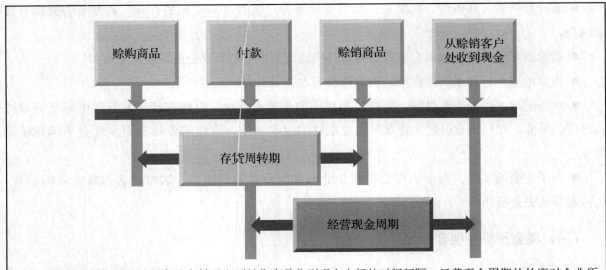

经营现金周期是从购买商品支付现金到销售商品收到现金之间的时间间隔。经营现金周期的长度对企业所需营运资本数额有重大影响。

图 12 - 6　经营现金周期

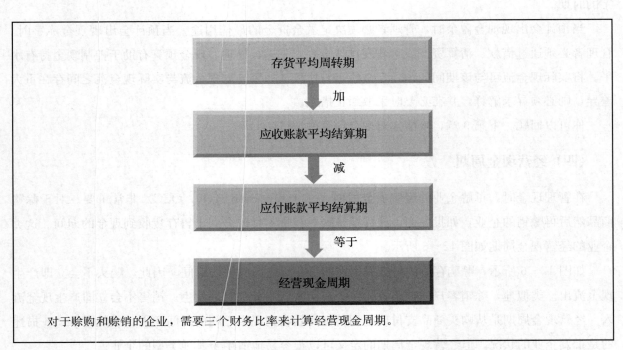

对于赊购和赊销的企业，需要三个财务比率来计算经营现金周期。

图 12 - 7　经营现金周期的计算

（五）现金转账

企业通常希望尽早从向客户的收款中获益。当收到现金时，效益立竿见影。但是，如果以支票形式付款，在通过银行系统清算之前可能会有一段延迟。因此，企业必须等待，才能从收到的金额中获益。近年来，CHAPS（自动支付清算）系统有助于减少支票在银行系统中花费的时间。现在有可能对支票进行快速跟踪，以便在同一天到达收款人的银行账户。然而，支票付款正在减少。客户越来越倾向于指示银行将所欠金额直接转入企业的银行账户。转账可在数小时内完成，并为双方提供更有效的现金转账方式。

使用委托书或直接借记是在客户银行账户和企业银行账户之间进行转账的另一种方式。在这两种情况下，转账将在约定的日期进行。提供长期服务的企业，如保险、卫星电视和移动通信服务，往往依赖这种支付方式。

最后一种及时付款的方式是使用借记卡或信用卡。这使得客户的银行账户或信用卡账户被扣除费用，而卖方的银行账户则可以在使用信用卡的情况下，同时增加相同款项。许多类型的企业，包括零售商和餐馆，都使用这种方法。它是通过电脑收银台操作的，被称为销售点电子资金转账（EFTPOS）。

（六）银行透支

正如我们在第 11 章中所看到的，银行透支只是指余额为负的银行账户。它们是银行贷款的一种类型，可以成为管理企业现金流需求的有用工具。

12.6　管理应付账款

大多数企业赊购商品和服务。应付账款和应收账款是硬币的两面。在信用交易中，一个企业的应付账款是另一个企业的应收账款。应付账款是企业重要的资金来源。它们被描述为"天然"的来源，它们往往随着企业业务水平的提高而增加。

应付账款有潜在的成本。赊购商品的企业可能会因为审核和支付发票、维护和更新应付账款等而产生额外的管理和会计成本。此外，赊购的客户可能没有那些立即付款的客户优先级次高。当商品供不应求时，可能会给予较低的优先权。在交货日期或获得技术支持方面，它们可能也得不到优惠。如果用信用卡支付，客户甚至可能需要支付更多的费用。然而，在大多数行业，信用交易是一种常态。所以这些缺点不经常发生，除非信用被滥用。

从赊购中获得的收益通常超过其成本。实际上，这是从供应商那里获得的无息贷款。它还可以提供一种比现金支付更方便的支付商品和服务的方式。此外，在通货膨胀时期，与立即付款相比，延迟付款能够带来经济利益。

延迟向供应商付款可能是存在财务问题的一种信号。然而，这也可能反映出讨价还价能力的不平衡。大企业延迟向小供应商付款并不罕见，因为小供应商依赖与大企业的交易。英国政府鼓励大型企业签署"及时付款法案"，以帮助小供应商。

（一）利用现金折扣

如果供应商为及时付款提供折扣，企业应仔细考虑在折扣期内付款的可能性。下面的例子说明了放弃折扣的成本。

例 12-6

Hassan 公司需要 70 天的时间向供应商支付货款。为了鼓励及时付款，如果在 30 天内付款，供应商向企业提供 2% 的现金折扣。然而，Hassan 公司不确定是否应该接受这个折扣。

如果获得了现金折扣，可以在折扣期的最后一天（即第 30 天）付款。但是，如果没有获得现金折扣，就需要在 70 天内付款。这意味着，如果不接受折扣，企业就将获得额外的 40 天（70－30）的信用期。这笔额外信用的成本是放弃的 2% 的现金折扣。如果我们将此折扣的成本按年计算，则有：

$$365/40 \times 2\% = 18.3\%^*$$

可以看出，放弃折扣的年成本很高。因此，企业在折扣期内向供应商付款可能是有利的，甚至借钱来付款也会有利。

* 这是一个近似的年利率。对于更具数学头脑的人来说，准确的利率是：

$$[(1+2/98)^{9.125} - 1] \times 100\% = 20.2\%$$

关键的区别在于，在这种计算中使用了复利，而在上面的计算中使用了单利，这不是严格正确的。

（二）控制应付账款

为了帮助监控应付账款，管理层可以计算**应付账款平均结算期**（average settlement period for trade payables ratio）。正如我们在第 6 章中看到的，这个比率是：

$$应付账款平均结算期 = \frac{平均应付账款}{赊购金额} \times 365$$

它提供了一个平均数字，这可能会产生误导。一种更有信息含量的方法是为应付账款编制一份账龄分析表，与例 12-4 中描述的应收账款账龄分析表基本相同。

📊 关键术语

营运资本	信用的 5C 原则	交货时间
现金折扣	ABC 存货控制系统	应收账款账龄分析表
经济订货批量（EOQ）	经营现金周期（OCC）	准时制存货管理
应付账款平均结算期		

练习

基础练习

12.1 Hercules 私人有限责任公司近几个月来特别关注其流动性状况。公司最近的利润表和资产负债表如下：

截至上一年 12 月 31 日的年度利润表（单位：千英镑）		
销售收入		
销售成本		452
期初存货	125	
购买的存货	341	
	466	
期末存货	(143)	(323)
毛利		129
费用		(132)
本年亏损		(3)

上一年 12 月 31 日的资产负债表（单位：千英镑）	
资产	
非流动资产	
财产、厂房和设备	357
流动资产	
存货	143
应收账款	163
	306
资产总计	663
权益和负债	
权益	
普通股	100
留存收益	158
	258
非流动负债	
借款——贷款	120
流动负债	
应付账款	145
借款——银行透支	140
	285
权益和负债合计	663

应收账款和应付账款全年保持在一个恒定的水平。

要求：

（a）解释为什么 Hercules 公司关心其流动性状况。

（b）计算 Hercules 公司的经营现金周期。

（c）说明可以采取哪些措施来改善企业的经营现金周期。

提升练习

12.2 Mayo 公司的年销售额为 2 000 万英镑。坏账每年为 10 万英镑。该公司的所有销售均以赊销形式进行。目前，客户可就赊销条款进行磋商。平均而言，应收账款结算期为 60 天。应收账款以透支方式融资，年利率为 14%。公司目前正在审查其信用政策，以确定是否可以采用更有效和更有利的方法。迄今为止，只提出了一项关于信用控制的建议。

信用控制部门提出，如果客户在 30 天内付款，应给予 2.5% 的现金折扣。对于没有在此期限内付款的客户，应给予最高 50 天的信用期。信用部门认为，60% 的客户会在折扣期结束时付款，从而享受现金折扣。其余的客户会在 50 天结束后付款。信用部门认为，采用建议的政策和采用更严格的信用调查程序，可以有效地消除坏账，但每年将增加 20 000 英镑的费用。信用部门有信心，这些新政策不会导致销售收入的减少。

要求：

计算企业放弃现有的信用政策、采用信用控制部门的建议，每年的净成本（节约）是多少。（提示：要回答这个问题，必须权衡管理成本和现金折扣与坏账和利息费用。）

12.3 Boswell 公司正在审查其信用政策。该公司的所有商品都是赊销的，根据现行政策，估计下一年的销售收入为 300 万英镑。占应收账款 30% 的赊销客户预计在开具发票一个月后付款，70% 的赊销客户预计在开具发票两个月后付款，这些估计与往年的数字一致。

目前，企业没有向客户提供现金折扣。但是，为了鼓励客户及时付款，企业正在考虑向在一个月或更短时间内付款的赊销客户提供 2.5% 的现金折扣。在这种激励措施下，公司估计占应收账款 60% 的赊销客户会在开票后一个月内付款，占应收账款 40% 的客户会在开票后两个月内付款。公司认为，引入现金折扣政策对部分客户具有吸引力，并将使总销售收入增加 5%。

不管采取何种信用政策，公司下一年的毛利率将为 20%，并将持有三个月的存货。每月固定费用为 15 000 英镑，变动费用（不包括折扣）为销售收入的 10%，并将延迟一个月支付。应付账款将延迟支付，金额相当于两个月的销售成本。无论采用何种信用政策，公司全年的固定现金余额为 14 万英镑。忽略税费。

要求：

（a）计算下一年末在以下情况下的营运资本投资：

① 现行政策；

② 建议政策。

（b）根据以下情况计算下一年的预期利润：

①现行政策；

②建议政策。

（c）就该公司是否应执行建议政策提出建议。

（提示：营运资本投资等于存货、应收账款以及现金减去年年末的应付账款和任何未付费用。）

附录

现值表

1 英镑的现值为 $1/(1+r)^n$

其中：

$r=$ 折现率；$n=$ 期数。

期数（n）	折现率（r）									
	1%	2%	3%	4%	5%	6%	7%	8%	9%	10%
1	0.990	0.980	0.971	0.962	0.952	0.943	0.935	0.926	0.917	0.909
2	0.980	0.961	0.943	0.925	0.907	0.890	0.873	0.857	0.842	0.826
3	0.971	0.942	0.915	0.889	0.864	0.840	0.816	0.794	0.772	0.751
4	0.961	0.924	0.888	0.855	0.823	0.792	0.763	0.735	0.708	0.683
5	0.951	0.906	0.863	0.822	0.784	0.747	0.713	0.681	0.650	0.621
6	0.942	0.888	0.837	0.790	0.746	0.705	0.666	0.630	0.596	0.564
7	0.933	0.871	0.813	0.760	0.711	0.665	0.623	0.583	0.547	0.513
8	0.923	0.853	0.789	0.731	0.677	0.627	0.582	0.540	0.502	0.467
9	0.914	0.837	0.766	0.703	0.645	0.592	0.544	0.500	0.460	0.424
10	0.905	0.820	0.744	0.676	0.614	0.558	0.508	0.463	0.422	0.386
11	0.896	0.804	0.722	0.650	0.585	0.527	0.475	0.429	0.388	0.350
12	0.887	0.788	0.701	0.625	0.557	0.497	0.444	0.397	0.356	0.319
13	0.879	0.773	0.681	0.601	0.530	0.469	0.415	0.368	0.326	0.290
14	0.870	0.758	0.661	0.577	0.505	0.442	0.388	0.340	0.299	0.263
15	0.861	0.743	0.642	0.555	0.481	0.417	0.362	0.315	0.275	0.239

续表

期数 (n)	折现率 (r)									
	11%	12%	13%	14%	15%	16%	17%	18%	19%	20%
1	0.901	0.893	0.885	0.877	0.870	0.862	0.855	0.847	0.840	0.833
2	0.812	0.797	0.783	0.769	0.756	0.743	0.731	0.718	0.706	0.694
3	0.731	0.712	0.693	0.675	0.658	0.641	0.624	0.609	0.593	0.579
4	0.659	0.636	0.613	0.592	0.572	0.552	0.534	0.516	0.499	0.482
5	0.593	0.567	0.543	0.519	0.497	0.476	0.456	0.437	0.419	0.402
6	0.535	0.507	0.480	0.456	0.432	0.410	0.390	0.370	0.352	0.335
7	0.482	0.452	0.425	0.400	0.376	0.354	0.333	0.314	0.296	0.279
8	0.434	0.404	0.376	0.351	0.327	0.305	0.285	0.266	0.249	0.233
9	0.391	0.361	0.333	0.308	0.284	0.263	0.243	0.225	0.209	0.194
10	0.352	0.322	0.295	0.270	0.247	0.227	0.208	0.191	0.176	0.162
11	0.317	0.287	0.261	0.237	0.215	0.195	0.178	0.162	0.148	0.135
12	0.286	0.257	0.231	0.208	0.187	0.168	0.152	0.137	0.124	0.112
13	0.258	0.229	0.204	0.182	0.163	0.145	0.130	0.116	0.104	0.093
14	0.232	0.205	0.181	0.160	0.141	0.125	0.111	0.099	0.088	0.078
15	0.209	0.183	0.160	0.140	0.123	0.108	0.095	0.084	0.074	0.065

期数 (n)	折现率 (r)									
	21%	22%	23%	24%	25%	26%	27%	28%	29%	30%
1	0.826	0.820	0.813	0.806	0.800	0.794	0.787	0.781	0.775	0.769
2	0.683	0.672	0.661	0.650	0.640	0.630	0.620	0.610	0.601	0.592
3	0.564	0.551	0.537	0.524	0.512	0.500	0.488	0.477	0.466	0.455
4	0.467	0.451	0.437	0.423	0.410	0.397	0.384	0.373	0.361	0.350
5	0.386	0.370	0.355	0.341	0.328	0.315	0.303	0.291	0.280	0.269
6	0.319	0.303	0.289	0.275	0.262	0.250	0.238	0.277	0.217	0.207
7	0.263	0.249	0.235	0.222	0.210	0.198	0.188	0.178	0.168	0.159
8	0.218	0.204	0.191	0.179	0.168	0.157	0.148	0.139	0.130	0.123
9	0.180	0.167	0.155	0.144	0.134	0.125	0.116	0.108	0.101	0.094
10	0.149	0.137	0.126	0.116	0.107	0.099	0.092	0.085	0.078	0.073
11	0.123	0.112	0.103	0.094	0.086	0.079	0.072	0.066	0.061	0.056
12	0.102	0.092	0.083	0.076	0.069	0.062	0.057	0.052	0.047	0.043
13	0.084	0.075	0.068	0.061	0.055	0.050	0.045	0.040	0.037	0.033
14	0.069	0.062	0.055	0.049	0.044	0.039	0.035	0.032	0.028	0.025
15	0.057	0.051	0.045	0.040	0.035	0.031	0.028	0.025	0.022	0.020

图书在版编目（CIP）数据

会计与财务基础：第 11 版 /（英）彼得·阿特里尔，
（英）埃迪·麦克雷尼著；雷宇等译. -- 北京：中国人
民大学出版社，2023.7
（工商管理经典译丛. 会计与财务系列）
ISBN 978-7-300-31507-2

Ⅰ.①会… Ⅱ.①彼… ②埃… ③雷… Ⅲ.①会计学
②财务管理 Ⅳ.①F230②F275

中国国家版本馆 CIP 数据核字（2023）第 046590 号

工商管理经典译丛·会计与财务系列
会计与财务基础（第 11 版）
［英］ 彼得·阿特里尔
　　　埃迪·麦克雷尼　著
雷宇　等　译
Kuaiji yu Caiwu Jichu

出版发行	中国人民大学出版社			
社　址	北京中关村大街 31 号		**邮政编码**	100080
电　话	010 - 62511242（总编室）		010 - 62511770（质管部）	
	010 - 82501766（邮购部）		010 - 62514148（门市部）	
	010 - 62515195（发行公司）		010 - 62515275（盗版举报）	
网　址	http://www.crup.com.cn			
经　销	新华书店			
印　刷	三河市恒彩印务有限公司			
开　本	890 mm×1240 mm　1/16		**版　次**	2023 年 7 月第 1 版
印　张	19.25 插页 2		**印　次**	2023 年 7 月第 1 次印刷
字　数	430 000		**定　价**	78.00 元

版权所有　侵权必究　印装差错　负责调换

中国人民大学出版社　管理分社

教师教学服务说明

中国人民大学出版社管理分社以出版工商管理和公共管理类精品图书为宗旨。为更好地服务一线教师，我们着力建设了一批数字化、立体化的网络教学资源。教师可以通过以下方式获得免费下载教学资源的权限：

★ 在中国人民大学出版社网站 www.crup.com.cn 进行注册，注册后进入"会员中心"，在左侧点击"我的教师认证"，填写相关信息，提交后等待审核。我们将在一个工作日内为您开通相关资源的下载权限。

★ 如您急需教学资源或需要其他帮助，请加入教师 QQ 群或在工作时间与我们联络。

中国人民大学出版社　管理分社

🔔 **教师 QQ 群：** 648333426（工商管理）　114970332（财会）　648117133（公共管理）
教师群仅限教师加入，入群请备注（学校＋姓名）

☎ **联系电话：** 010-62515735，62515987，62515782，82501048，62514760

✉ **电子邮箱：** glcbfs@crup.com.cn

📍 **通讯地址：** 北京市海淀区中关村大街甲 59 号文化大厦 1501 室（100872）

管理书社

人大社财会

公共管理与政治学悦读坊

Pearson

尊敬的老师：

您好！

为了确保您及时有效地申请培生整体教学资源，请您务必完整填写如下表格，加盖学院的公章后传真给我们，我们将会在 2～3 个工作日内为您处理。

请填写所需教辅的开课信息：

采用教材				□ 中文版 □ 英文版 □ 双语版
作　者			出版社	
版　次			ISBN	
课程时间	始于　年　月　日		学生人数	
	止于　年　月　日		学生年级	□ 专科　　□ 本科 1/2 年级 □ 研究生　□ 本科 3/4 年级

请填写您的个人信息：

学　校			
院系/专业			
姓　名		职　称	□ 助教 □ 讲师 □ 副教授 □ 教授
通信地址/邮编			
手　机		电　话	
传　真			
official email（必填） （eg：×××@ruc.edu.cn）		email （eg：×××@163.com）	
是否愿意接受我们定期的新书讯息通知：　□ 是　　□ 否			

系/院主任：_____（签字）

（系 / 院办公室章）

____年____月____日

资源介绍：

——教材、常规教辅（PPT、教师手册、题库等）资源：请访问 www.pearsonhighered.com/educator。　（免费）

——MyLabs/Mastering 系列在线平台：适合老师和学生共同使用；访问需要 Access Code。　（付费）

100013　北京市东城区北三环东路 36 号环球贸易中心 D 座 1208 室

电话：(8610) 57355003　　传真：(8610) 58257961

Please send this form to：elt.copub @ pearson.com

Website：www.pearson.com